“十二五”职业教育国家规划教材
经全国职业教育教材审定委员会审定

职业院校“双证书”课题实验教材
人力资源和社会保障部职业技能鉴定中心指导编写

物业服务礼仪

主　编　赵　影　钟小东
副主编　陈　颖　鲁小蕴

中国人民大学出版社
·北京·

出版说明

实行“双证书”制度，是党中央、国务院适应社会主义市场经济要求，推动职业教育、职业培训改革的重要举措。早在1993年，《中共中央关于建立社会主义市场经济体制若干问题的决定》就提出：“要制定各种职业的资格标准和录用标准，实行学历文凭和职业资格两种证书制度。”从那时起，“双证书”制度历经了制度确立、探索试点、积极推进三个发展阶段。2014年，《国务院关于加快发展现代职业教育的决定》（国发〔2014〕19号）指出：“服务经济社会发展和人的全面发展，推动专业设置与产业需求对接，课程内容与职业标准对接，教学过程与生产过程对接，毕业证书与职业资格证书对接，职业教育与终身学习对接。重点提高青年就业能力。”“推进人才培养模式创新……积极推进学历证书和职业资格证书‘双证书’制度。”

近年来国家有关部门为促进就业和提高劳动者素质，对职业院校实施“双证书”制度作出了许多政策安排，“双证书”制度在广大职业学校得到有效推行，学历证书、职业资格证书成为毕业生就业找工作的“敲门砖”和“通行证”。但是，我们也发现，在职业院校，学历认证和职业资格认证还没有从根本上实现贯通，普遍存在着各行其道、“两张皮”的现象，缺乏打通两者的桥梁和纽带。其中，融合双证的课程与教材建设滞后是关键原因。

为了探索解决这个长期困扰中国职业教育界的难题，人力资源和社会保障部职业技能鉴定中心部级课题《职业技能教学用书开发技术规范与评价体系研究》课题组（项目编号：RS2013-16，以下简称“课题组”）在“双证书”课程资源建设开发方面做了积极研究和有益尝试。课题组认为：“双证书”课程是指实现国家职业标准和专业教学标准对接、职业技能鉴定与专业课程学习考核对接的课程，它是使学生在不延长学习时间的情况下，同时获得学历证书和职业资格证书的学校正规课程。加强对“双证书”课程教材开发的研究，对于探索从课程层面做到“双证结合”，引导学校用好现有职业技能鉴定政策，推动学生职业技能和就业竞争力提升，具有十分重要的意义。开发职业技能鉴定与学校课程考试两考合一的“双证书”教材，可以形成“双证书”政策落地的基础性教学资源，解决推行“双证书”制度、实施“两考合一”的“最后一公里”问题。

为了在教材层面上做到专业教学标准与国家职业标准的内容对接，课题组通过研究，制定了《中等职业学校“双证书”课程教材开发技术规范》，主要技术要点如下：一是以专业教学标准为依据，细化“双证书”培养目标；二是以国家职业技能标准为依据，确定“双证书”课程；三是根据双证结合的理念，编制“双证书”课程实施规范；四是结合职场工作实际，开发“双证书”综合实训课程；五是积极改革教学模式，建设“双证书”课程标准；六是根据职业教育特色，组织编写“双证书”教材；七是做好试题开发组织和考务服务，为“两考合一”做好技术保障。这一技术规范为实现教学内容与职业标准“双覆盖”、教学过程与岗位要求“双对照”、课程考试与技能鉴定“双结合”的职业院校教材开发目标提供了一个技术指引。

2013年以来，在课题组的统一组织下，中国人民大学出版社、外语教学与研究出版社、高等教育出版社、语文出版社、教育科学出版社等各参研单位共开发了中等职业学校机电技术应用等20个专业“双证书”课程实验性教材。

“双证书”课题实验教材的开发采取专业负责人制，每个专业由一名资深专家对教材目标、内容选择、内容组织进行总体把关，然后指导各册主编分头编写，最后再由本专业教学专家、职业技能鉴定专家、企业专家、课程开发专家组成的编审委员会共同审定，确保符合课题组提出的职业院校“双证书”教材开发技术规范，同时，努力在教材开发中对接“四新”（新知识、新技能、新产品、新工艺），做到不遗漏知识点、技能点、态度点。

“双证书”教材的开发和编写遵循了教育部门颁布的《中等职业学校专业教学标准》规定的课程名称与“主要教学内容和要求”，并在教材中融入了相应的五级、四级国家职业技能标准的要求，有助于学生学习掌握职业技能鉴定所要求的相关知识和必备技能，并获取相应等级的职业资格证书，为推动职业院校实施“双证书”制度提供了必要的教学资源支持。

“双证书”课题实验教材的开发，是一个新的探索，欢迎广大中等专业学校和职业高中积极试用，并提出宝贵意见，我们将进一步改进和完善。

职业教育是使“无业者有业，有业者乐业”的伟大事业。让我们携起手来，为建设现代职业教育体系和构建终身职业培训体系尽自己一份绵薄之力。

人力资源和社会保障部职业技能鉴定中心
《职业技能教学用书开发技术规范与评价体系研究》
课题组
2015年6月23日

前言

礼仪是人类为维系社会正常生活而要求人们共同遵守的最起码的道德规范，它是人们在长期共同生活和相互交往中逐渐形成，并且以风俗、习惯和传统等方式固定下来。对一个人来说，礼仪是其思想道德水平、文化修养、交际能力的外在表现；对一个国家来说，礼仪是其社会文明程度、道德风尚和生活习惯的反映。重视、开展礼仪教育已成为道德实践的一个重要内容。

随着经济的发展和人们生活水平的提高，我国物业服务管理工作经历了从无到有、不断发展和完善的历程。随着法律法规的健全，业主维权意识的提高，人们享受物业服务的意识也越来越强，物业公司面临着发展的瓶颈。一个社区内的业主来自全国各地，甚至是不同的国家，具有不同的文化背景和生活习惯。如何将服务管理工作做到位，最大限度地获得业主或使用人的认可，使物业公司同时取得良好的经济效益和社会效益是我们目前面临和需要考虑的问题。在物业服务管理工作中，物业服务人员的礼仪素养是衡量物业管理水平的重要标志之一。物业服务人员作为物业公司的一线工作人员，其良好的礼仪素养能够使物业公司与业主之间建立融洽的关系，创造和谐的工作氛围，从而获得业主的理解和支持。

为了提升物业服务人员的礼仪修养，我们编写了本教材。本教材是中职学校物业专业教学用书，同时也是物业管理员资格考试教学用书。编写过程中，我们借鉴了许多专家学者的优秀研究成果，参考和引用了他们的部分资料，在此特做说明并谨致谢忱。同时，感谢王亚莉、李丁对本书的图片支持。

由于时间匆忙及编者自身学识水平的限制，书中难免有不妥和疏漏之处，恳请专家与读者不吝赐教。

编者

目录

项目一

物业服务礼仪概述

职业要求

物业服务人员在工作过程中，要具备相应的礼仪常识，懂得礼仪的含义、特点，以及学习礼仪的重要性。同时，在实际工作中，要求得体运用相关礼仪，以体现一名物业服务人员的专业素养。

任务导读

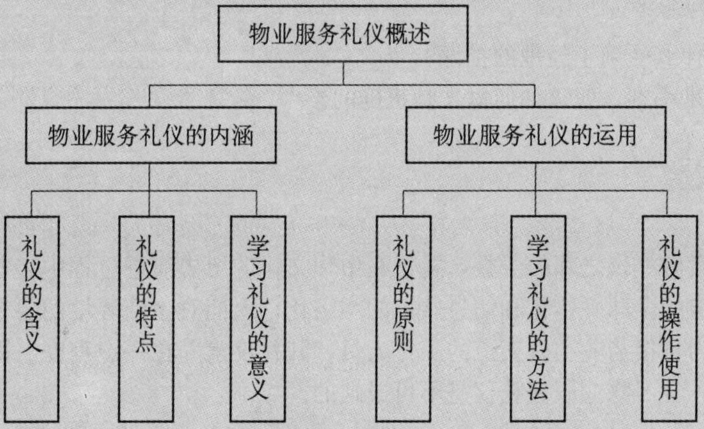

学习目标

知识目标：了解礼仪的含义，掌握礼仪的特点，掌握礼仪的原则。

能力目标：体会学习礼仪的意义，了解学习礼仪的方法，掌握礼仪的操作使用方法。

任务一 物业服务礼仪的内涵

案例导入

我做错了什么?

某物业公司派员工参加与业主代表的见面会，经理安排办公室小刘与他一起参加，希望小刘在工作中学习一些具体事务的应对措施。开会当天，小刘睡过了头，当他赶到时，会议已经开始20分钟了。他急急忙忙推开会议室的门，随着“吱呀”一声响，大家的注意力都集中到门口的小刘身上了，经理与业主代表不得不停止交谈，等着小刘就座。没过多久，就听见一阵电话铃声响起，原来是小刘的手机响了，大家的注意力再次转移到小刘身上。

会后回到办公室，经理严肃地批评了小刘。

（资料来源：龙丁玲、罗泽凤、彭丽花：《物业服务沟通与礼仪》，北京，清华大学出版社，北京交通大学出版社，2012。）

问题与思考

1. 小刘为什么受到了经理的批评？
2. 如果你是小刘，应该如何做才是正确的？

知识探究

中华民族素有礼仪之邦的美誉，礼仪在中华文化的历史演进过程中起着积极的推动作用。伴随着经济的全球一体化和信息共享的网络化，人们对生活环境的要求越来越高，物业服务人员作为直接与业主打交道的工作人员，其礼仪素养在一定程度上影响了自身的服务水平，因此，学习物业服务礼仪是不可或缺的。

一 礼仪的含义

现代礼仪是指现代人们在社会交往中共同遵守的行为准则和规范。它既可以单指为表示敬意而隆重举行的某种仪式，又可以泛指人们交往中的礼节、礼貌。

礼貌，一般指人们在人际交往中，通过言语、动作向交往对象表示谦虚和恭敬。它侧重于表现人的品质和素养。礼节，通常是指人们在交际场合，相互表示尊重、友好的惯用形式，它实际上是礼貌的具体表现方式。礼仪，是指人们在社会交往中共同遵守的行为准则和规范，包括个人的仪表、仪式及礼俗。

（一）礼貌

礼貌主要包括口头语言的礼貌、书面语言的礼貌、态度和行为举止的礼貌。礼貌既是个人道德品质修养的简单、直接体现，也是人类文明行为的最基本要求。现代社会，使用礼貌用语、对他人态度和蔼、举止适度、彬彬有礼、尊重他人已成为日常的行为规范。

（二）礼节

礼节是人们在交际过程中逐渐形成的约定俗成的和惯用的各种行为规范之总和。礼节是社会外在文明的组成部分，具有严格的礼仪性质。它反映了一定的道德原则的内容，反映了对人、对己的尊重，是人们心灵美的外化。在旧社会，由于不同阶级的人在利益上的根本冲突，礼节多流于形式；在当今社会，由于人与人之间地位平等，礼节从形式到内容都体现出人与人之间的平等、互相尊重和互相关心。

现代礼节主要包括：介绍的礼节、握手的礼节、打招呼的礼节、鞠躬的礼节、拥抱的礼节、亲吻的礼节、举手的礼节、脱帽的礼节、致意的礼节、作揖的礼节、使用名片的礼节、使用电话的礼节、约会的礼节、聚会的礼节、舞会的礼节、宴会的礼节等。当今世界是个多元化的世界，不同国家、不同民族、不同地区的人们在各自的生存环境中形成了不同的价值观、世界观和风俗习惯，其礼节从形式到内容都不尽相同。

（三）礼仪

1. 仪表

仪表是指人的外表，包括仪容、服饰、体态等。仪表属于美的外在因素，但却能反映人的精神状态。仪表美是一个人心灵美与外在美的和谐统一，它和人的精神境界融为一体。端庄的仪表既是对他人的一种尊重，也是自尊、自重、自爱的一种表现。

2. 仪式

仪式指行礼的具体过程或程序，它是礼仪的具体表现形式。仪式是一种比较正规、隆重的礼仪形式。人们在社会交往中，为了体现对某人、某事的重视或纪念等，常常要举办各种仪式。常见的仪式包括成人仪式、结婚仪式、安葬仪式、凭吊仪式、告别仪式、开业或开幕仪式、闭幕仪式、欢迎仪式、升旗仪式、入场仪式、签字仪式、剪彩仪式、揭匾挂牌仪式、颁奖授勋仪式、宣誓就职仪式、交接仪式、奠基仪式、捐赠仪式等。仪式往往具有程序化的特点，有些程序是人为地约定俗成的。在现代礼仪中，仪式中的有些程序是必要的，有些则可以简化。目前，仪式有越来越简化的趋势，但是有些仪式的程序是不可省略的。

3. 礼俗

礼俗即民俗礼仪，它是指各种风俗习惯，是礼仪的一种特殊形式。不同国家、不同民族、不同地区在长期的社会实践中形成了各具特色的风俗习惯。“十里不同风，百里不同俗。”不但每一个民族、每一个地区的礼俗不同，甚至一个小小的村落都可能形成自己的礼俗。

礼貌、礼节和礼仪三者之间的关系：礼貌是礼仪的基础，礼节则是礼仪的基本组成部分。礼仪在层次上要高于礼貌、礼节，其内涵更深、更广。从个人修养的角度看，礼仪是一个人内在修养的外在表现；从道德的角度看，礼仪是为人处世的行为规范或标准做法、行为准则；从交际的角度看，礼仪是人际交往中的一种艺术，是人与人之间沟通的桥梁；从民俗的角度看，礼仪是人际交往中必须遵循的一种惯例；从美学的角度看，礼仪是一种行为形式美，是人的心灵美的一种外化。

二 礼仪的特点

礼仪是在漫长的社会实践中逐步形成、演变和发展的，它具有文明性、共通性、多样性、变化性、规范性和传承性等特性。

（一）文明性

礼仪是人类文明的结晶，是现代文明的重要组成部分。人类从茹毛饮血到共享狩猎成果，从盲目迷信、敬畏鬼神到崇尚科学、论证无神，从战争到和平，都是在走向文明。

文明的体现是尊重，包括对人、对己的尊重，这种尊重总是同人们的生活方式有机、自然、和谐地融合在一起，成为人们日常生活和工作中的行为规范。这种行为规范包含着个人的文明素养，如待人接物热情周到、彬彬有礼；人们彼此间互帮互助、和睦相处；注重个人卫生，穿着适时得体等。总之，礼仪是人们内心文明与外在文明的综合体现。

（二）共通性

无论是交际礼仪、商务礼仪还是公关礼仪，都是人们在社会交往过程中形成并得到共同认可的行为规范。虽然全世界的人们分散居住于五大洲、四大洋的不同角落，但是许多礼仪却是世界通用的。例如，问候、打招呼、各种庆典仪式、签字仪式等。虽然各个国家、各个地区、各个民族形成了许多特有的风俗习惯，但就礼仪本身的内涵和作用来说，仍具有共通性。正是由于礼仪具有共通性，才形成了国际交往礼仪。

（三）多样性

世界是丰富多彩的，礼仪也是五花八门、绚烂多姿的。各地的民俗礼仪千奇百怪，几乎没有人能说清楚世界上到底有多少种礼仪形式。从语言的礼仪到文字使用的礼仪，从举止礼仪到规范化礼仪，从服饰礼仪到仪表礼仪，从风俗礼仪到宗教礼仪。在不同的国家、不同的场合，礼仪的表达方式也有所不同。比如在国际交往礼仪中，仅见面礼就有握手礼、点头礼、亲吻礼、鞠躬礼、合十礼、拱手礼、脱帽礼等。

（四）变化性

礼仪并不存在永恒模式，随着时间的推移，礼仪会发生巨大的变化。可以说，每一种礼仪都有其产生、形成、演变和发展的过程。礼仪在运用时也具有灵活性，一般来说，在非正式场合，有些礼仪可以省略，随意性较大；在正式场合，讲究礼仪规范是十分必要的，但如果双方已非常熟悉，即使是在较正式的场合，有时也不必过于讲究礼仪规范。

（五）规范性

礼仪的规范性，是指人们在交际场合待人接物时必须遵守的行为规范。这种规范性，不但约束着人们在一切交际场合的言谈举止，而且也是人们在一切交际场合必须采用的一种“通用语言”，是衡量他人、判断自己是否自律、敬人的一种尺度。

（六）传承性

任何国家的礼仪都具有自己鲜明的特色，任何国家的当代礼仪都是在本国古代礼仪的基础上继承、发展起来的。离开了对本国、本民族既往礼仪成果的传承和摒弃，就不可能形成当代礼仪，这就是礼仪传承性的特定含义。作为人类文明的积累，礼仪将人们在交际应酬之中的习惯做法固定下来、流传下去，并逐渐形成自己的特色，这不是一种短暂的社会现象，而且不会因为社会制度的更替而消失。对于礼仪遗产，正确的态度应当是有摒弃，有继承，更有发展。

资料链接

物业服务人员要了解国际礼仪的特点

随着我国改革开放的不断深入和经济的迅速发展，越来越多的外国人士长期在我国工作、居住、生活。普通的居民社区越来越常见国际友人，物业服务人员在日常工作中也有越来越多的机会与外国人士打交道。在与外国人士的交往与服务中，除了要遵循物业礼仪的基本要求与规范外，还需要了解国际礼仪的特点。

第一，国际礼仪强调个人之上。它强调个人之上，个性自由，反对损害个人尊严，要求尊重个人隐私，维护人格自尊。

第二，国际礼仪强调女士优先。它强调，在一切交际场合，不仅要讲究男女平等，反对性别歧视，更要讲究尊重女性、关心女性、体谅女性、帮助女性、保护女性，这就是所谓的女士优先。不尊重女性，就等于没有教养，不守礼仪。

第三，国际礼仪强调交际务实。它认为，在交际活动中，既要讲究礼仪，又要重在沟通，重在互动，反对虚假、造作，不提倡过分客套，不认同过度的自谦、自贬，尤其是反对自轻自贱。它还主张，在人际交往中，要使礼仪成为“一座桥”，而不是使之变成“一堵墙”。

三 学习礼仪的意义

礼仪是人类社会文明的表现形式之一，礼仪是中国文化的基石，是人们进行社会交际活动时应遵循的共同准则。现在，礼仪已经扩展到了人际交往的各个环节，在人际交往中起着重要的作用。学习礼仪，不仅能使人们的生活更有秩序，也能使人际关系更为和谐。这是社会生活的要求，也是一个人甚至一个民族文明程度的体现。

（一）提高自身修养

在人际交往中，礼仪往往是衡量一个人文明程度的准绳。它不但反映一个人的交际技巧与应变能力，而且反映一个人的气质风度、阅历见识、道德情操、精神风貌。因此，在这个意义上，完全可以说礼仪即教养。有道德才能高尚，有教养才能文明。也就是说，通过观察一个人对礼仪的运用，可以知晓其文明程度和道德水准。学习礼仪可以提高人的素质，良好的礼仪行为可以体现自身的修养。作为一个现代人，如果不用礼仪规范约束自己，而是放纵自己的行为，这样的人是没有素养可言的。

（二）完善个人形象

个人形象是一个人仪容、表情、举止、服饰、谈吐、教养的集合，而礼仪对上述诸方面都有详尽的规范。在日常工作与人际交往中，个人形象十分重要，它直接影响着交往双方关系的融洽和交际的成败；在双方初次见面而未能有深刻了解的阶段，外在形象就显得尤为重要。一个人只有具备了良好的仪容仪表，才能具有得体的礼仪，对方会通过一个人的外在形象来判断其内在的品质及综合素质。得体的穿着打扮和言谈举止，是良好教养的体现。因此学习礼仪、运用礼仪无疑将有益于人们更好、更规范地设计个人形象、维护个人形象，更好、更充分地展示个人良好的教养与优雅的风度。

（三）改善人际关系

没有社交活动，人类的生活是不可想象的。人们参加社交活动，多为调节生活、建立友谊、交流感情、融洽关系、增长见识、扩展信息。随着社会的发展，物质生活日益丰富，社交越发显现出它的价值，而处在社交活动中的每个人的仪表、仪态及对礼仪知识的了解也变得极其重要。在人际交往中具备得体的礼仪与建立良好的人际关系息息相关，一个懂得礼仪且彬彬有礼的人在与人交往的过程中更容易取得他人的信任和好感。

运用礼仪，除了可以使个人在交际活动中充满自信、胸有成竹、处变不惊外，其最大的好处就在于它能够帮助人们规范彼此的交际活动，消除当事人之间的戒备心理或距离感，拉近双方距离；更好地向交往对象表达自己的尊重、敬佩、友好与善意，增进彼此之间的了解与信任。古人云："敬人者，人恒敬之。"只有真正做到礼待他人、尊重他人，才能在处理人际关系的过程中把握先机，成为真正受人欢迎的人。

（四）塑造组织形象

良好的组织形象是每一个组织所追求的目标，组织形象的塑造处处都需要礼仪。比如，你想和某一单位联系业务，当你拨打对方办公室电话一直无人接听或铃响五六声之后才有人接听时，你会对该单位产生这样的印象：工作效率不高，制度不健全，员工素质差等。反之，当你拨通电话时，听到对方和蔼可亲的问候、简洁干练的回答，你立即会产生一种亲切感。

组织形象常常是在不经意间体现并塑造出来的。整洁幽雅的环境，宽敞明亮、井然有序的办公室，独具个性、富有哲理的价值观，彬彬有礼的员工，富于特色的广告等，都会给公众留下深刻的印象。礼仪则是通过组织内员工的仪容仪表、言谈举止、礼貌礼节等表现出来的，它是塑造组织形象的基础工程。任何不讲究礼仪的组织，都不可能拥有良好的组织形象。

组织通过各种规范化的礼仪，还可以激发员工对组织的认同感，增强组织的凝聚力、向心力。目前，我国许多企业通过统一企业标识、统一企业服装、统一色彩等，塑造组织统一的社会形象，并使员工自觉地维护组织形象；通过开业庆典、周年纪念、表彰大会等仪式，加深员工对组织的了解、热爱。

（五）建设精神文明

世界各国和各民族都十分重视交往时的礼节，把它视为一个国家和民族文明程度的重要标志。在社会主义精神文明建设中，讲究礼节、注重礼貌是最基本的要求，它是精神文明建设的基础。随着我国改革开放的深入、社会主义市场经济体制的确立及加入世界贸易组织，我国经济发展与国际接轨的步伐已经迅速加快，这些都对我国精神文明建设提出了更高的要求。只有提高中华民族整体的文明礼貌素质，才能塑造一个良好的社会环境，吸引更多的外资和促进国际贸易，从而推动我国经济的发展。提倡讲究礼仪、注重礼貌，必将有力地促进社会主义精神文明建设。

礼仪素养的修炼是一个细节积累的过程，是约束和规范的过程。作为物业服务人员，应该从日常行为规范开始，以讲礼仪的态度对待每个问题、每位业主，才能做好服务工作。

案例评析

小刘作为一名物业工作人员，代表着物业公司的形象，在与业主的交往中，应遵循基本的礼仪规范：不迟到、公共场所保持安静、不干扰会场秩序。因为未能做到这些，所以受到经理的批评。

作为经理指派的与其一同与业主开会的工作人员，小刘应该提前做好会议准备，提前到达会场，将手机保持静音或关闭，协助经理做好会议准备工作。

任务二 物业服务礼仪的运用

案例导入

赴宴

在与自己的同事一道外出参加一次宴会时，物业公司工作人员小李因为举止有失检点，招致了大家的非议。宴会档次较高，菜肴酒水非常丰盛，小李吃得兴高采烈，在宴请人还没有开始举杯致辞时，他就把菜转到自己面前大快朵颐起来。宴席中为了放松，他先是脱掉了外套，接着又松开自己的领带、解开领扣、卷起袖管。尤其令人感到不快的是，小李在吃东西时，总爱有意无意地咂巴嘴，并在菜盘中翻来翻去挑自己喜欢的吃。小李在宴会上的此番作为，不仅令他身边的人瞠目结舌，而且也令他的同事们无地自容。

问题与思考

1. 小李参加宴席做得不得体引起大家反感，导致其产生这些行为的根源在哪里？

2. 作为一个现代人，应如何约束自己的行为才能成为一个有修养的、受人欢迎的人？

知识探究

礼仪是具有普遍性、共同性、指导性的规律，学习礼仪也有一定的方法可循，掌握这些规律和方法有助于更好地学习礼仪、运用礼仪。

一 礼仪的原则

（一）遵守的原则

在交际应酬中，每一位参与者都必须自觉、自愿地遵守礼仪，以礼仪去规范自己的一言一行、一举一动。对于礼仪，不仅要学习、了解，更重要的是要将其付诸个人的社交实践。任何人，不论身份高低、职位大小、财富多寡，都有自觉遵守、应用礼仪的义务，否则，就会受到公众的指责，交际就难以成功，这就是遵守的原则。没有这一条，就谈不上礼仪的应用、推广。

（二）自律的原则

从总体上看，礼仪规范由对待个人的要求与对待他人的做法两大部分构成。对待个人的要求，是礼仪的基础和出发点。学习、应用礼仪，最重要的就是要自我要求、自我约束、自我控制、自我对照、自我反省，这就是自律的原则。古语云："己所不欲，勿施于人。"若是对自己没有要求，不讲慎独与克己，遵守礼仪就无从谈起。

（三）敬人的原则

孔子曾经对礼仪的核心思想做过高度概括，他说："礼者，敬人也。"《礼记》中说："夫礼者，自卑而尊人。"所谓敬人的原则，就是要求人们在交际活动中，与交往对象既要互谦互让、互尊互敬、和睦共处，又要将对交往对象的重视、恭敬、友好放在第一位。在礼仪的两大构成部分中，对待他人的做法这一部分比对待个人的要求更为重要，这一部分实际上是礼仪的重点与核心。对待他人的诸多做法中最重要的一条，就是要敬人之心常存，处处不可失敬于人，不可伤害他人的个人尊严，更不能侮辱他人的人格。掌握了这一点，就等于掌握了礼仪的灵魂。

（四）宽容的原则

宽容的原则，是要求人们在交际活动中运用礼仪时，既要严于律己，又要宽以待人。在人际交往中，要多容忍他人、多体谅他人、多理解他人，不要求全责备、斤斤计较、过分苛求、咄咄逼人，要容许他人有独立进行自我判断的自由。对不同于己、不同于众的行为应容忍，不必要求他人处处与自己保持一致，这实际上也是尊重对方的表现。

（五）平等的原则

在具体运用礼仪时，允许因人而异，根据不同的交往对象，采取不同的方法。但是，必须强调指出：在礼仪的核心点，即尊重交往对象、以礼相待这一点上，对任何交往对象都必须一视同仁，给予同等程度的礼遇。不允许因为交往对象彼此之间在年龄、性别、民族、性格、文化、职业、身份、地位、财富以及与自己的关系亲疏远近等方面有所不同，就厚此薄彼，给予不同待遇。

（六）从俗的原则

由于国情、民族、文化背景的不同，在人际交往中，实际上存在着“十里不同风，百里不同俗”的情况。对这一客观现实要有正确的认识，不要自高自大、唯我独尊，简单否定其他人不同于己的做法。必要时，必须坚持入国问禁、入乡随俗、入门问讳。遵守从俗原则，会使礼仪的应用更加得心应手，有助于人际交往。

（七）真诚的原则

礼仪上所讲的真诚的原则，就是指在人际交往中运用礼仪时，务必待人以诚、言行一致、表里如一。只有如此，自己在运用礼仪时所表达的对交往对象的尊敬与友好，才会更好地被对方所理解、所接受。倘若仅把运用礼仪作为一种道具和伪装，在具体操作礼仪规范时口是心非、言行不一、弄虚作假、投机取巧，或是当面一个样、事后另一个样，有求于人时一个样、被人所求时另一个样，则是有悖礼仪的基本宗旨的。

（八）适度的原则

适度的原则要求运用礼仪时，为了确保取得成效，必须注意技巧、合乎规范，特别要注意做到把握分寸。这是因为凡事过犹不及，运用礼仪时，假如做得过了头，或者做得不到位，都不能正确地表达自己的自律、敬人之意。当然，运用礼仪时要真正做到恰到好处、恰如其分，只有勤学多练、积极实践。

（九）沟通的原则

沟通是人际交往中人与人之间互动的桥梁。沟通的原则要求人们在人际交往中，既要了解交往对象，又要为交往对象所了解。礼仪的主旨是“尊重”，而欲尊重他人，就必须先了解他人，并使自己为他人所了解。只有这样，才能实现有效的沟通。

（十）互动的原则

在人际交往中如果想取得成功，就必须无条件地遵守互动的原则。所谓“互动”，包括两点要求：一是人们在其交往中必须主动进行换位思考，善解人意。换位思考的基本点，就是要求人们必须善于体谅交往对象的感受。二是人们在其交往中要时时、处处努力做到“以对方为中心”。

二 学习礼仪的方法

礼仪是一门应用非常广的学科，礼仪素养的塑造需要长期的过程。学习礼仪，一定要充分联系实际，并长期坚持，方能见成效。

（一）联系实际

礼仪本身就是一门应用学科，学习礼仪务必坚持知和行的统一。实践是检验真理的唯一标准，也是学习礼仪最好的老师。人际交往的成功，往往有赖于必要的经验。学习礼仪要注重实践，将交际实践作为学习礼仪的一个具体过程，不仅可以使人加深对它的了解，强化印象，还能够检验其作用，并以此判断个人掌握、运用礼仪的实际水平，这是学习礼仪的最佳方法。

（二）重复渐进

学习礼仪应当有主有次，抓住重点。先从理论知识开始学习，再进行实践。先从与自己生活最密切的地方开始，往往可以事半功倍。需要注意的是，学习礼仪是一个渐进的过程，一些礼仪规范、礼仪要求只有反复运用、重复体验，才能真正掌握。

（三）自我监督

古人强调提高个人修养要注意反躬自省，“吾日三省吾身”。学习礼仪也应进行自我监督，这样有助于自己发现缺点、找出不足，将学习、运用礼仪真正变为个人的自觉行动和习惯做法。

（四）多头并进

在学习礼仪时，不应将其孤立于其他学科，而应当将这种学习与其他科学、文化知识的学习结合起来。这样不但可以全面提高个人素质，而且有助于个人更好地掌握、运用礼仪。

从总体上看，礼仪是由一系列的规范、程式、活动所构成的。学习礼仪，要讲究全面性、系统性，但是不能搞烦琐哲学，不能脱离实际，死抱着条条框框不放。要是把礼仪搞得过分复杂、琐碎，是不利于礼仪的普及、推广的。要是将礼仪搞成繁文缛节，必将使礼仪脱离群众，曲高和寡。学习礼仪，最切实可行的方法是抓住其重点，礼仪的重点就是那些对交际活动具有普遍指导意义的各项原则，这些原则高度凝练，举一反三，使用范围非常广，只要悉心掌握，会大有裨益。

三 礼仪的操作使用

由于礼仪的注重实践的特点，其操作过程是大家需要熟练掌握的。操作使用礼仪，除了后面项目将会提及的规范，操作者个人的理念也十分重要。

（一）以“尊重”为基本理念

现代礼仪以“尊重”为基本理念，在具体操作使用礼仪时，这一理念又体现在以下两点：

1. 摆正位置

在人际交往中，每个人都拥有自己的具体位置，而这一位置往往还会不断地发生变化。在操作使用礼仪时，每个人关键是要明确自己的具体位置，各就各位，切勿错位或越位。对自己而言，每个人都必须维护自尊，包括尊重自我、尊重自己的职业、尊重自己所在的单位。

2. 调整心态

在人际交往中，人不仅需要智商，更需要情商。在具体处理人际关系、运用礼仪时，每个人都应该自觉地进行心态调整。对于自己的工作、生活乃至人际关系而言，心态往往决定一切。心态调整主要涉及以下三点：

一是需要“接受他人”。所谓接受他人，就是要求人们必须善解人意地接受对方的一切合乎情理的选择，做到严于律己、宽以待人。

二是应当“换位思考”。在人际交往中，人人有别、时时有别、处处有别、事事有别，强调“以交往对象为中心”，就必须要换位思考。

三是坚持“和而不同”。“礼之用，和为贵”，要与他人和睦相处，就必须意识到自己所面对的世界是多有“不同”的。只有坚持求同存异，才能真正地为自己营造出良好的人际环境。

（二）掌握“有所为”与“有所不为”

“有所为”，指具体操作礼仪时，应该知道需要如何做，或者如何做得更好，在此方面加强，会令自己的所作所为好上加好。“有所不为”，指在具体操作礼仪时，首先要注意不能做什么，在此方面不出差错，就不会出洋相、失礼于他人。

“有所为”是人们的努力目标，“有所不为”则是每个人必须力戒的。

案例评析

小李不懂餐桌礼仪的基本规范，举止粗俗，不但引起别人的反感，也使企业的形象受损。因为在对外交往中，一名工作人员的形象不仅代表着自己，更代表着一家企业。

员工时时刻刻要注意自己是企业的代言人，时刻注意规范自己的言行。在礼仪知识缺乏的情况下，要加强学习，除了学习书本上的理论知识外，还要多向他人请教，在实际生活中时刻按照礼仪标准来要求自己。

项目小结

《礼记·曲礼》有云：“礼尚往来，往而不来，非礼也；来而不往，亦非礼也。”礼仪是施礼者与受礼者的情感互动过程，是一种程序，有一定的规则，不是毫无联系的某些行为的堆积组合。遵行礼仪是现代文明行为的重要组成部分，是人际交往的重要手段和途径。

职业实训练习

一、选择题

1. 由于礼仪具有（　　），才形成了国际交往礼仪。

A. 继承性　　B. 共通性　　C. 多样性　　D. 文明性

2. 礼仪的灵魂指的是其（　　）。

A. 沟通的原则　　B. 自律的原则　　C. 敬人的原则　　D. 互动的原则

二、综合案例分析题

案例名称	修养的作用
工作任务	有一批应届毕业生共22人，实习时被导师带到北京的国家某部委实验室参观。全体学生坐在会议室里等待部长的到来。这时，秘书过来给大家倒水，同学们表情木然地看着她忙前忙后，其中一个同学还问了句：“有绿茶吗？天太热了。”秘书回答说：“抱歉，刚刚喝完了。”林晖看着有点别扭，心里嘀咕：人家给你倒水还挑三拣四。当秘书给他倒水时，他轻声说：“谢谢，大热天的，辛苦了。”秘书抬头看了他一眼，满含着惊奇，因为这虽然是很普通的客套话，但却是她今天唯一听到的一句。 门开了，部长走进来和大家打招呼。不知怎么回事，会议室里静悄悄的，没有一个人回应。林晖左右看了看，犹犹豫豫地鼓了几下掌，同学们这才稀稀落落地跟着拍手。部长挥了挥手，说：“欢迎同学们到这里来参观。平时这些事一般都是由办公室负责接待的，因为我和你们的导师是老同学，非常要好，所以这次我亲自来给大家讲一些有关情况。我看同学们好像都没有带笔记本，这样吧，王秘书，请你去拿一些我们部里印的纪念手册，送给同学们作纪念。”接下来，更尴尬的事情发生了，大家都坐在那里，很随意地用一只手接过部长双手递过来的手册。部长的脸色越来越难看，来到林晖面前时，已经快要没有耐心了。就在这时，林晖礼貌地站起来，身体微倾，双手握住手册，恭敬地说了一声：“谢谢您！”部长闻听此言，不觉眼前一亮，伸手拍了拍林晖的肩膀：“你叫什么名字？”林晖如实作答，部长微笑着点头，回到自己的座位上。早已汗颜的导师看到这儿，稍稍松了一口气。 两个月后，毕业分配表上，林晖的去向栏里赫然写着国家某部委实验室。有几位颇感不满的同学找到导师：“林晖的学习成绩最多是中等，凭什么选他而没选我们？”导师看了看这几张尚属稚嫩的脸，笑道：“是人家点名来要的。其实你们的机会是完全一样的，你们的成绩甚至比林晖还要好，但是除了学习之外，你们需要学的东西还太多，修养是第一课。”
完成时间	15分钟。
任务目标	了解礼仪修养的重要作用。

任务要求	1. 与其他同学相比，林晖哪些方面做得更好？ 2. 为什么国家某部委实验室选择了成绩中等的林晖，而不是成绩优异的其他同学？林晖最能够吸引国家某部委实验室的特质是什么？
研讨内容	
研讨成果	
讨论过程	
自我角色	
自我评价	
小组评价	
教师评价	

三、思考题

1. 作为物业服务人员，学习礼仪对于做好本职工作具有什么意义？
2. 为什么说良好的个人形象会成为一个人成功的敲门砖？
3. 如何正确对待“敬人”与“自尊”之间的关系。
4. 物业服务人员在工作中应该秉承什么样的心态？
5. 结合物业管理专业知识，谈一谈物业服务人员在工作中哪些事应“有所不为”。

项目二

物业服务人员的形象礼仪

职业要求

物业服务人员应具备得体的外在形象，懂得修饰个人仪容仪表，学会塑造个人肢体形象。在实践工作中，能够正确运用表情礼仪，展现物业服务人员的良好形象。

任务导读

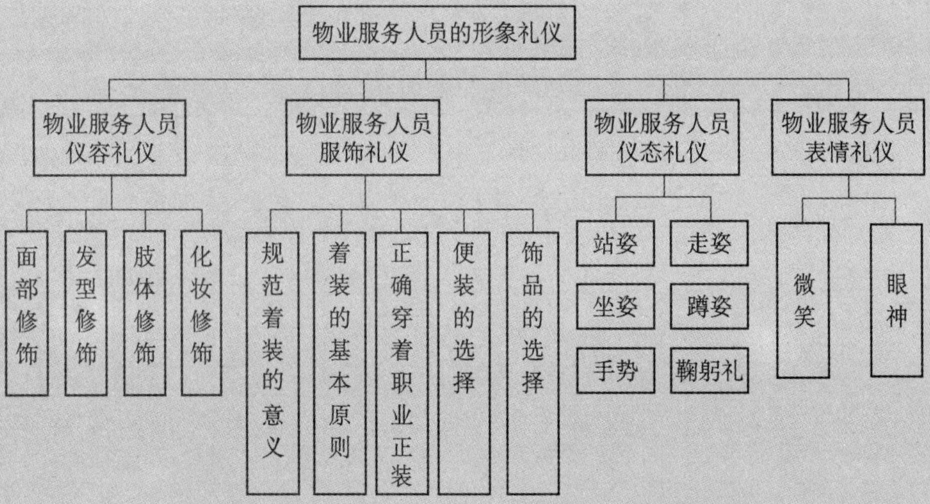

学习目标

知识目标：了解物业服务人员个人形象的基本要求，掌握仪容、着装、仪态的基本礼仪规范。

能力目标：学会根据个人特点修饰仪容、合适着装及举止得体；学会在交际场合运用恰当的表情，进而提升个人外在形象与素养。

任务一 物业服务人员仪容礼仪

案例导入

重要的服务仪容

某小区业主吴先生因为楼上装修的噪音问题到物业办公室投诉，吴先生向接待他的工作人员介绍了具体情况。这位工作人员边听边做记录，吴先生一抬头看到她面无血色，显得无精打采，长长的头发散落在胸前，时不时用手拨弄一下，手指甲上涂的指甲油有的还缺了一块。在与吴先生交流的过程中说话声音比较小，显得有气无力的。吴先生觉得这位工作人员精神不集中，感觉她工作不够认真，在敷衍自己。本来因为噪音受到干扰就很恼火，这下更生气了。

问题与思考

1. 吴先生为什么会更加生气?
2. 物业服务人员的工作哪里存在缺失?
3. 作为今后的物业服务人员，同学们应该如何修饰自己的仪容?

知识探究

个人仪容，是指人的容貌，主要由发式、面容，以及所有未被服饰遮掩、暴露在外的肌肤构成的。在人际交往中，仪容反映了一个人的精神状态和礼仪素养，并且会引起交往对象的特别关注，还将影响到别人对自己的整体评价。所以应按照一定的规则，对自己的仪容进行必要的整理、修饰和维护，主要包括面部、发型、肢体等方面的修饰。在仪容修饰方面要注意干净、整洁、卫生、简约、端庄，浓妆艳抹与物业服务人员的形象不符。

一 面部修饰

在人际交往中，一个人仪容中最引人注意的地方就是容貌。英国有一句谚语："当你同别人打交道时，他注意你的面部很正常。可他要是过多地打量你身体的其他部位，那就有一些不正常了。"实际上，一个人的相貌主要与面部有关，人体的其他部分，如四肢、毛发等，往往不会对其构成决定性的影响。出于这个原因，物业服务人员在自己的工作岗位上，必须对自己面部的修饰高度重视。

（一）面部修饰的基本要求

面部是他人所注视的重点部位，合理、自然地修饰个人面部是塑造个人形象的首要问题。在进行面部修饰时，应遵循的基本原则是洁净、自然、卫生。

1. 注意面部的干净、整洁

面部不整洁是不礼貌的行为，也是对自己及他人不尊重的表现。在进行个人面部修饰时不能简单地“敷衍了事”，应认真细致地做到“使人舒服”，即无灰尘、无泥垢、无分泌物、无汗渍，无一切被人们视为不洁之物的杂质。

2. 注重面部的自然修饰

面部修饰既要注重美观，又要讲求自然、合乎常情，应结合物业服务行业的规范及特点进行合理、自然的修饰。按照人们对物业服务人员所要求的角色定位，庄重、大方是其维护个人形象的第一要旨。不能标新立异、追求前卫，这是与物业服务人员的角色不符的，不宜尝试。要求物业服务人员面部修饰自然，并不意味着排斥美观，但注意要与物业服务人员所从事的具体岗位相适应。例如，物业办公室工作的女性，适当化职业淡妆是合适的，但物业的清洁工、家政服务员则不建议对面部过多修饰，保持面部干净整洁即可，否则工作起来容易流汗，妆会花了，反倒难看。

3. 养成良好的卫生习惯

要养成良好的卫生习惯，并随时注意检查个人卫生情况，如午休完毕、流汗流泪、接触灰尘、外出归来后，都应及时洗脸或进行检查。在清洁个人面部时要认真、细致，切勿忽视“卫生角落”。如果因为清洁不彻底，导致面部长了痤疮或疱疹等，很容易使人产生抵触的情绪。

（二）局部修饰

1. 眉部修饰

眉毛，是面部修饰中不可忽视的一个重要组成部分。眉毛虽没有眼睛引人注目，但也是衡量面部是否美观的主要标准之一。眉部形状的改变对面部五官比例结构的改变起着重要作用，所以不可忽视眉部的修饰。在进行眉毛修饰时，应结合自身脸形及眉形的特点，将眉毛修理得美观大方，形态自然、优美。不同眉形的人也应按这一标准进行修饰，如淡眉、短眉应通过眉笔或用绣眉的方法补全。“杂乱不堪”的眉毛也要及时进行修整。不论男性还是女性，都应养成梳理眉毛的习惯，以防眉部出现灰尘、皮屑等。

2. 眼部修饰

眼睛是面部被他人注视最多的部位，在修饰眼部时应注意以下三点：眼部保洁、防治眼病、合理佩戴眼镜。眼睛常常有些许分泌物，如果没有及时清理干净将会使个人的形象大打折扣，严重影响美观，因此在外出前、上岗前应仔细检查、及时清理眼部分泌物。

社交场所、服务场所都是公共区域，如果我们没有很好地保护眼睛，就容易感染病菌。特别是物业服务人员，如果患有传染性眼病，应及时治疗、休息，尽量避免传染他人。

有些人因个人的需要在工作岗位上要佩戴眼镜，那就应该选择适合个人脸形的眼镜，眼镜不要过分夸张怪异。同时，也要注意眼镜的清洁卫生，坚持每天擦拭眼镜，定期进行清洗。如果有些岗位对佩戴眼镜有特殊要求，如不能佩戴有框眼镜，为了更好地工作，可佩戴隐形眼镜。

3. 鼻部修饰

鼻部修饰，主要需要注意的是鼻部及其周围皮肤的清洁、鼻毛修剪这两项工作。鼻部及其周围皮肤的毛孔一般较为粗大，在进行皮肤清洁时，应重点清理。油性皮肤的人鼻头处易产生黑头，要定期清理，以使皮肤光洁。还应注意，对于鼻孔内侧卫生的清理要在私下进行，切勿当众挖鼻孔、擤鼻涕。男性还应及时修剪鼻毛，一旦发现其冒出鼻孔，应立即对其进行修剪，切不可当众用手去揪拔自己的鼻毛。

4. 口部修饰

物业服务人员在服务过程中，经常需要与业主进行口头交流，口部的清洁卫生及修饰尤为重要。一旦不符合礼仪规范，极易引起他人反感。做好口部修饰，关键是要做好以下三点：

一是牙齿要健康。拥有一口洁白的牙齿，无论是讲话时还是微笑时都会显得很美。要使自己拥有一口洁白、健康的牙齿，那就要做好定期的洗牙、护牙工作，保持良好的口腔卫生，养成勤刷牙、饭后漱口的好习惯。

二是口气要清新。为了拥有清新的口气，在工作或外出的时候就要适当地“禁食”部分食物，如大葱、大蒜、韭菜等。如果吃了这些食物，应及时做好补救工作，如使用“口气喷雾剂”。男性还应注意要戒烟戒酒。有胃疾的人，在选择食物时应尽量避免产生大量胃气的食物，以免产生口气。

三是口部形象要美观。美观的口部形象应是唇部健康、口腔周围干净利落。健康的唇部标准是“唇红齿白”，应该让自己的唇部保持润泽，不应出现脱皮、爆裂的情况。冬季天气干燥时应使用润唇膏使唇部滋润、有光泽。

5. 耳部修饰

耳部易产生分泌物，要及时清理干净，同时要将耳后的耳垢清理干净。对于耳孔内长的耳毛，也要及时进行修剪。女性物业服务人员可选戴适合个人气质、脸形、发型及工作环境的耳钉，但一次仅能佩戴一副；男性不能佩戴任何耳部饰物。

二 发型修饰

与他人接触时，对方最先关注的必然是你的头部。拥有整洁利落的发型，能使人看上去神采奕奕，因此，发型的修饰也尤为重要。

（一）头发的整洁

1. 合理养护

健康、秀美的头发要靠平时的保养和护理，而养护头发要从梳理、按摩、清洗等几方面入手。头发的洁净对护发是十分重要的，要养成周期性洗发的习惯，洗发周期的长短可根据环境、季节的变化而变化，也可根据个人头皮皮脂的分泌情况而定。做好养护工作，头发才能展现出自然的光泽，而不是枯黄似一头乱草。

2. 定期修剪

头发每天都在生长，为了让自己保持一个健康、完美的形象，需要定期修剪头发。男性可根据个人头发生长的速度选择半个月或一个月修剪一次头发。女性依照个人发型的选择而自行决定是否需要修剪头发，如果留有刘海就要坚持定期修剪，以免影响工作及视力。

（二）发型的选择

所谓发型，是指头发经过一定修饰后所呈现的形状。为自己选择发型时，必须优先考虑的是自己的职业。具体来说，男性服务人员发型应以短发为主，女性服务人员发型应以简约、大方为主。

1. 男性物业服务人员发型选择

对男性物业服务人员头发的具体长度，应规定上限与下限。头发长度的上限，是指头发最长时的极限。按照常规，绝对不允许男性物业服务人员在工作时长发披肩，或者梳起辫子。头发长度的下限，指的是它在最短时的极限。出于美观，同时也出于卫生方面的考虑，男性物业服务人员不宜剃光头。因为在通常情况下，一位男性如果是光头，不但不符合人们日常的审美习惯，而且还会给人以滑稽古怪的感觉。

男性物业服务人员在修饰头发时必须做到：前发不覆额头，侧发不掩耳朵，后发不触衣领。所谓前发不覆额头，主要是要求男性物业服务人员不应使自己头前的头发垂在前额之上；所谓侧发不掩耳朵，主要是要求男性物业服务人员不应使自己两侧的头发遮挡耳朵，不应当蓄留鬓角；所谓后发不触衣领，则主要是要求男性物业服务人员脑后的头发不宜长至衬衣的衣领，免得将通常为白色的衣领弄脏。

2. 女性物业服务人员发型选择

爱美是女性的天性，女性的发型有千万种变化，可对于女性物业服务人员来讲，在选择时尚、前卫的发型时就要考虑是否符合其工作形象。

图 2—1　女性物业服务人员的发型

女性物业服务人员的发型一般以短、中、长发为主，而具体的长度应依照工作过程中的方便、卫生要求而定。女性物业服务人员的头发长度也应有上限与下限。具体来说，短发应前发不覆额头，侧发不掩耳朵，后发不过肩膀，当然也不能过短，如剃光头，这类发型在工作中是极不适宜的；中发是介于短发与长发之间的头发长度，是最不易打理的，因此女性物业服务人员要注意，如果头发已经触及肩部，应及时将头发束起来或剪短；长发是很多女性物业服务人员的首选，长发的物业服务人员应将头发盘起来、束起来或编起来，加之适宜的发饰或置于工作帽之内，整理出端庄、秀丽的发型，如图 2—1 所示。

女性物业服务人员在选择个人的发型时，也可根据个人的脸形和气质去选择一款既适合个人风格特点又不影响工作的发型。一般来讲，女性物业服务人员在为自己选择发型时，必须有意识地以简约、大方、明快而见长。

女性物业服务人员在整理、塑造个人发型时，合理地借助和选择发饰对美化整体形象可以起到画龙点睛的作用。选择发饰的目的在于“管束”自己的头发，而不是刻意打扮。因此，女性物业服务人员在选择发饰时，宜选黑色、藏蓝色且无任何花色图案的头花、发卡、发带等。发饰的选择应注意结合个人的头形、脸形，避免“不伦不类”。

此外，对于现代美发中比较流行的烫发、染发，物业服务人员可以根据自身需要合理选择，但不要将头发烫得过于华丽，也应慎选染发的颜色，不适宜选择过于跳跃、扎眼的色彩。

总体而言，物业服务人员的发型要做到长短适当，大方庄重。

资料链接

女性物业服务人员发型参考

为塑造良好的物业服务人员影响，女性物业服务人员要特别注重发型修饰。要根据自己的脸形特点选择合适的发型（见表 2—1），方能提升自身的职业形象，以一个良好的精神风貌为业主服务。

表 2—1　各种脸形适合的发型

脸形	主要不足	适合发型	效果
梨形	面颊与颌较前额宽	短发，头发尽量梳高，并覆盖前额和太阳穴，两鬓紧贴双耳	使颌与前额平衡
圆形	苹果般的面孔和丰腴的下巴	把头发都梳到一边，并盖住耳朵，避免从中间分开头发。如果是短发就用浓密的刘海遮脸；如果是长发，则使颈部的头发浓密一些，以转移别人的视线	头发的不对称，会使脸看起来长一些
正方形	显得过于刚毅	头发不宜从中间分开，刘海可向一侧吹起一个高波，两鬓向后平掠，卷曲和波纹会转移别人对脸形边缘的视线	使脸的轮廓变柔和
瓜子形	下巴显得尖	额前覆盖一些头发，其余头发可在身后散开	会使下巴丰润一些
三角形	前额宽，颧骨高	披肩长发	使前额看起来较修长
长方形	前额的宽度与颧骨和腮边一样	斜角的刘海或两旁头发较浓密	产生宽度上的错觉

三　肢体修饰

物业服务人员在日常工作中，因四肢的动作最多，经常会受到关注。因此，物业服务人员应注重个人肢体的修饰，总体原则是卫生、得体。除此之外，还涉及肢体运用的问题。工作在不同岗位上的物业服务人员，平时对肢体的运用有着不同的要求。

（一）手臂的修饰

手臂是物业服务人员使用最多的肢体部位，被服务行业人员称为服务人员的“第二张名片”。递送物品、指示方向、接收钱物等，都必须使用手臂。如果物业服务人员用一双脏兮兮的手去为业主服务，一定会使业主有所不满，也会因此而影响业主对物业公司的整体印象。如果物业服务人员拥有一双保养良好、干净秀美的手臂，往往会为物业服务人员平添美感。

手臂的修饰应从保洁、护理、修饰等方面进行。

1. 保洁

手臂保洁，要求物业服务人员要保证手臂的干净卫生，特别是裸露部分，如胳膊肘、手指缝隙等难清洗的部位要清洗干净。同时，要保证在以下情况时洗手：一是上岗前，二是手脏后，三是接触食物前，四是规定洗手时，五是上卫生间后，六是下班前。养成勤洗手、勤剪指甲的好习惯，才能保证服务对象和自己的健康。一般情况下，指甲的长度以从手心看不长过指尖 2 毫米为宜，防止过长而断裂。

在工作岗位上，不要双手乱用，例如揉眼睛、掏耳朵、抠鼻孔、剔牙齿、搔头发、抓痒痒，或是双手四处乱摸、乱捡地上的物品等，都极不卫生。一些特殊的工作岗位，为了卫生保洁，需要按规定戴上专用手套。

2. 护理

手臂护理，要求服务人员在干燥的季节或对敏感的皮肤合理地进行护理。秋冬季，我们的皮肤常常很干燥，易开裂，如果没有很好地护理，不但会皲裂还易生疮，这样会大大影响工作形象。服务人员在干燥的秋冬季节应选择一些高油脂的护手霜对手臂进行护理。物业服务人员要明白，不论自己的工作多么辛劳繁重、时间不够用，都不能使之成为不护理手臂的借口。在正常情况下，一位物业服务人员的手臂上如果粗糙、皲裂、红肿、长癣，或是创伤不断，都可能会引起服务对象的心理不适，影响服务质量。

护理手臂，一是要讲究科学、方法得当；二是重在坚持，一定要长年累月地坚持下来，才能真正做好。

3. 修饰

物业服务人员在工作岗位上的手臂修饰，应以朴素、庄重、简约为美。不可蓄长指甲、涂过于鲜艳的指甲油、戴奇异的或与身份不符的手部饰物等，可以戴手表，但手表的设计应保守简单，表带以银色、金色的金属或皮质表带为宜，宽度不超过 2 厘米，颜色以黑棕、棕褐、蓝、灰等深色为主；不要佩戴过多的首饰，一般除了结婚戒指外，不宜再佩戴其他饰物。

（二）下肢的修饰

下肢是物业服务人员常常忽略的部分，然而它的修饰也一样重要。虽然下肢常被服装包裹起来，但物业服务人员也应注意合理地保洁和美化下肢。

1. 保洁

下肢的污垢常躲在不被人发现的角落，极易被忽略，长此以往是不可取的。物业服务人员不应忽视下肢的保洁，应该认认真真对待，要勤洗脚、勤换袜子、勤换鞋子，以免产生异味。

2. 美化

下肢的美化包括体毛的处理、鞋袜的选择等方面。服务人员在需要裸露下肢时，应对体毛进行适当遮掩。根据常规，物业服务人员在工作时，不允许赤脚穿鞋，这样既不卫生，也影响美观，一般应穿上袜子。女性物业服务人员在工作时还要注意不要选择凉鞋，而应选择双包型的船式鞋；穿裙装时，应搭配适宜的长筒丝袜。

四 化妆修饰

在现代社会，化妆已成为生活中的一门艺术，女性每天都离不开化妆品的修饰，化妆的基本要领已成为现代职业女性必须要掌握的一门技巧。适度得体的妆容，可以体现女性端庄、美丽、温柔、大方的独特气质。女性物业服务人员利用化妆品来装扮自己，可以达到振奋精神和尊重他人的目的。物业公司办公室等内勤部门的女性工作人员在工作中最好能够化职业淡妆，这既是为了敬人，也是为了自尊。因此，每一名女性物业服务人员都应当掌握一定的化妆技巧。

（一）化妆的作用

要求女性物业服务人员上岗时化妆，是物业管理公司塑造自己企业形象的方法之一。因为每一位物业服务人员都代表着物业公司的形象，是其展示自己公司风貌的一个窗口。

1. 健康形象的基本保障

爱美之心人皆有之，“柳叶眉”“樱桃口”“唇红齿白”“明眸皓齿”等都是对女性健康审美的要求。在现代社会，随着文明水平的日益提高，人们越来越注重个人形象的塑造和修饰。“蓬头垢面”“无精打采”常被人们视为不健康的形象。物业公司希望塑造健康的企业形象，要求女性物业服务人员化妆上岗，以使其企业形象更为鲜明、更具特色。

工作时化妆，既可以被理解为是物业服务人员对服务对象尊重的一种直接表达，更可以被视为是物业服务人员热爱本职工作、恪尽职守的一种具体做法。一个人只有在热爱自己的工作、尊重交往对象的前提下，才会刻意去修饰自我形象。

2. 尊人爱己的基本要素

化妆最实际的意义是使自己更加美丽，更为光彩照人。化妆之后，人们大都可以拥有良好的自我感觉，身心愉快、精神振奋，可缓解来自外界的种种压力，可在人际交往、工作中表现得更为开放、更为自尊自信、更为洒脱自如。这既是尊重自己的表现，也是尊重他人的基本表现。在国外的很多地方，不化妆参加活动，会被交往对象理解为蔑视对方，或是一种侮辱。所以，有人说，化妆是使人放弃自卑，与憔悴无缘的一味良药。

（二）化妆的守则

物业服务人员的化妆应是职业淡妆，它与其他的晚妆、生活妆等有不同的要求。因此，应掌握物业服务人员化妆守则。

一是要淡雅。物业服务人员化妆要自然大方、素净雅致，只有这样才与自己的服务岗位相适应。女性物业服务人员工作时不但要坚持化妆，而且要注意及时进行补妆。如果疏忽了这一点，容易使妆面出现“残妆”。

二是要简洁。要求女性物业服务人员上班时化妆，并非要求化全套，而应简洁明了。一般来说，修饰的重点是唇部、面颊和眼部，其他部位不修饰是可以的。

三是要适度。物业服务人员的工作妆，必须适合自己本职工作的实际需要，要根据自己具体的工作性质，来决定化不化妆和应该如何化妆。

四是要庄重。物业服务人员从事的毕竟是服务行业，化妆一定要庄重。切忌追求怪异、神秘、特别的妆容，或盲目地追求时尚、前卫的妆容，从而脱离个人的职业角色，会让人觉得轻浮随便，甚至是不务正业，有损企业形象和个人形象。

五是要避短。化妆有美化自身形象的目的，那就要扬长避短，掩饰自己所短。同时要注意不要不顾他人而当众补妆，化妆是一种私人行为，不能旁若无人地当着他人的面化妆，这样既不尊重他人，也不尊重自己，补妆应该在卫生间或其他私密空间进行。

（三）化妆的基础知识

要想掌握化妆技巧，首先必须对化妆品的种类、化妆品的用法、化妆的程序及手法等有一定的正确认识。

1. 认识化妆品

依照化妆品的功能和特点，化妆品可分为以下四大类型：

（1）润肤型化妆品，用于护理面部、手部、身体等部位的皮肤，为皮肤护理提供基本的保障。常见的有润肤霜、洁面乳、护肤乳液等。

（2）美发型化妆品，用于头发的护理、保养、造型等。常见的有洗发水、啫喱水、发泥、烫发水、染发膏、发胶、发蜡、发膜等。

（3）芳香型化妆品，用于溢香去味、防虫叮咬等。常见的有香水、体香露、花露水等。

（4）修饰型化妆品，用于修饰肤色等。常见的有粉底、粉饼、眼影、眉笔、胭脂、口红、睫毛膏、眼线笔等。

2. 认识皮肤类型

要正确选择适合自己的化妆品，就要对自己的皮肤有所认识，以便结合个人特点选择适宜的化妆品。

皮肤可分为油性、中性、干性、混合性、敏感性五种类型。

（1）油性皮肤。皮脂分泌多，皮肤表面有油亮的光泽，纹理粗、毛孔大。这类皮肤不易生皱纹，但由于皮脂过剩易使污垢附着在皮肤上面生粉刺。

（2）中性皮肤。皮脂分泌适中，皮肤表面光滑、润泽，是比较理想的肤质。

（3）干性皮肤。皮肤毛孔细小，皮脂分泌少，皮肤表面缺少弹性和光泽，易产生细小皱纹。

（4）混合性皮肤。有些人额头、鼻子、下巴处分泌皮脂较多，形成 T 形皮脂带，这些部位属于油性皮肤，其他部位属于偏中性或干性皮肤。

（5）敏感性皮肤。皮肤对光照、某种化妆品、某种食物等有过敏反应，出现红肿、斑疹、痒痛等现象。此类皮肤要避开过敏源，不能乱用化妆品。初次使用某种化妆品时要小心试用，避免过敏反应，不要经常换用化妆品，不用香味浓烈的化妆品。

了解了皮肤的类型，那么如何才能分辨自己的皮肤属于哪种类型呢？皮肤的类型可以通过以下两个方法鉴别：一个方法是，洗净脸后（不涂任何化妆品）皮肤会有紧绷感，20 分钟后皮肤紧绷感消除的为油性皮肤，30 分钟后皮肤紧绷感消除的为中性皮肤，30 分钟以上皮肤紧绷感消除的，则为干性皮肤；另一个方法为触摸试验，上床睡觉前把脸洗干净（可用洗面奶），但不擦任何保养品去睡觉，到早上起床后不洗脸，用指腹触摸脸部，有粗糙感的属于干性皮肤，感觉光滑的为中性皮肤，感觉油腻的为油性皮肤。

皮肤的性质不是一成不变的，它随着年龄、季节、生活环境的变化而变化。一般人冬季皮肤偏干，夏季皮肤偏油；年轻时是油性皮肤，随着年龄的增长，皮肤油脂分泌会慢慢减少，变成中性或干性皮肤。因此，应根据个人皮肤的特点，选用适当的护肤品、化妆品，切不可盲目选用。

资料链接

物业服务人员皮肤类型的自我测试

由于工作紧张繁忙，不少物业服务人员容易忽视自身皮肤的保养，对自身形象的要求不高。有的人由于缺乏保养或错误地使用护肤品、化妆品，脸上长满粉刺，或满面油光，或面部皮肤干燥起皮。这种形象在与业主的接触中，往往会给人以不适感，或多或少地影响了业主的整体服务体验。

物业服务人员要想更好地保养皮肤，首先得了解自己的皮肤类型。通过测试，知道自己的皮肤特点，方能有针对性地进行保养。

人的脸部皮肤分油性、干性、中性、混合性和敏感性 5 种类型。要知道自己的皮肤类型，可以向化妆师、美容师咨询，也可以自我测试。前 4 种皮肤类型可自我测试，测试应在早晨起床前进行，准备三张干纸片，分别贴在额头、鼻子、面颊上，两分钟后揭下，放在亮处观察，测试结果描述如表 2—2 所示。

表 2—2　　皮肤类型测试

纸片油迹状况	对应的皮肤类型
满纸油迹	油性皮肤
极少油迹	干性皮肤
额头、鼻子部位有油迹，脸颊上几乎没有	中性皮肤
额头、鼻子部位有较多油迹，脸颊上没有	混合性皮肤

3. 掌握化妆技巧

掌握化妆技巧的目的是突出五官中最美的部分，掩饰和校正不足，扬长避短，让自己更美丽。只有掌握化妆技巧，才有可能使自己的化妆达到预期的目的。对于职业女性而言，化妆应少而精，以淡妆为宜。

资料链接

化妆用品、程序及规范

女性物业服务人员要想化好妆，首先要掌握化妆品的使用技巧，并了解化妆程序。

1. 化妆用品

（1）粉底。粉底具有遮盖性，能掩盖皮肤的瑕疵、调整肤色。常用的有粉底液、粉底霜等。打粉底前要先清洗好面部，并且拍上适量的化妆水、乳液，然后再选择适宜的粉底，借助海绵均匀地涂抹在面部及颈部。

（2）散粉。散粉主要用于定妆，使用时要选择与粉底颜色相近的散粉，用粉扑均匀地扑在涂抹了粉底的皮肤上。

（3）眉笔。眉笔用于加强眉色，增加眉毛的立体感和生动感。描眉前要先对眉毛进行修剪并整理出适宜的形状，然后结合个人眉毛的特点适当进行补充。

（4）眼影。眼影有加强眼部立体效果、修饰眼形的作用。眼影有粉状和膏状两种类型，使用时结合个人眼部特点及服饰的特殊要求在眼睑处着色。对于中国人来说，化工作妆时选用深色的眼影，往往收效较好。

（5）眼线笔。画眼线有修饰、调整眼部轮廓，增强眼睛神采的作用。使用眼线笔时应结合个人眼部特点从内眼角朝外眼角方向描画，并于睫毛根部着色。上眼线看上去要稍长一些，这样才会使双眼显得大而充满活力。

（6）胭脂。胭脂又称腮红，有改善肤色、修正脸形的作用。胭脂有粉状和膏状两种类型，选择时应选优质腮红，要与唇膏同一色系，且适合本人的肤色，于面部微笑肌（即颧骨下方）处均匀涂抹。

（7）唇膏。应选择适宜的唇膏颜色，按照唇部线条覆盖整个唇部。

（8）睫毛膏。睫毛膏可增加睫毛的密度、长度，可根据个人喜好选择不同类型的睫毛膏。使用时，将睫毛刷置于睫毛根部，由内向外刷睫毛膏。

2. 化妆程序及规范

面部化妆程序及规范如表 2—3 所示。

表 2—3　　面部化妆程序及规范

步骤	目的	操作要点	注意事项
打粉底	调整面部肤色。	1. 涂隔离霜，调整肤色并隔离彩妆以保护面部肌肤。 2. 用海绵取适量粉底液涂抹均匀。 3. 扑散粉。	1. 粉底液与肤色反差不宜过大。 2. 在颈部涂抹粉底，以免面部与颈部“泾渭分明”。
画眼线	使眼睛生动有神，更富有光泽。	1. 笔法先粗后细，由浓而淡。 2. 上眼线从内眼角向外眼角画。 3. 下眼线从外眼角向内眼角画，一般只画下眼线的外侧一半，不宜画满。	1. 画眼线时应一气呵成。 2. 上下眼线不可在外眼角处交会。 3. 眼线应紧贴睫毛描画，不要过粗，以免显得突兀。
涂眼影	强化面部立体感，使双眼明亮有神。	1. 选择与个人肤色相协调的眼影颜色，并参考上半身服装的主要色调。 2. 由浅而深，展示眼影的层次感。	1. 眼影色彩不宜过于鲜艳。 2. 工作妆应选用浅咖啡色眼影。
描眉形	突出或改善个人眉形。	1. 修眉，拔除杂乱无序的眉毛，并将眉毛适当剪短。 2. 描眉形。	1. 使眉形有立体感。 2. 两头淡、中间浓，上边浅、下边深。 3. 眉毛的颜色应浅于头发的颜色。
抹腮红	使面颊更加红润，脸部轮廓更加柔和。	1. 选择合适的腮红。 2. 延展晕染腮红。	1. 腮红与唇膏或眼影应属于同一色系。 2. 腮红与面颊肤色的过渡应自然。

续前表

步骤	目的	操作要点	注意事项
涂唇膏	改变不理想唇形，使双唇更加娇媚。	1. 用唇线笔描好唇线。 2. 涂上唇膏。 3. 用纸巾吸去多余的唇膏。 4. 用无色透明唇彩在上下唇正中稍做涂抹，以使唇部饱满。	1. 描唇线时先描上唇，后描下唇，从左右两侧向中间画。 2. 涂完唇膏后检查一下牙齿上有无唇膏的痕迹。
涂睫毛膏	拉长睫毛长度，使之更为浓密，使眼部更加深邃有神。	1. 用睫毛夹将睫毛夹弯并使之上翘。 2. 用透明的睫毛打底膏拉长睫毛。 3. 从睫毛根部以“Z”字形涂抹睫毛膏，在睫毛尾部向外拉长。	1. 睫毛膏一般选择黑色，工作妆不宜选择彩色睫毛膏。 2. 每根睫毛均需涂到。
喷香水	掩盖不雅体味。	1. 选择适宜的香水。 2. 喷涂于腕部、耳后、颌下、膝后等适当之处。	1. 香水切勿使用过量。 2. 香水气味应淡雅清新。

化妆的基本要求是既不能太浓，也不能太淡，以简约庄重为主要原则。当距离稍远时，别人根本看不出你化了妆，只有面对面时才能感觉到。“不能太浓也不能太淡”是对物业服务人员妆容的基本要求，很多人在刚化妆时有点摸不着头脑，其实这基本可解释为“七分裸妆＋眼唇修饰”。

物业服务人员要力求塑造“清洁”的妆容，如眼线不要画得过宽，用眼线笔贴着睫毛根部轻画即可；睫毛不要刷得过于浓密，否则很容易造成“苍蝇腿”或花掉。

（四）仪容妆饰的礼仪

（1）不借用他人化妆品。千万不要借用他人的化妆品，除非是主人心甘情愿为你提供方便；否则，既不礼貌，也不卫生。

（2）不非议他人的妆容。由于民族、肤色和个人文化素养的差异，化妆各有千秋，对别人，尤其是对外宾的妆容不要评头论足，也不要同外宾切磋化妆技术。

（3）化妆不要一味掩饰。适度妆饰能帮助自己变得更美，但不要追求完美，否则容易弄巧成拙。

（4）男士施妆勿露妆痕。男士使用化妆品不宜过多，化妆品色彩以接近原肤色为佳；否则，会让人难以接受或觉得“男扮女装”了。

（5）临睡前应卸妆。化妆品对皮肤都有一定程度的伤害，不要让化妆品留在面部过夜；卸妆后应用晚霜或营养霜保护面部皮肤。

（五）不同脸形的化妆技巧

1. 椭圆脸的化妆技巧

椭圆脸可谓公认的理想脸形，化妆时宜注意保持其自然形状，突出其可爱之处，不必通过化妆去改变脸形。胭脂应涂在颊部颧骨的最高处，再向上、向外揉开。唇膏除嘴唇唇形有缺陷外，应尽量按自然唇形涂抹。眉毛可顺着眼睛的轮廓修成弧形，眉头应与内眼角齐平，眉尾可稍长于外眼角。椭圆形脸比较完美，不需要太多掩饰，化妆时要找出脸部最动人、最美丽的部位，而后突出之，以免给人平平淡淡、毫无特点的印象。

2. 长脸形的化妆技巧

长脸形的人在化妆时力求达到的效果应是：增加面部的宽度。胭脂应注意离鼻子稍远些，在视觉上拉宽面部；在涂抹时，可沿颧骨的最高处与太阳穴下方所构成的曲线部位，向外、向上抹开去。若双颊下陷或者额部窄小，应在双颊和额部涂以浅色调的粉底，造成光影，使之变得丰满一些。眉毛修成弧形，切不可有棱有角，眉毛的位置不宜太高，眉毛尾部切忌高翘。

3. 圆脸形的化妆技巧

圆脸形给人以可爱、玲珑之感，若要修正为椭圆形并不困难。胭脂可从颧骨起始涂至下颌部，注意不能简单地在颧骨突出部位涂成圆形。唇膏可在上嘴唇涂成浅浅的弓形。粉底可用来在两颊造阴影，使圆脸看起来消瘦一点，应选用暗色调粉底，沿额头靠近发际处向下窄窄地涂抹，至颧骨下部可加宽涂抹的面积。眉毛可修成自然的弧形，不可太平直或有棱角，也不可过于弯曲。

4. 方脸形的化妆技巧

方脸形的人以双颊骨突出为特点，因而在化妆时要设法增加柔和感。胭脂宜涂抹得与眼部平行，切忌涂抹在颧骨最突出处，可涂抹在颧骨稍下处并往外揉开。粉底可用暗色调在颧骨最宽处造成阴影，令脸部的方正感减弱。下颚部宜用大面积的暗色调粉底造阴影，以改变面部轮廓。唇膏可涂得丰满一些，强调柔和感。眉毛应修得稍宽一些，眉形可稍微弯曲，不宜有角。

5. 三角脸形的化妆技巧

三角脸形的特点是额部较窄而两腮较宽，整个脸部呈上小下宽状。胭脂可由外眼角处起始，向下涂抹，令脸部上半部分拉宽一些。粉底可用较深色调的，在两腮部位涂抹。眉毛宜保持自然状态，不可太平直或太弯曲。

6. 倒三角脸形的化妆技巧

倒三角脸形的特点是额部较宽大而两腮较窄小，呈上宽下窄状。人们常说的“瓜子脸”“心形脸”，即指这种脸形。胭脂应涂抹在颧骨最突出处，向上、向外揉开。粉底可选用较深色调的涂抹在过宽的额头两侧，而用较浅色调的涂抹在两腮及下巴处，达到掩饰上部、突出下部的效果。唇膏宜选用稍亮些的，以加强唇部柔和感。眉毛应顺着眼部轮廓修成自然的眉形，眉尾不可上翘，描眉时从眉心到眉尾宜由深渐浅。

案例评析

物业服务人员没有按照仪容标准来修饰自己的仪容，留给吴先生的第一印象较差，进而影响了吴先生对其服务质量的评价。一个人的仪容不仅仅是个人的脸面，更是人际交往中的一块牌子，只有修饰得体的仪容，才能为服务质量的提升加分。作为物业管理专业的学生，要了解物业服务人员的仪容标准，并按照这个标准进行训练，提升修饰自己的技巧。

任务二　物业服务人员服饰礼仪

案例导入

维护好个人形象

郑伟是一家大型物业管理公司的总经理。有一次，他获悉有一家著名的美国企业的董事长正在本市进行访问，并有寻求合作伙伴的意向。于是他想尽办法，请有关部门为双方牵线搭桥。

让郑总经理欣喜若狂的是，对方也有兴趣同他的企业进行合作，而且希望尽快与他见面。到了双方会面的那一天，郑总经理刻意对自己的形象进行了一番修饰，他根据自己对时尚的理解，上穿夹克衫，下穿牛仔裤，头戴棒球帽，足蹬旅游鞋。无疑，他希望自己能给对方留下精明强干、时尚新潮的印象。然而事与愿违，郑总经理自我感觉良好的这一身时髦的“行头”，却偏偏坏了他的大事，对方拒绝了合作。

（资料来源：金正昆：《涉外礼仪教程》，北京，中国人民大学出版社，1999。）

问题与思考

郑总经理错在哪里？

知识探究

服饰，是人们对衣着及其所用装饰品的一种统称。对物业服务人员来说，其穿着打扮直接与留给服务对象的印象好坏密切相关，因此应当高度重视服饰，遵守服饰礼仪的规范化要求。要想在服饰上不出差错，唯一的办法就是严守成规，严格按照服饰礼仪的要求和本职工作的实际需要进行穿戴。

一　规范着装的意义

对物业服务人员的服饰做出统一的要求与限制，主要是出于以下几个方面的考虑。

（一）尊重服务对象

在日常工作中，服饰已被公认为一种无声的语言。要求物业服务人员在工作岗位上重视自己的服饰，可以表达对服务对象的高度重视之意。

（二）适应工作需要

与一般性的人际交往有所不同，物业服务工作乃是一种较为特殊的人际交往。其主要的特征，是要求物业服务人员通过与业主、服务对象的交际活动来向对方提供服务。所以就要求物业服务人员在其工作岗位上所选用的服饰，必须与本人的特殊身份相称，并要适应物业服务工作的实际需要。

（三）塑造企业形象

物业服务人员的服饰是物业公司形象识别系统的组成部分，一般当人们提及某一家物业公司时，员工的服饰都会受到特别关注。物业服务人员的服饰能够体现其整体精神风貌与管理水准，能体现其企业形象。

（四）提高个人素质

一个人在公众面前穿着的服饰，在一定程度上代表着其个人的阅历、教养与艺术品位，因而直接影响到其交往对象对其所做出的评价。物业公司对工作人员在工作岗位上的服饰一般都提出统一的要求与限制，这会提高物业服务人员的个人认识，促进物业服务人员服饰规范化，进而提高物业服务人员的个人素质。

个人服饰得体与否，与个人形象、企业形象有很大的关系。

二 着装的基本原则

（一）整体性原则

整体性原则是指在穿着服装时，要对服装的搭配与整体效果加以考虑。正确的着装能起到修饰形体、容貌的作用，形成和谐的整体美。服饰的整体美包括人的形体、内在气质和服饰的款式、色彩、质地、工艺及着装环境等。服饰美就是从这多种因素的和谐统一中显现出来的。

（二）个性化原则

着装的个性化原则，主要指依个人的性格、年龄、身材、爱好、职业等要素着装，力求反映一个人的个性特征。选择服装因人而异，着重点在于展示所长、遮掩所短，显现独特的个性魅力和最佳风貌。现代人的服饰呈现出越来越强的表现个性的趋势。只有个性化的服饰，才能与个性协调一致，在交际活动中充分展现个人的礼仪风范。

（三）TPO 原则

T、P、O 分别是 Time、Place、Object 三个英语单词的首字母。“T”指时间，泛指早晚、季节、时代等；“P”指地方、场所、位置、职位；“O”指目的、目标、对象。“TPO 原则”是由日本男装协会于 1963 年提出来的，是目前国际上公认的着装标准。着装遵循了这个原则，就是合乎礼仪规范的。这一原则要求着装因时间、地点、场合的变化而相应变化，使着装与时间、环境氛围、特定场合相协调。

不同的场合有不同的服饰要求，只有穿着符合特定场合氛围的服装，才能产生和谐的效果，达到美的目的。而一些人不懂得着装的原则，在正式场合着装随意，或者穿着家居服走在大街上，这都是失礼的。

（四）整洁原则

整洁原则最重要的一点是洁净整齐的着装，整洁的衣着可表现出着装者积极向上的精神状态。衣着整洁，除了体现出对交往对象的重视程度外，还能显示出自身的修养水平。在任何情况下，服饰都应该是整洁的。衣服不能沾有污渍，不能有绽线的地方，更不能有破洞，扣子等配件应齐全。衣领和袖口处尤其要注意整洁。

服装不够整洁集中体现在如下几方面：

1. 布满褶皱

在外出或上岗前，应熨烫服装；暂时不穿时要将其脱下，悬挂起来。如随手乱丢衣物，必会使其折痕遍布、皱皱巴巴。

2. 出现残破

在正式场合或工作岗位上穿着外观残破的服装，极易给人留下坏印象。在服务对象看来，这不但是穿着者本人工作消极、敷衍了事，而且会认为企业管理不善，将影响企业的整体形象。

3. 遍布污迹

物业服务人员在工作中难免会使自己的服装沾上污迹，这些污迹往往会给人以不洁之感。如果是直接面对服务对象，很容易造成负面影响。

4. 充斥异味

物业服务人员的服装充满异味，如汗味、体臭等，这属于一种“隐形”的不洁状态。特别是当物业服务人员近距离为服务对象服务时，如果出现此类情形，对方是很难接受的。

三 正确穿着职业正装

正装一般泛指人们在正式场合的着装。对物业服务行业的从业人员来讲，正装是指在工作之时按照有关规定应当穿着的、与本人的服务岗位相称的正式服装。

（一）西装

西装起源于欧洲，有独特的着装标准。西方人穿西装，常根据不同的场合和季节选择不同的颜色。重大礼节性场合穿深色西装，上下班、娱乐和会友时则穿浅色、暗格、小花纹套装。在办公室从事行政工作的人员适宜选择深蓝、深灰、黑灰色西装，这些颜色不仅庄重、儒雅，而且更能映衬肤色。

1. 穿着西装的注意事项

穿西装要注意四点：一是要平整，不可有折痕；二是西装领要贴背，并低于衬衫领1厘米左右；三是西装长裤的长度要适中；四是西装口袋不要放任何杂物。西装的新旧与式样是次要的，重要的是合体，因此细心保养很重要，穿毕应当用专用西装衣架挂好，良好的保养能使一套西装永远合身。

2. 穿着西装的技巧

（1）西装要配套。面料、色彩、质地完全一样，才是一套标准的西装。西装从件数上分为两件套和三件套，两件套西装包括上衣、裤子；三件套西装包括上衣、坎肩（马甲）、裤子。

（2）搭配合适的衬衫。衬衫要整洁、挺括、无褶皱，尤其是领口和袖口。衬衫下摆塞进西裤中，袖口扣上。衬衫袖口比西装袖口长出1～2厘米为宜，衬衫领应高出西装领1厘米左右。不系领带时，衬衫领口应敞开，而且衬衫里不宜再穿着其他衣物。在正式社交场合，衬衫的颜色最好是单一色彩，白色衬衫适用面最广。除此之外，蓝色、灰色、棕色、黑色等也可考虑。但是，杂色衬衫或者红色、粉色、紫色、绿色、黄色、橙色衬衫在正式场合穿着有失庄重，一般不宜选用。

（3）打领带。领带被称为西装的灵魂，凡是正规场合都应该系领带。在欧美各国，领带、手表及装饰性袖扣并称为“成年男子的三大饰品”。同样一身西装，如果经常更换不同的领带也会给人耳目一新的感觉。领带是男士打扮的焦点，通过它能展现穿戴者的个性。不同的领带配同一件衬衫，能产生不同的视觉效果。在非正式场合，穿西装可以不系领带，但衬衫的第一个扣子一定要解开。

领带有宽窄之分，进行选择时最好使领带宽度与自己身体宽度成正比，而不要反差太大。领带还有箭头和平头之分，前者下端为倒三角形，适用于各种场合，比较传统；后者下端平头，比较时髦，多用于非正式场合。

领带的最佳长度：领带的大箭头正好抵到腰带扣，过长或过短都不雅观。穿毛衣或马甲时，领带应放在毛衣或马甲里面。领带夹一般夹在衬衫的第四和第五个纽扣之间，起到固定领带的作用。

领带的颜色：领带有单色与多色之分。领带的颜色应根据衬衫来挑选，最易搭配的是红色、蓝色和以黄色为主的花色领带。在宴会等喜庆场合，领带的颜色可鲜艳些，但在婚礼上系领带，就不应该比新郎的领带更鲜艳夺目。参加吊唁一般系黑色或素色领带。

（4）衬衫、西装、领带三者的配色。配色之前应该考虑总的色彩感觉，根据面积大的颜色，考虑和它相配的其他颜色，使总的色彩感觉统一、和谐。如果黄色居多，那么咖啡、深黄、浅黄等色就可考虑做配色对象。配色的另一种方法是选调和色，它要求西装、衬衫、领带三者的颜色属于同一色调，只是深浅不同。根据西装—衬衫—领带这三者的程序，可排出两种配法。第一种：深—淡—深，如深蓝色西装，淡蓝色衬衫，深蓝色领带，这是当前使用最普遍的配色方法。第二种：淡—中—淡，如驼色西装，棕色衬衫，浅灰色领带。这种配色能给人留下优雅、美观的印象。此外，配色还可以选择对比法。这种方法要求在衬衫和领带中，必须有一种颜色特别鲜艳，使之和西装的颜色形成强烈的对比。

（5）西装的纽扣。西装的纽扣除了实用功能外还有装饰作用。西装的纽扣有单排扣和双排扣之分。单排扣又有单粒扣、双粒扣、三粒扣之别。西装纽扣的扣法很有讲究。在非正式场合，一般可以不用扣纽扣，以显示潇洒飘逸的风度。但在正式和半正式的场合，则要求扣纽扣。具体要求为：单粒扣、双粒扣扣第一粒，三粒扣扣中间一粒；双排扣则有四粒和六粒之别，一般都扣上。如果穿三件套西装，则应扣好马甲上的所有扣子，外套的扣子不扣。

（6）西装的衣袋。西装衣袋的整理十分重要。西装上衣两侧的两个衣袋不可装东西，只是装饰，不然会使西装上衣变形；西装左胸外侧的口袋也是非实用口袋，可以装折叠好的花式手帕。左右胸内侧衣袋可以装票夹和笔等。裤袋也和上衣口袋一样，一般不装物，以求臀围合适，裤型美观。西装衣袖上的商标要在穿之前剪下来。

（7）鞋袜搭配。在正式场合，以黑色皮鞋最为合适，它可以配任何色调的服装。鞋袜的选择要注意与整体装束搭配，这样才能体现出穿着的整体美。

在正式或半正式的场合，男性一般穿没有花纹的黑色平跟皮鞋。正式场合是不允许穿凉鞋的，否则会被认为缺乏教养、不懂礼貌。袜子的颜色要与裤子、鞋的颜色相配，质地以丝制为佳，穿正式服装不能穿棉袜。袜子的颜色一般为单色，带有不明显的条纹、方格图案也可以，但色调应比西装深一些，以使它在西装和鞋之间形成一种过渡色。

（二）职业套裙

所有适合职业女性在正式场合穿着的裙式服装中，套裙是首选。它是西装套裙的简称，上身是女式西装，下身是半截式裙子。也有三件套的套裙，即女式西装上衣、半截裙外加背心。套裙可以分为两种基本类型，一种是用女式西装上衣和任意的一条裙子自由搭配组合成的“随意型”，另一种是女式西装上衣和裙子成套设计、制作而成的“成套型”或“标准型”。

1．正确选择套裙

一套在正式场合穿着的套裙，应该由高档面料缝制，上衣和裙子要采用同一质地、同一色彩的素色面料。在造型上讲究为着装者扬长避短，所以提倡量体裁衣、做工讲究。上衣注重平整、挺括、贴身，较少使用饰物和花边进行点缀。裙子以窄裙为主，裙长要到膝或者过膝。色彩方面以冷色调为主，应当雅致而庄重，以体现着装者的典雅、端庄和稳重。藏青、炭黑、茶褐、土黄、紫红等稍暗一些的色彩都可以，最好不选鲜亮抢眼的。两件套套裙的上衣和裙子可以同色，也可以是上浅下深或上深下浅等两种不同的色彩，这样可形成鲜明的对比，强化留给别人的印象。

穿着同色的套裙，可以用不同色的衬衫、丝巾、胸针等加以点缀。另外，还可以采用不同色彩的面料来制作套裙的衣领、兜盖、前襟、下摆。为避免显得杂乱无章，一套套裙的全部色彩不应超过两种。

正式场合穿的套裙，可以不带任何图案，要讲究朴素、简洁。以方格为主体图案的套裙，可以使人静中有动，充满活力。一些以圆点、条纹图案为主的套裙，也可以穿着，但不能用花卉、宠物、人物等为主体图案。套裙上不要添加过多的点缀，否则会显得杂乱而小气。如果喜欢，可以选择少量精美的点缀。

2．套裙穿着和搭配的要领

（1）长短适度。上衣最短可以齐腰，裙子最长可以到小腿中部，上衣的袖长要盖住手腕。套裙中的超短裙，裙长应以不短于膝盖以上 15 厘米为限。

（2）认真穿好。套裙要穿得端端正正，上衣的领子要翻好，衣扣全部扣上。

（3）注意场合。女士在各种正式活动中一般以穿着套裙为好，尤其是在涉外活动中。当出席宴会、舞会、音乐会时，可以选择和这些场面相协调的礼服或时装。因为在这种高度放松的场合里还穿套裙的话，会使你和现场“格格不入”，还有可能影响别人的情绪。

而外出观光旅游、逛街购物、健身锻炼时，休闲装、运动装等便装是最合适的。

（4）套裙应当协调妆饰。穿着打扮讲究的是着装、化妆和配饰风格统一，相辅相成。穿套裙时，必须维护好个人的形象，所以不能不化妆，但也不能化浓妆。配饰应少而精，要合乎身份。在工作岗位上，不佩戴任何首饰也是可以的。

（5）兼顾举止。套裙最能够体现女性的柔美曲线，这就要求你举止优雅，注意个人的仪态。穿上套裙后，站要站得又稳又正，不可以双腿叉开，站得东倒西歪。就座以后，务必注意姿态，不要双腿分开过大，不要跷腿，不要抖动脚尖；更不可以脚尖挑鞋晃动，甚至当众脱下鞋来。走路时要用小碎步，步子要轻而稳。

（6）要穿衬裙。穿套裙的时候一般要穿衬裙。特别是穿丝、棉、麻等薄型面料或浅色面料的套裙时，假如不穿衬裙，就很有可能使内衣“活灵活现”。可以选择透气、吸湿、单薄、柔软面料制成的衬裙，而且应为纯色，如白色、肉色等。衬裙应大小合适，不要过于肥大。穿衬裙的时候，衬裙的裙腰不能高于套裙的裙腰，不然就暴露在外了。要把衬衫下摆掖到衬裙裙腰和套裙裙腰之间，不可以掖到衬裙裙腰内。

3. 套裙鞋袜的选择

和套裙配套的鞋子应该是皮鞋，最好是黑色皮鞋，和套裙色彩一致的皮鞋也可以选择。袜子一般有肉色、黑色、浅灰、浅棕等几种常规选择，应选择纯色袜子，不能选择带图案或花纹的袜子。

穿套裙的时候，应注意鞋、袜、裙的颜色是否协调。鞋、裙的色彩必须深于或略同于袜子的色彩。如果一位女士在穿白色套裙、白色皮鞋时穿上一双黑袜子，就会给人一种长了一双“乌鸦腿”的感觉。不论是鞋子还是袜子，图案和装饰都不要过多。一些加了网眼、珠饰、链扣，或印有时尚图案的鞋袜，只能给人肤浅的感觉。

鞋袜在和套裙搭配穿着时，款式上也有讲究。鞋子应该是高跟、半高跟的船式皮鞋或盖式皮鞋，系带式皮鞋、丁字式皮鞋、皮靴、皮凉鞋等都不适合。高筒袜和连裤袜是套裙的标准搭配，中筒袜、低筒袜绝不能和套裙同时穿着。

鞋袜应当大小相配套、完好无损。不要同时穿两双袜子，也不可将九分裤、健美裤等当成袜子穿。有些女士喜欢有空便脱下鞋子或是处于半脱鞋状态，还有人经常将袜子撸下去一半，这些都是不礼貌的习惯。此外，一定不要暴露袜口。暴露袜口是既缺乏服饰品位又失礼的表现，穿套裙时应自觉避免这种情况的发生，尤其是穿开衩裙的时候更要注意。

四 便装的选择

便装，又称便服。在绝大多数情况下，人们所说的便装，通常是相对于正装而言的、适合在各类非正式场合穿着的服装。

在选择便装时必须优先考虑其适用场合的问题，在一些特定的情况下，工作中的物业服务人员有时也被允许身着便装。有的单位统一将某种便装规定为本单位的正装，这样一来，便装实际上就无形之中转化为职业正装，而不再是其本来意义上的便装。

在选择便装时，要根据自己的性别、年龄与身材特点考虑该便装是否适合自己。穿着便装的基本要求是舒适、随意、自由。因此，与正装的穿着相比，便装穿着时有关搭配方面的讲究会少得多。便装在搭配时一般应注意四个问题：一是风格协调；二是色彩和谐；三是面料般配；四是力戒犯规。便装的搭配要力戒犯规，有三方面要求：上衣与下衣是否搭配，内衣与外衣是否搭配，衣服与鞋袜是否搭配。

五　饰品的选择

饰品，亦称首饰、饰物。在正式场合，饰品的选择、搭配与使用等一系列细节，往往能充分、客观地反映出个人的素养。

饰品作为装饰用品，大都精美雅致。如果正确地选择、组合、佩戴，通常可以美化自身形象。绝大多数饰品，都以其独具特色的艺术造型而见长。在选戴一款饰品时，人们的艺术眼光如何，就很自然地被体现了出来。不同社会地位的人士，在选戴饰品时的讲究、偏爱常常不同。在正常情况下，依据一个人所佩戴的饰品，可对其实际社会地位有所了解。

（一）饰品佩戴的要求

1. 符合身份

在工作岗位上佩戴饰品时，需力求使之符合本人的身份。在佩戴可以美化自身、体现情趣、反映财力、区分地位的饰品时，物业服务人员尤其要注意恪守自己的本分，不可在佩戴饰品时无所顾忌、过度张扬，与自身身份不符。

2. 以少为佳

在工作岗位上佩戴饰品时，一定要以少为佳，讲究少而精，一般不宜超过三种。男性物业服务人员尤其要注意这一点，因为在一般情况下，男性佩戴饰品往往更难为人们所接受。

3. 区分品种

戒指：一般的工作人员皆可佩戴戒指，但一般只允许佩戴一件款式简单的。对于男性来说，戒指是在工作岗位上唯一被允许佩戴在衣外的饰品。

项链：在工作中，一般允许女性物业服务人员佩戴项链，不管是戴在衣内还是衣外。男性物业在工作岗位上通常不宜佩戴项链，如果非要戴的话，也只能戴在衣内，不宜显露在外。

耳环、耳钉：又称耳坠。常被视为最能显示女性魅力的饰品。物业服务人员在工作中不宜佩戴耳环。耳钉小而含蓄，所以女性物业服务人员在工作岗位上可选耳钉，耳钉的大小一般不超过一粒黄豆的大小。

手链、手镯：戴在手腕上的链状饰品。由于物业服务人员在工作岗位上动手的时间较多，在手上佩戴手链、手镯既可能使其受损，又可能妨碍自己的工作，因此不宜佩戴手链、手镯。

胸针：又叫胸花，是指人们佩戴在上衣胸前或衣领之上的一种饰品，男女皆可佩戴。工作中，物业服务人员都允许佩戴胸针，但要注意不可选择过于花俏或夸张奇异的胸针。如被要求佩戴身份牌或本单位证章、徽记上岗的话，则一般不宜再同时佩戴胸针。

发饰：多是女性在头发之上所采用的兼具束发、别发功能的各种饰品。女性物业服务人员在工作之时，选择发饰宜强调其实用性，而不宜偏重其装饰性。色彩鲜艳、图案花哨的发带、发箍、发卡，都不宜在上班时选用。

脚链：又叫足链。通常认为，佩戴脚链可吸引他人对佩戴者腿部及步态的注意。因此，一般不提倡女性物业服务人员在工作中佩戴脚链。

（二）佩戴饰品的注意事项

物业服务人员在工作岗位上佩戴饰品时，一定要力求佩戴有方，要谨遵以下四点要求：

(1) 穿制服时的要求。穿制服不仅表示正在工作，还代表着正统、保守，因此，以不佩戴任何饰品为好。

(2) 穿工作正装时的要求。一般而言，饰品多适合人们在社交应酬之中佩戴，借以突出佩戴者的鲜明个性。而工作正装的基本风格是追求共性、不强调个性，所以服务人员在身着正装时通常不宜佩戴饰品。

(3) 工作时的要求。工作中，不宜佩戴珠宝饰品。珠宝饰品价格昂贵，它更适合在社交场合佩戴。将珠宝饰品与礼服、时装搭配在一起，才真正可谓是珠联璧合。工作中，即使允许佩戴饰品，物业服务人员通常也只适宜选择简单的金银饰品，而不适宜佩戴珠宝饰品或仿真的珠宝饰品，使自己浑身上下珠光宝气。那样，不但与自己的工作性质、着装风格不协调，而且也会令服务对象据此挑刺。

(4) 协调的要求。佩戴饰品，不宜彼此失调。同时佩戴多件饰品时，应尽量选择质地、色彩都基本相同的，至少也要色彩相似。同时，佩戴的饰品风格也应当与自己的服饰风格协调一致，否则会显得五花八门、杂乱无章。

案例评析

根据惯例，在人际交往中，每个人都必须时时刻刻注意维护自己形象，特别是要注意自己在正式场合初次见面后留给他人的第一形象。郑总经理与美方同行的第一次见面属国际交往中的正式场合，应穿西服或传统中山服，以示对美方的尊敬。但他没有这样做，他的美方同行可能会认为：此人着装随意，个人形象不合常规，给人的感觉是过于前卫，尚欠沉稳，与之合作之事当再作他议。

任务三 物业服务人员仪态礼仪

案例导入

被“抖掉”的合同

有一位从事老年养老服务的美国华侨，到国内计划与某大型物业公司洽谈合资开展养老休闲旅游业务，洽谈了好几次，最后一次回中国之前，他曾对朋友说："这是我最后一次洽谈了，我要跟他们的最高领导谈，谈得好，就可以拍板。"过了两个星期，他又回到了美国，朋友问："谈成了吗？"他说："没谈成。"朋友问其原因，他回答："对方很有诚意，进行得也很好，就是跟我谈判的这家物业公司的领导坐在我的对面，当他跟我谈判时，不时地抖着他的双腿，给我感觉非常不稳重、不耐烦，好像根本没有把这次合作放在眼里。我怕跟这样的人打交道以后难以沟通，干脆另找合作对象了。"

问题与思考

1. 合作项目没谈成的根本原因在于什么？
2. 一个人的仪态对于他的生活与工作到底有多重要？
3. 作为一名未来的物业服务与管理从业人员，对自己的仪态应该如何要求？

知识探究

仪态，又称"体态"，是指身体在站、坐、行、蹲时所呈现的样子，是以内在素质为基础的长期生活习惯、性格、品质、文化、道德和修养的自然流露。

人们常会借助身体的各种姿态来表达感情，这就是通常所说的"体态语言"。它是一种无声的"语言"，传递的个人信息非常直观，在生活中被广泛运用。服务行业也有非常标准的"职业肢体语言"，服务人员通过美的仪态能使人愿意与之接近、与之沟通。举止得体、风度优雅的服务人员，必然受到服务对象的欢迎和尊重。因此，我们也常说用优美的仪态表情达意，往往比语言更让人感到真实、生动。

依照服务礼仪的规范化要求，服务人员在自己的工作岗位上，务必要高度重视体态语言的正确运用。

一 站姿

站姿是指人在自然直立时所采取的姿势。站姿是物业服务人员工作中最基本的举止，也是其他姿势的基础，如果一个人的站姿不够标准，其他姿势很难做到标准、优雅。

（一）站姿的基本要求

站姿的基本要求：站得端正、自然、挺拔、高雅，给人以精神饱满、信心十足、积极向上的感觉。具体要领：头正目平，面带微笑，微收下颌，肩平胸挺，双肩展开向下沉，收腹、立腰、提臀，双腿并拢，膝盖挺直，小腿往后发力，身体重心在前脚掌。

女性物业服务人员在站立时，要表现出女性轻盈、妩媚、娴静、典雅的韵味，要努力给人以一种"静"的优美感。女性物业服务人员的标准站姿是：四指并拢，虎口张开，双臂自然放松，将右手搭在左手上，拇指交叉放于腹前，脚跟并拢，脚尖分开，成丁字形或V字形，如图2—2、图2—3所示。

图 2—2　女性丁字形站姿　　　　图 2—3　女性 V 字形站姿

男性物业服务人员在站立时，要表现出男性刚健、潇洒、英武、稳健的风采，要力求给人一种壮美感。男性物业服务人员的标准站姿是：双手相握叠放于腹前，或在背后交叉相握，双脚分开与肩同宽，如图 2—4 所示。

图 2—4　男性标准站姿

物业服务人员在自己的工作岗位上，根据各自不同的性别特点，在遵守基本站姿的基础上，可以做出一些局部的变化，只要在大方向上与基本站姿的要求不相违背，便可以接受。但切不可将自己的背部对着对方，一定要以正面面对服务对象。

（二）站姿的禁忌

物业服务人员在工作岗位上要注意避免下列站姿：双手叉在腰间或抱在胸前，驼背弓腰，一肩高一肩低，双腿不停抖动，将手插在裤袋里等。如果站立过久，可以将左脚或右脚交替后撤一步，但上身仍须挺直，伸出去的脚不可伸得太远，双脚不可分得过大，交换不能过于频繁。不要下意识地做小动作，这样会显得拘谨，给人缺乏自信和经验的感觉，有失庄重。

二　走姿

行进中的步态称为走姿。在行走时，要做到既优雅稳重，又保持正确的节奏，以体现动态的美感。物业服务人员在工作时，除了部分办公室内的工作外，经常需要在小区行走，优雅稳重的走姿不仅能体现物业服务人员的个人形象美，也能展现物业公司训练有素的管理。

（一）走姿的基本要求

走姿的基本要求为女性物业服务人员轻盈高雅，男性物业服务人员从容稳健。具体要领如下：

（1）基本体态正确。以站姿为基础，挺胸收腹，直起腰、背，伸直腿部；面带微笑，眼睛平视前方。

（2）身体协调。双肩平稳，双臂前后自然、有节奏地摆动，摆幅以 35°～45°为宜，双肩、双臂都不应过于僵硬。跨出的步子应是脚跟先着地，膝盖不能弯曲，脚腕和膝盖要灵活，不可过于僵直。

（3）重心放准。起步时身体微向前倾，身体的重量落在前脚掌上，行走时左右脚重心反复地前后交替，使身体向前移。

（4）方向明确。行走时，要保持明确的行进方向，女性物业服务人员行走时两只脚内侧走的线迹为一条直线，每走一步，脚跟都应落在这条直线上；男性物业服务人员行走时双脚走的线迹为两条平行线。

（5）步幅适当。步幅即每一步的长度，是前脚的脚跟与后脚的脚跟相距的长度，一般女性物业服务人员每步约 36 厘米，男性物业服务人员每步约 40 厘米。步幅因个人身高不同会略有差异。此外，着装不同，步幅也不同。走路时应有一定的节奏感，速度要均匀，一般每分钟 60 步～100 步。

由于男女状况有别，男性物业服务人员与女性物业服务人员在行进时，除了上述基本要求大体一致外，各自行进的具体姿势看起来又会有不同的风格。一般来说，男性物业服务人员通常速度较快，脚步稍大，步伐有力；女性物业服务人员通常速度较慢，脚步较小，步伐轻快飘逸。

（二）变向行走

变向行走指的是在行进之中变换自己的方向。

1. 后退

先面向对方退几步，再转身离去。通常是面向他人至少后退两三步，对交往对象越尊重，后退的步子就越多。后退时步幅宜小，脚宜轻擦地面。转身时宜身先头后。

2. 侧行

当与同行者交谈时，上身应正面转向交谈对象，身体与对方保持一定距离。与他人狭路相遇时，应两肩一前一后，胸部正面转向对方，而不可背向对方。

3. 前行转身

前行转身即在向前行进中转身而行。这分两种情况：一是前行右转，以左脚掌为轴心，在左脚落地时向右转体 90°，同时迈出右脚；二是前行左转，与前行右转相反，在前行中向左转身，应以右脚掌为轴心，在右脚落地时向左转体 90°，同时迈出左脚。

4. 后退转身

后退转身即在后退之中转身而行。这分三种情况：一是后退右转，先退行几步，再以左脚掌为轴心向右转体 90°，同时向右迈出右脚；二是后退左转，先退几步，再以右脚掌为轴心向左转体 90°，同时向左迈出左脚；三是后退后转，先退几步，再以左脚为轴心向右转体 180°，然后迈出右脚，或以右脚为轴心向左转体 180°，然后迈出左脚。

（三）不良的走姿

物业服务人员在日常工作中要真正掌握好标准的走姿，对一些常见的不良的走姿有所认识。

1. 横冲直撞

尽可能避免在人群之中穿行，尽量避免直接碰撞他人身体。在小区中，如果没有紧急的事，应绕开人群集中的地方行走。

2. 抢行

在走路时，要注意方便和照顾其他人。在人多路窄之处，通过时务必要讲究“先来后到”。必要的时候，为了表示自己的良好教养和对别人的尊重，还应当对其他人礼让三分。特别是面对老人、妇女、病人、残疾人、物业公司的服务对象时，更需要这么做。

3. 阻挡道路

物业服务人员在大庭广众下行走时，一定要估计他人的存在。要选择适当的行进路线，与同时行走的其他人保持一定的距离，自己也要保持一定的行走速度，否则就很可能阻挡别人行进的道路。在道路狭窄的地方，不要缓步而行、走走停停，或多人并排而行。一旦发现自己阻挡了别人的道路，一定要闪身让开，请对方先行。

4. 不守秩序

为了保证公共场所里道路的畅通，每个人在此处行走时，都要遵守交通秩序，否则，就是不讲社会公德的表现。有人行道的话，一定要走在人行道上；横穿马路必须要走人行横道、地下通道或过街天桥，严格按照交通信号灯的指示行进。

5. 奔来跑去

物业服务人员在工作中走路一定要稳重，如果有急事需要办的话，可以努力加快自己的步伐。除非遇到紧急情况，否则最好不要在工作之时进行跑动，尤其不要当着业主或其他服务对象的面跑来跑去。否则会让不熟悉情况的人猜测不已，可能产生紧张情绪，或由此以讹传讹。

6. 制造噪声

物业服务人员在走路时要尽量安静，不要干扰他人，特别是在室内行走时产生的声音干扰性会更大。要做到这一点，就应该注意走路要轻手轻脚，不要在落脚时过分用力，发出咚咚的响声。有时鞋子不跟脚也会发出踢踏的噪声。

7. 步态不雅

物业服务人员走路如果步态不雅，会影响到他人对自己的第一印象和整体评价。避免以下几种不良走姿：如内八字、外八字；弯腰驼背，摇头晃脑，扭腰摆臀；膝盖弯曲，重心交替不协调；左顾右盼，走路时抽烟或双手插裤袋；身体松垮，无精打采；摆臂过快，幅度过大或过小。这些姿势都会使人显得要么老态龙钟、疲惫不堪，要么嚣张放肆、矫揉造作。

资料链接

物业服务人员行路礼仪

行路是物业服务人员每天都要进行的活动，看似平常普通，却体现了一个人的修养。物业服务人员在工作时基本上是行走在业主中间。自觉遵守公共场所的行路规则，对于物业服务人员来说非常重要。

1. 遵守交通规则

在室外的道路上步行时，必须遵守交通规则。

(1) 走人行道。在繁忙的道路上行走时，一定要选择人行道，若没有明显的人行道，要尽量靠路边行走。不可走机动车道、自行车道或盲道。需要横过道路时，务必要走人行横道“斑马线”、过街天桥、地下通道等。不能闯红灯，更不要翻越道路上设置的隔离栅栏。

(2) 靠右行走。为了确保道路的顺畅，我国规定，无论在室外街道还是室内过道、楼梯等处行走，一定要走在行进方向的右边，不可逆行。

(3) 服从管理。在路上行走时，切莫我行我素，不服从管理。对于交通警察和其他交通管理人员善意的批评、教育，应当虚心接受。

2. 行走有礼

行走时，要养成良好的行走习惯。

(1) 单行行走。当多人行走在道路上时，应该单行行进或分散行进，不可多人并排行进。通常以前排为上，若与上级、长辈、贵宾一起单行行进时，应当自觉地随行于其后。唯有当对方初来乍到，不认路时，方可在前排为之引导带路。

(2) 并排行走。假若多人在同一排行走时，通常以右、以居中为上。当两人并排行走时，一般以道路的内侧为上，即靠道路的内侧或靠墙的位置较为尊贵。当三人或三人以上并排行走时，一般以中间为上。

3. 礼让他人

在大街小巷、公共场所行走时，要不分亲疏、一律以礼相待，谦让他人。

(1) 不争抢道路。若遇到行人很多，不可故意拥挤，一般讲究先来后到，依次而行。若遇有急事，可轻声对身前之人道一声“对不起，请让一下”，然后侧身通过，并转头向对方道谢。

（2）不阻塞交通。在道路狭窄之处，应当快速通过，不可并行，更不要逗留。发现街头冲突应及时劝阻，不要围观、起哄。对外国人或异性不得尾随其后或频繁顾盼，更不可对其进行骚扰。行走时不要长时间占道高声说笑，如果有事商量或需要短暂谈话，一定要靠路的右侧，尽量话语轻缓，不要影响到他人通行。在人行道上，不要有过于激烈的身体动作，如用力挥臂、捧腹大笑。

（3）不目无弱者。在行走时，对于老、弱、病、残和妇女、儿童，不但应当礼让，而且在必要时应当主动对其加以照顾。

（4）不蛮横无理。在行走中，需要让路时，应当立即让路，切勿冲撞他人。一旦不小心踩到他人的脚或撞击到他人时，应该首先面带微笑，说“对不起”。得到他人的礼让、帮助后，应当说“谢谢”。

4. 严于律己

外出行进时，还应注意以下几点：

（1）忌破坏环境。在行走时，不要乱扔废弃物；要自觉爱护公共场所的各种设施、物品；不可以攀折树木，采摘花卉，践踏绿地，蹬踩雕塑；不得在墙壁上或地面上信手涂鸦、划痕。

（2）忌吃吃喝喝。不要边走边吃零食或者吸烟，这样不仅有损个人形象，而且也不卫生，甚至对身体造成伤害；不要随地吐痰，更不要将痰直接吐入垃圾箱，应在旁边无人时，将痰吐在纸巾里包好，然后投入垃圾箱。

（3）忌过度亲昵。与朋友一起行走时，要各走各的，不要相拥而行；与异性外出时，更要检点自己的行为，不要左拥右抱、勾肩搭背；与恋人、配偶一起行路时，不可表现得过分亲密。

（4）忌窃听隐私。对于私人居所，不可贸然打扰。如果在走廊或私人居所附近行走时，切忌不要在其门口、窗下、墙头逗留，更不要向里偷窥，干涉他人活动的自由。在行走时，不要对陌生人过分好奇。

三 坐姿

按照礼仪的规范要求，物业服务人员工作时是否采取坐姿应视具体情况来定，允许采用坐姿时才可坐下。物业服务人员在外人面前坐下时，一定要自觉地采用正确的坐姿。

（一）坐姿基本要求

正确的坐姿能给人以端正、大方、自然、稳重之感。

1. 入座

入座时要轻、要稳，先侧身走到座位左侧前，背对座椅，右腿后退一点，以小腿确认一下座椅的位置，随势轻稳地坐下。女性物业服务人员入座时，若是穿裙装，应用手将裙摆稍稍拢一下，不要坐下后再站起来整理衣服；男性物业服务人员如果穿西装的话入座后解开西服扣。就座时，要减慢速度，放轻动作，尽量不要使座椅发出声响，以免干扰他人。

与他人一起入座时，如果对方是自己的服务对象，一定要先请对方入座，自己切勿抢先；如果不是自己的服务对象，可以同时入座。要注意座位的尊卑，把上座让给他人坐。就座时，如果附近坐着熟人，应当主动打招呼；即使不认识，也应向其点头致意。在公共场合，要想坐在别人身旁，还需要征得对方的同意。

2. 坐态

坐在椅子上时，上身应保持站姿的基本姿势，双膝并拢，双脚平行，鞋尖方向一致。可根据所坐椅子的高低适当调整坐姿，双脚可正放或侧放，并拢或交叠。但必须切记，女士的双膝应并拢，任何时候都不能分开，双手可自然弯曲放在膝盖或大腿上。女士以坐满椅子的 1/2 为宜。女士基本坐姿如图 2—5 所示。如果坐在有扶手的沙发上，男士可将双手分别搭在扶手上，而女士最好只搭一边扶手，以显示高雅。男士以坐满椅子的 2/3 为宜。男士基本坐姿如图 2—6 所示。一般情况下，坐在椅子上时不要靠椅背，休息时可轻轻靠椅背。

图2—5　女士基本坐姿

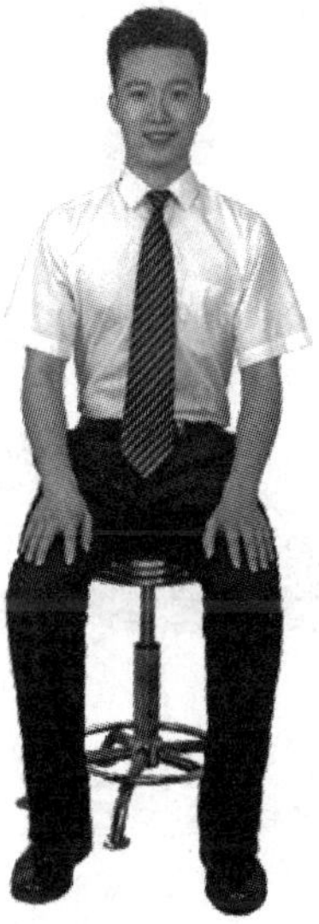

图 2—6　男士基本坐姿

3. 离座

离开座椅时，身旁如有人在座，应以语言或动作向其示意后方可站起身来。与他人同时离座时，须注意起身的先后次序：地位低于对方时，应稍后离座；地位高于对方时，可先离座；双方地位相当时，方可同时起身离座。

起身离座时，应一只脚往回收半步，用小腿的力量将身体支起，不要用双手撑着腿站起，要保持上身的直立状态，然后从座椅左侧离开，应注意动作轻缓，不要发出声响。离开座位后要先采用基本的站姿，站定之后再离开。一般不要离座与走开同时进行，会显得过于匆忙。

（二）体位的变化

1. 上身的体位变化

（1）头部保持端正。坐好后的标准头位应是头部抬直，双目平视，下颌内收，整个上半身看上去如同一条直线。在与人交谈时，可以面向正前方，或者面部侧向对方，但不准将后脑勺对着对方。

（2）躯干保持直立。坐好后，身体的躯干部位要端端正正，躯干要挺直，胸部要挺起，腹部内收，腰部和背部一定要直立，最好不要倚靠椅背。

（3）手臂正确摆放。入座后可根据实际需要摆放好个人的手臂，可放在两条大腿上，也可放在一条大腿上，可放在皮包、文件上，也可放在身前桌子上或身旁扶手上。

2. 下肢的体位变化

入座后，人的下肢大都落入别人的视野之内，因此必须要重视下肢体位的摆放。合适的下肢体位既能展现文明礼貌，也会使自己比较舒适。

（1）双腿垂直式。双腿垂直式的基本做法是，双腿垂直于地面，双脚的脚跟、膝盖直至大腿都需要并拢在一起，双手叠放在左（右）大腿上。这是正式场合的基本坐姿，特别是在谋职面试、与领导或长辈谈话时，应保持双 L 形，即大腿与小腿成直角，臀部与背部成直角，而且不能倚靠椅背。这种坐姿可给人以诚恳、认真的印象。女士双腿垂直式坐姿如图 2—7 所示，男士双腿垂直式坐姿如图 2—8 所示。

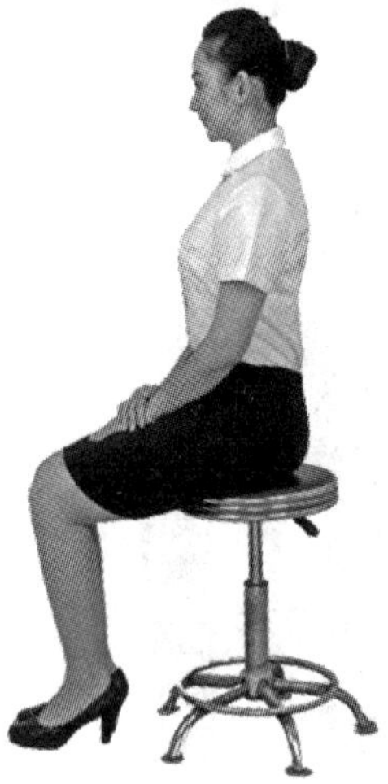

图 2—7　女士双腿垂直式坐姿

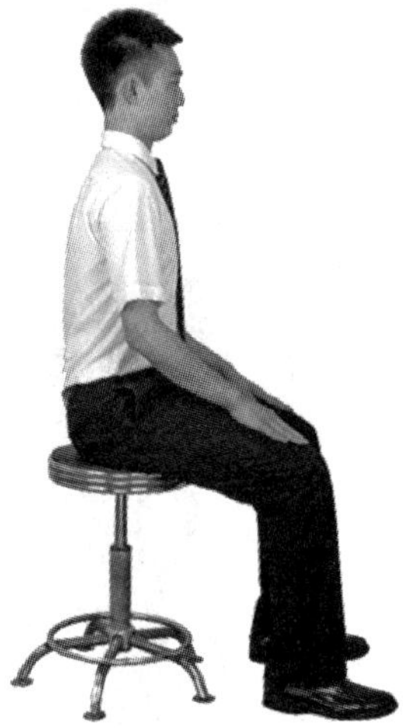

图 2—8　男士双腿垂直式坐姿

图 2—9　女士双腿叠放式坐姿

（2）双腿叠放式。这种坐姿要求上下交叠的膝盖不可分开，双腿交叠应呈一条直线，这样能给人以纤细的感觉。双脚置放的方法可视座椅高矮而定，既可以垂直，也可与地面呈 45°斜放。采用这种姿势时，切勿双手抱膝，更不能双膝分开。女士双腿叠放式坐姿如图 2—9 所示。

（3）双腿斜放式。坐在较低的沙发上时，若双腿垂直放置的话，膝盖不可高过腰，否则极不雅观。这时最好采用双腿斜放式，即双腿并拢后，双脚同时向右侧或左侧斜放，并与地面形成 45°左右的角。这样，就座者的身体就会呈现优美的 S 形，如图 2—10 所示。这种坐姿适宜女性。

（4）双脚交叉式。基本做法是双腿并拢，双脚在踝部交叉之后略向左侧斜放。坐在主席台上、办公桌后面或公共汽车上时，比较适合采用这种坐姿。女士双脚交叉式坐姿如图 2—11 所示。

图 2—10　女士双腿斜放式坐姿

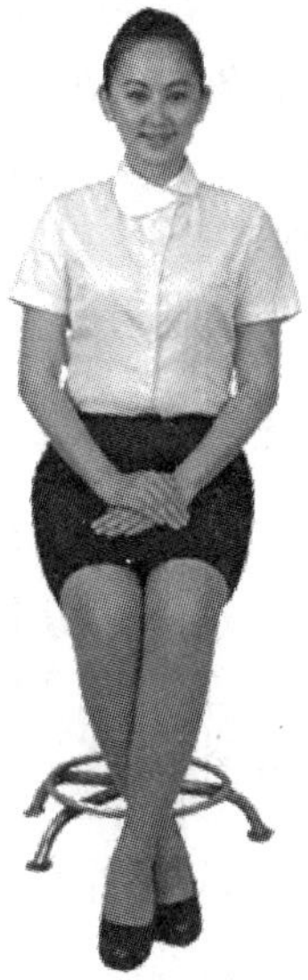

图 2—11　女士双脚交叉式坐姿

（5）双脚内收式。基本做法是两条小腿向后侧屈回，双脚脚掌着地，膝盖以上并拢，双脚稍微张开。这也是变化的坐姿之一，尤其在并不受注目的场合，这种坐姿显得轻松自然。

（6）前伸后屈式。这是适宜女性的一种优美坐姿。基本做法是大腿并紧之后，向前伸出一条腿，并将另一条腿屈后，双脚脚掌着地，双脚前后要保持在一条直线上。女士前伸后屈式坐姿如图 2—12 所示。

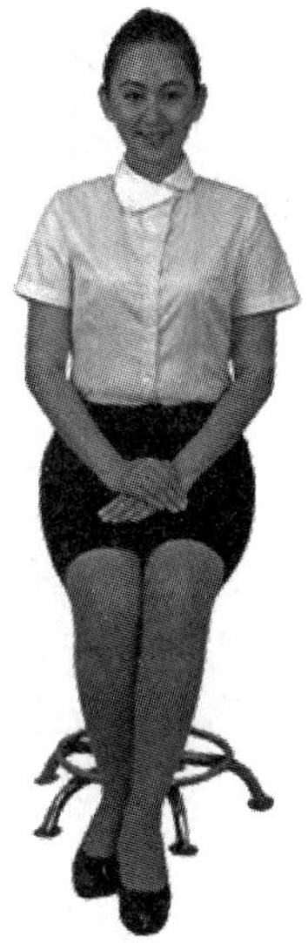

图 2—12　女士前伸后屈式坐姿

（三）不正确的坐姿

在外人面前就座时，物业服务人员一定要遵守律己敬人的原则，绝对不能犯规。

1. 不正确的腿部姿势

不论大腿还是小腿，如果叉开太大都会显得极为不雅。为了放松双腿，将双腿直挺挺地伸向前方，不仅会影响到别人，也有碍观瞻；如果面前有桌子，双腿不能伸到桌子外面去。

部分男性物业服务人员会将双腿架成二郎腿，显得过于放肆。将腿放到桌子上，或把一条腿盘到自己所坐的椅子上，都是不合适的。物业服务人员在服务对象面前就座时，姿态一定要稳重，不要双脚不停地抖动，会让人心烦意乱，也给人留下不稳重的印象。

2. 不正确的脚部姿势

入座后，脚部一般都要放在地面上，脚尖不要指向他人，也不要用脚乱蹬乱踩，甚至将脚踩到高处，这都是不合适的。

3. 不正确的手部姿势

就座后，手要放好，不要乱动乱碰。不要用手抚摸小腿或脚部，给人的感觉极不卫生。如果面前有桌子，双手一般放在桌子上，单手或双手放在桌子下是不合适的；不要用双肘支在面前的桌子上，这对于同座的其他人是不礼貌的；不要将双手抱在腿上，显得过于放松，不适合物业服务人员在工作中使用；也不要将双手夹在腿间，给人的感觉是胆怯或害羞。

4. 不正确的头部姿势

头靠在椅背上，一般是为了稍事休息，在工作岗位上，不可以这么做。

四 蹲姿

一般来说，物业服务人员采用蹲姿的时间不宜太久，否则会感觉不舒适。因此，蹲姿只是人们在比较特殊的情况下采取的一种暂时性体位。在采取蹲姿时要注意身体的正确位置，根据需要采取适宜的蹲姿。

（一）蹲姿的适用情况

物业服务人员在遇到以下情况时，可酌情采用蹲姿：

（1）整理工作环境时。

（2）给予客人帮助时，如与小朋友交流时。

（3）提供必要服务时，如当服务对象处于较低位或向坐在座位上的服务对象提供服务时。

（4）捡拾地面物品时，如当自己或他人的物品掉到地上需要捡起时。

（5）自己照顾自己时，如需要整理鞋袜时。

（二）蹲姿的基本要求

1. 高低式蹲姿

下蹲时双腿紧靠，左脚掌基本全部着地，右脚脚跟提起，右脚掌着地，臀部向下。女性物业服务人员应双腿靠紧，男性物业服务人员双腿可适度分开，基本上以右腿支撑身体，如图 2—13、图 2—14 所示。

图2—13　女士高低式蹲姿

图2—14　男士高低式蹲姿

2. 交叉式蹲姿

下蹲时左脚在前，右脚在后，左小腿垂直于地面，全脚着地，右腿在后与左腿交叉重叠，右膝由后面伸向左侧，右脚跟抬起，脚掌着地，双腿靠紧，臀部向下，上身稍向前倾。这种蹲姿通常适用于女性物业服务人员，特别是在穿短裙时，如图 2—15 所示。

图 2—15　女士交叉式蹲姿

3. 半蹲式蹲姿

半蹲式蹲姿，多在行进之中临时采用。它的正式程度不及前两种蹲姿，但在需要应急时亦可采用。在下蹲时，上身稍许弯下，但不宜与下肢构成直角或锐角；臀部向下，双膝略微弯曲，弯曲角度根据需要可大可小，一般为钝角；身体的重心放在一条腿上，双腿不宜分开过大。它的基本特征是身体半立半蹲。

4. 半跪式蹲姿

半跪式蹲姿，又叫单跪式蹲姿。它是一种非正式蹲姿，多用于下蹲时间较长，或为了用力方便时。下蹲后，一腿单膝点地，臀部坐在其脚跟上，用脚尖着地；另一条腿全脚着地，小腿垂直于地面，双腿尽力靠拢。它的基本特征是双腿一蹲一跪。

（三）不正确的蹲姿

物业服务人员在工作中如果需要采取蹲姿，务必要采取正确的姿势，不要犯规以免不雅，影响自己的服务形象。

（1）不要突然蹲下。蹲下来的速度切勿过快，尤其在行进中要下蹲时，速度要放缓，以免身后有人躲避不及。

（2）不要距人过近。下蹲时要与身边的人保持一定的距离，如果他人同时下蹲，双方之间的距离要拉大，以免彼此迎头碰上。

（3）不要方位失当。在服务对象面前下蹲时，最好与之侧身相向，正面对人容易走光，背部对人失礼。

（4）不要毫无遮掩。女性物业服务人员在穿裙装下蹲时，一定要避免下身走光，大腿和膝盖务必要靠拢在一起。

（5）不要随意滥用。物业服务人员在工作中，如果不是必须，则尽量不要使用蹲姿。

（6）不要蹲在椅子上及蹲着休息。这两种做法都不符合物业服务人员的工作形象，给人不守秩序、懒散的印象。

五　手势

无论是在日常生活中还是在服务工作岗位上，手臂都是物业服务人员运用得最多的一个身体部位。手势即手臂的姿势，指的是人们在运用手臂时，所呈现的具体动作与体位。使用手势时应注意与全身配合协调，同时动作幅度不应太大，要给人一种优雅、含蓄、彬彬有礼的感觉。

（一）做手势的基本要领

做手势时，五指要并拢伸直，女性物业服务人员为优雅起见，可微微压低食指。在表示“请”的时候，可以用右手以肘关节为轴向右摆动，到身体右侧稍向前的地方停住，不要把手摆到体侧或体后。做手势时应同时配合眼神、表情和其他体态，使手势显得协调大方。正确的手势如图 2—16 所示，错误的手势如图 2—17 所示。

图 2—16　正确的手势

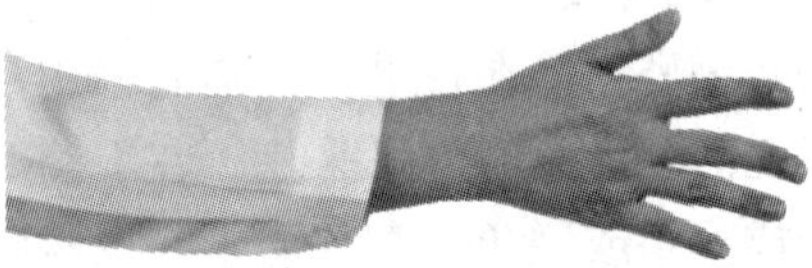

图 2—17　错误的手势

（二）物业服务人员需要掌握的几种手势礼

（1）正常垂放：双手要自然、大方、适宜地放置于身体前侧或后侧。

（2）手持物品：双手在持物品时应稳妥、自然、到位，同时注意物品的卫生（见图 2—18）。

（3）递接物品：与服务对象递接物品时应用双手，并要主动将方便留给对方（见图 2—19）。

图 2—18　手持物品

图 2—19　递接物品

（4）展示物品：展示物品时要注意服务对象的位置，要求便于对方观看（见图 2—20）。

图 2—20　展示物品

（5）招呼别人：常用的手势有如下四种：

横摆式：手臂向外侧横向摆动，指尖指向被引导或指示的方向，表示“请”（见图 2—21）。

直臂式：手臂向外侧横向摆动，抬至肩高，指尖指向前方，用于引导、指示方向（见图 2—22）。

曲臂式：手臂弯曲，由体侧向体前摆动，手臂高度在胸以下，请人进门时使用（见图 2—23）。

斜臂式：手臂由上向下斜伸摆动，用于请人入座（见图 2—24）。

(a)　　　　(b)

图 2—21　横摆式手势

图 2—22　直臂式手势

图 2—23　曲臂式手势

图 2—24　斜臂式手势

（三）做手势时应避免的错误

手是传情达意的最有力的手段，正确适当地运用手势，可以增强感情的表达。手势是物业服务工作中必不可少的一种体态语言，学习手势语是大有学问的。有的工作人员在服务过程中，表现出的手势运用不规范、不明确，动作不协调，寓意含混等现象，会给业主留下漫不经心、不认真、素质不高等印象。物业服务人员在工作中还应避免出现以下几种错误的手势：

（1）指指点点：工作中用手指点别人是不尊重别人的表现，不应使用；用手指点别人的面部尤其是鼻尖，更是极不恭敬的做法。

（2）随意摆手：接待服务对象时，随意向对方摆手有不耐烦、拒绝别人之意，不应使用。

（3）双臂抱起：双臂抱起端放胸前这一手势有自我放松之感，或是旁观、置身事外、看笑话之意。物业服务人员如果在服务对象面前这么做，会令人不悦。

（4）双手抱头：有些人没事喜欢双手抱在脑后，有自我放松之意，如果在服务对象面前这样做，会给人目中无人之感。

（5）摆弄手指：工作中手指时常动来动去、活动关节、攥拳松拳等，会给人心不在焉之感。

（6）手插衣袋：工作中，物业服务人员将手插在衣袋中，会给人忙里偷闲之感，让人感觉工作并未竭尽全力。

（7）搔首弄姿：即在工作时整理服饰、梳妆打扮，会给人矫揉造作、当面表演之感，令人觉得工作不够专心。

（8）抚摸身体：有人习惯性地抚摸自己的身体，这是缺乏公德意识、不讲卫生的表现，不注意维护个人形象，显得自身素质低下。

资料链接

不同手势的含义

物业服务人员在与业主及同事的交往中，不可避免地要使用手势。手势运用得恰当，能对语言更好地进行补充和强调；但一旦错误地使用手势，不仅达不到预期效果，还可能引起业主的不满与投诉。特别是在与外籍业主打交道过程中，不能用我国对手势的定义照搬套用，因为同一个手势，在不同国家和地区，代表的含义很可能大相径庭。因此，物业服务人员必须要知道在生活中经常使用的几种手势在不同国家的含义。

（1）“O”形手势。即圆圈手势，19 世纪流行于美国。“OK”的含义在所有讲英语的国家是众所周知的，但在法国“O”形手势代表“零”或“没有”；在日本代表“钱”；在一些地中海国家用来暗示一个男人是同性恋者；在中国这个手势用来表示“零”。

（2）翘大拇指手势。在英国、澳大利亚、新西兰等国，翘大拇指代表搭车，但如果大拇指急剧上翘，则是侮辱人的信号。在表示数字时，他们用大拇指表示 5。在中国，翘大拇指是积极的信号，通常是指高度的赞扬。

（3）“V”形手势。第二次世界大战期间，英国首相温斯顿·丘吉尔推广了这个手势，表示胜利，非洲大多数国家也如此。但如果手心向内，在澳大利亚、新西兰、英国则是一种侮辱人的信号，代表“up yours”。在欧洲各地也可以表示数字“2”。

（4）塔尖式手势。这一手势具有独特的表现风格，自信者、高傲者往往使用它，主要用来传达“万事皆知”的心理状态，是一种消极的人体信号。

（5）背手。英国皇室的几位主要人物以走路时昂首挺胸，手背身后的习惯而著称于世。显然这是一种拥有至高无上的权威、自信或狂妄态度的人体信号。将手背在身后还可起到一定的“镇定”作用，使人感到坦然自若，还会赋予使用者一种胆量和权威。

六 鞠躬礼

鞠躬一般用于庄严肃穆或喜庆欢乐的仪式中，也适用于一般的社交场合，用以表达对他人的深深敬意或感激之情。

（一）正确的鞠躬姿势

鞠躬以站姿为基础，双手在体前搭好或垂于身体两侧，双眼注视对方，面带微笑。鞠躬时，以臀部为轴心，将身体向前倾斜，随着身体向下弯曲，双手逐渐向下，朝膝盖方向下垂。身体的倾斜度一般有 90°、45°、30°、15°，目光随着身体的倾斜而自然下落至脚尖前 1.5 米处，如图 2—25 所示。鞠躬完成，恢复站姿，目光再回到对方脸上。鞠躬时需注意脖子不可伸得太长，不可挺出下颏；鞠躬时目光应向下看，表示一种谦恭的态度，不要一边鞠躬，一边试图翻起眼睛看对方；弯腰速度要适中，之后抬头直腰，动作可慢慢做，这样令人感觉很自然舒服。

(a)　　(b)

图 2—25　鞠躬礼

鞠躬时，应同时问候“您好”“欢迎光临”等，声音要热情、亲切，且与动作协调。受礼者若是平辈，应还礼，长辈和上级欠身点头即算还礼。

（二）准确运用鞠躬礼

90°鞠躬：一般用于三鞠躬，属最高礼节。

45°鞠躬（送客）、30°鞠躬（迎客）：物业服务人员向上级、业主、服务对象表示致意。

15°鞠躬：用于一般的应酬，如问候、介绍、握手、递物、让座、让路等。

行鞠躬礼一般应站立，如果坐着见到业主、领导、服务对象应起立鞠躬致意，如果在办公室里见到一般的客人而又不便起身时，可坐着行 15°鞠躬礼。

案例评析

与华侨谈判的物业公司领导仪态不佳，坐姿不够稳重，不停地抖动双腿表现出不耐烦和不在乎的内心想法，而这种想法通过仪态能够被对方捕捉到，从而留给对方不佳印象，最终导致合作不成功。

一个人的仪态在其人际交往中是非常重要的，人的动作、特别是无意识的动作都是内心真实情感的体现，不良的姿势会严重破坏留给对方的印象，进而影响到交际的成败。

作为学生，一定要从现在开始就按照标准仪态的要求进行训练，养成良好的职业仪态，形成良好的职业习惯。

任务四 物业服务人员表情礼仪

案例导入

微笑也要有分寸

一日晚8点左右，小张正在物业公司值班室值班，一位男性业主匆匆忙忙跑进来："快，9栋的电梯坏了，有人困在里面。"小张觉得这是件小事，很容易处理，于是微笑着对这位业主说："您别着急，先坐下，慢慢跟我说，是9栋哪部电梯坏了？"业主一听就急了："怎么不急，里面有老人和孩子，你不快点去处理，还要坐下慢慢说？9栋就那么两部电梯，一去看不就知道了？"小张微笑着接着说："好，您先稍等一会，我打电话给电工，他刚好今天不在。"业主生气地说："你们是怎么管理的？晚上竟然没有电工值班！"小张笑着说："只有今天电工有事请假了，往常都有人值班的。""你还笑，有什么好笑的！难道你看见我们家人关在电梯里幸灾乐祸吗？磨蹭了半天，也不见你打电话找人！人在里面出了问题你负责吗？"

小张仍旧微笑着准备再做一些解释，不料，这次的微笑更加让业主恼火，幸亏旁边办公室的同事小李听见了吵闹声音，走过来让小张马上打电话，并立刻与业主前往出事的9栋，业主才怒气冲冲地跟着小李离开了。

问题与思考

分析上述案例，出现错误的主要原因是什么？如果你是小张，你会如何做？

知识探究

表情是一个人内心情感在面部的表现。物业服务人员在工作中的表情如何，在服务对象看来，往往与其工作态度、职业素质等直接相关。美国心理学家艾伯特·梅拉比安把人的情感表达表示为：情感表达=语言（7%）+声音（38%）+表情（55%）。可见，表情在人际交往中占有重要的位置。

一　微笑

微笑是一种令人感觉愉悦的面部表情，它可以缩短人与人之间的心理距离，为深入沟通与交往创造温馨和谐的气氛。人们把微笑比作人际交往中的“润滑剂”。物业服务人员在工作岗位中，一般都应当面带笑容，努力为服务对象创造出一种轻松的氛围，使其在享受服务的过程中感到愉快、欢乐和喜悦。常说“微笑是服务人员最好的名片”，物业服务人员在工作中要提倡“微笑服务”。

（一）微笑的练习方法

物业服务人员在微笑时，应当目光柔和，双眼略为睁大；眉头自然舒展，眉毛微微向上扬起，这就是人们常说的“眉开眼笑”。微笑时应避免耸动鼻子和耳朵。

1. 微笑的基本动作要领

不发声、不露齿、肌肉放松、嘴角两端向上略微提起、面带笑意、亲切自然。其中，亲切自然最重要，它要求微笑出自内心、发自肺腑，而无任何做作之态。只有这种发自内心的微笑，才能使与你接触的人都感到轻松和愉快。

2. 微笑训练法

练习时端坐在镜前，心情保持轻松愉快，调整呼吸自然顺畅；开始微笑时轻闭双唇，使嘴角微微翘起，面部肌肉舒展开来；为使双颊肌肉向里，可念着普通话的“一”“茄子”“呵”等音；也可用一根筷子横放在嘴中，用牙轻轻咬住，观察微笑状态。

在练习时，笑的关键在于善于用眼，如果一个人的嘴角上翘时，眼睛仍是冷冰冰的，就会给人假的感觉。眼睛里的“笑容”的训练方法是：取厚纸一张，遮住眼睛下边部位，对着镜子，在心里尽情回忆过去的美好生活，使笑肌抬升、收缩。

3. 模拟微笑训练法

先轻合双唇，将双手食指伸出、指尖对接，放在唇前15～20厘米处。让两个食指尖以缓慢匀速分别向左右移动，使之拉开5～10厘米的距离，同时嘴唇随着食指移动速度而同步加大唇角的展开度，并在意念中形成美丽的微笑，并使之停留几秒钟。最后将两个食指再以缓慢匀速向中间靠拢，直至两食指相接。同时，微笑的唇角以两指移动的速度同步缓缓收回，切忌不能让微笑突然停止。

4. 记忆提取法

记忆提取法也叫“情绪记忆法”。将自己过去那些最愉快、最令人喜悦的情景，从记忆中唤醒，使这种情绪重新涌现，重享惬意的微笑。

（二）养成微笑的服务意识

“微笑服务”是众多服务企业所推崇的一项服务标准，微笑不仅关系到个人的形象，也关系到企业的形象。微笑服务，是服务人员和服务企业形象、声誉的内在要求；微笑服务，是服务人员爱岗敬业、顾客至上的职业价值理念的具体表现；微笑服务，是服务人员的自信、涵养等内在特质在工作中的外显，也是其个人形象的最佳体现途径。

心理学家指出，微笑多在交往双方初次面对面接触时出现。微笑是人们领会得最快的一种表情，其普遍含义是接纳对方、热情友善。因此，微笑是人际交往中的敲门砖，最容易得到交往对象的认同、喜欢。服务人员在工作中若能始终面带微笑，必然会赢得服务对象的赏识，获得良好的服务效果。

（三）注意场合

虽然在绝大多数情况下应用微笑会取得事半功倍的效果，但并不是所有场合都适用。如特别庄严、肃穆的场合，不宜笑；当别人做错事、说错了话时，不宜笑；当对方有先天缺陷时，不宜笑；当对方出洋相时，不宜笑；当别人遭受重大打击，心情悲痛时，不宜笑。

物业服务人员在工作中要体现自己的同理心，多站在服务对象的角度考虑问题，当你能体会到对方的心理感受，就能够很好地掌握哪些场合适宜微笑、哪些场合不适宜。

二 眼神

在人际交往中，眼神是一种真实、含蓄的语言，物业服务人员在工作中的眼神应该是坦然、亲切、友善的。同时还需注意注视对方的时间、位置和运用眼神的礼仪规范。

（一）注视的时间

在交谈过程中，有些人让人感觉舒服，有些人则令人不自在，甚至让人感觉厌恶，这主要与注视的时间长短有关。一般来说，与对方目光接触的时间超过了全部谈话时间的2/3时，要么被认为很吸引人，要么被认为怀有敌意。因此，对于不太熟悉的人，不可长时间地盯着对方的眼睛，以免引起对方的不安；如果感觉与对方谈得来，可以一直看着他，让他意识到你喜欢与他交往。如果谈话时心不在焉、东张西望，或由于紧张、羞怯不敢正视对方，目光注视的时间不到整个谈话时间的1/3，那一定不容易被人信任。

一般情况下，眼睛有50%～60%的时间注视对方，另外的时间注视对方面部以外的5～10厘米处。如果与别人的目光相遇，不要马上移开，应自然对视1～2秒，然后慢慢离开。如果与异性目光对视，一般不超过2秒钟，否则容易引起对方的无端猜测。

（二）注视的位置

用目光注视对方，应自然、稳重、柔和。谈话时注视对方的位置不同，所传达的信息有所区别，营造的气氛也不同。在人际交往中，人们一般在0.5～1.5米的交际距离内进行交流，在此距离内，如果是工作中的注视，目光所及区域应在额头至双眼之间；如果是社交注视，则目光所及区域在双眼到嘴之间；亲密注视的目光所及区域可在双眼到胸之间。超过此距离，特别是远距离交流时，可不受此限制。

交流时，注视不同的部位，代表不同的含义：

（1）注视对方的双眼：表示全神贯注，同时表示对对方所讲的内容感兴趣。

（2）注视对方的面部：与对方较长时间交谈时，为避免尴尬，可选择整个面部为注视区域。

（3）注视对方的全身：与对方相距较远时，一般注视对方全身。

（4）注视对方的局部：工作中的特殊需要，或根据交谈的内容选择。

（三）注视的角度

物业服务人员在注视他人时，要注意目光的角度事关与交流对象亲疏远近的问题。注视他人的常规角度有以下几种：

（1）正视：与对方正面相向。

（2）平视：身体与对方处在相似的高度时使用。

（3）仰视：给对方以重视、信任、尊敬之感，在向老人服务时可采用。

（4）俯视：既可表示对晚辈的宽容、怜爱，也可表示对他人的蔑视。物业服务人员在站立姿态下使用俯视角度的眼神时，上半身应微微前倾，以示对对方的尊重。

（5）兼顾多方：这是物业服务人员最常使用的。在工作中，物业服务人员要兼顾每一位服务对象，适当地注视每一位服务对象，与谁说话，眼神就停留在谁的身上。

（四）运用眼神应注意的问题

（1）服务对象沉默不语时，不要盯着对方，以免加剧他的不安。物业服务人员切忌对服务对象上上下下、反反复复地进行扫视。

（2）物业服务人员在工作岗位上为多人提供服务时，要按照先来后到的顺序对先来的服务对象多加注视，又要同时以略带歉意、安慰的眼神去环视一下等候在身旁的其他人，这样既表现出善解人意与一视同仁，又可以让后到的服务对象感到宽慰，使其不产生被疏忽、被冷落的感觉。

（3）服务过程中，要特别注意不能使用向上看的目光，这种目光给人以目中无人、骄傲自大的感觉；更不能东张西望，给人以缺乏教养、不尊重别人的印象。

案例评析

微笑也要讲究时机，在不适宜的场合微笑反倒会产生负面效果。在业主过来请求援助的时候，小张要与业主当时焦急的心情相适应，表现出急切的、关心的神情，并迅速联系电工。马上与业主前往出事地点了解具体情况，以便给随后到来的维修人员的工作提供一定的参考。

项目小结

得体地塑造和维护物业服务人员形象，会给服务对象以良好的印象。物业服务人员的个人形象不仅是个人的沟通工具，还影响着业主对物业公司的印象，在很大程度上影响着物业公司的发展。只有当你真正意识到了个人形象与修养的重要性，才能体会到个人形象给你带来的机遇有多大。所以，物业服务人员在出门上班前，正确地选择服装、发型，注意自身的言谈举止，对自己的工作多有加分的效果。

职业实训练习

一、选择题

1. 物业服务人员在工作中绝对不能佩戴的首饰是（　　）。

A. 戒指　　B. 耳钉　　C. 手表　　D. 脚链

2. 男性物业服务人员的发型要求是“三不过”，其中不包括（　　）。

A. 后不过肩　　B. 前不过眉　　C. 侧不过耳　　D. 后不过衣领

3. 女性在出席宴会、舞会、音乐会时，可以选择（　　）。

A. 套裙　　B. 便装　　C. 礼服　　D. 休闲装

4. 当所坐椅子的高度低于人的小腿的长度时，女性物业服务人员适宜采用（　　）姿势。

A. 双腿斜放式　　B. 双腿垂直式　　C. 前伸后屈式　　D. 双脚内收式

二、综合案例分析题

案例名称	着装不能太抢眼
工作任务	卫红是某市外办的日语翻译，她不仅日语讲得纯正，还十分精通日本礼仪、茶道，插花也很在行，所以在给日本天皇和皇后当陪同翻译时，不仅语言流畅出色，就连举止礼仪也受到日本客人的认可。在为天皇和皇后当翻译之前，日本皇室外交礼仪官员告诉卫红，皇后将换三套服装：下飞机时穿鹅黄色服装，晚宴时穿略微艳丽的暗红色服装，结束访问回国时穿紫色服装，征求卫红着装的颜色搭配。卫红说她将依次换灰紫、深紫和黑色短套装，双方的礼仪官员都十分满意。行程结束后，卫红也赢得了日本皇室的好评。
完成时间	15 分钟。
任务目标	了解着装的场合、身份及文化内涵。
任务要求	1. 为什么卫红选择的服装让日本礼仪官员十分满意？ 2. 从事服务工作的人员着装应注意什么？
研讨内容	
研讨成果	
讨论过程	
自我角色	
自我评价	
小组评价	
教师评价	

三、思考题

1. 男性物业服务人员对发型的基本要求是什么？

2. 女性物业服务人员化妆的重点应该在哪些部位？

3. 物业服务人员在工作岗位上最多能佩戴哪些首饰？
4. 女性物业服务人员上岗时，最多可以佩戴哪些首饰？
5. 从物业服务人员的工作实际来看，着装的 TPO 原则应该如何理解？
6. 物业服务人员一般从椅子的哪一侧入座？
7. 物业公司的清洁工在清扫小区道路时见到业主从身边经过，一般施以何种礼节？
8. 在服务工作中，物业服务人员不应该使用哪种眼神？

项目三

物业服务人员的语言礼仪

职业要求

物业服务人员在工作中应掌握规范的服务用语，能够具有一定的语言运用、表达能力，以体现物业服务水准。

任务导读

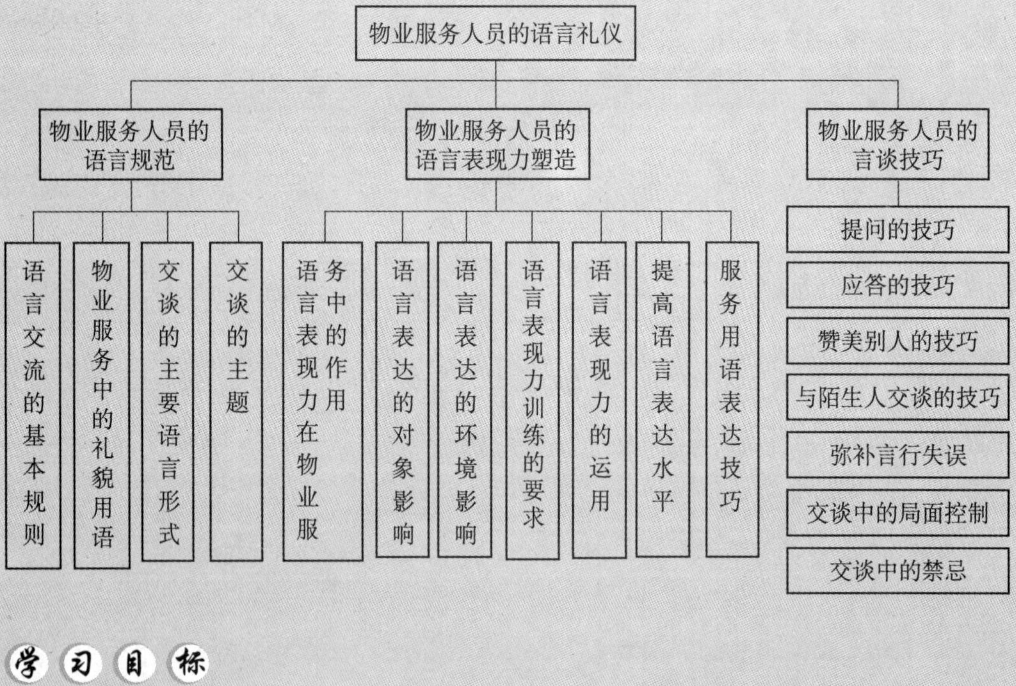

学习目标

知识目标：了解语言交流的基本规则及交谈的主要语言形式，掌握语言交流中的敬语；了解语言表现力在物业服务中的作用，掌握语言表达对对象、环境的影响，理解语言表现力训练的要求。

能力目标： 熟练运用语言交流的基本规则，在交流中能够熟练地使用敬语；能够按照语言表现力训练的要求进行训练，运用语言及服务用语的表达技巧。

任务一　物业服务人员的语言规范

案例导入

落筷风波

元旦期间，在一家宾馆的多功能餐厅中，某物业公司总经理正在宴请计划要来上海投资的台湾吴老先生。席间，吴老先生神采飞扬，高兴地应承着祝贺的话。宾主频频碰杯，物业公司的不少陪同人员也不断地前来向吴老先生敬酒。由于人员较多，一位物业服务人员小张不慎将桌上的一双筷子拂落在地。小张赶忙道歉，随手从邻桌上拿过一双筷子，拆掉纸包，搁在老先生的台上。

吴老先生的脸上顿时多云转阴，煞是难看，默默地注视着小张的一连贯动作，刚举起的酒杯一直停留在胸前。众人看到这里，纷纷帮腔，指责小张。小张很窘迫，一时不知所措。

"晦气，"吴老先生顿了顿说，"唉，你怎么这么不当心，你知道吗？这筷子落地意味着什么？"边说边瞪大眼睛，"落地即落第，考试落第，名落孙山，倒霉呀，我第一次来上海投资，就讨了个不吉利。"

小张一听，更慌了，"对不起，对不起"，手足无措中，又将桌上的小碗打碎在地。小张尴尬万分，虚汗浸背，不知如何是好，一桌人目瞪口呆，大家纷纷吵吵嚷嚷地责备小张。

就在这时，邻桌的李经理拿起桌上的筷子，双手递上去，嘴里发出一阵欢快的笑声："啊，吴老先生。筷子落地哪有倒霉之理，筷子落地，筷落，就是快乐，就是快快乐乐。"李经理一边思索，同时瞥了一眼小张，示意打扫碎碗。小张顿时领悟，连忙收拾碎碗片。"这碗嘛，碗碎了，这也是好事成双，我们不是有一句老话吗，岁岁平安，这是吉祥的兆头，应该恭喜您才是呢。您老这回投资，一定快乐，一定平安。"

刚才还阴郁满面的吴老先生听到这话，顿时转怒为喜，亲自为李经理和自己各斟了满满一杯。站起来笑着说："李经理，你说得真好！借你的吉言和口彩，我们大家快乐平安，为我的投资成功，来干一杯！"

问题与思考

1. 李经理为什么能几句话就使客人转怒为喜？

2. 分析在整个过程中，阐述语言的重要作用。对物业服务人员的日常工作有什么借鉴意义？

知识探究

在文明社会，人们总是向往过一种有规律、有秩序的生活，所以总是十分注意文明礼貌并使用礼貌语言。礼貌语言，从一定意义上来说，标志着一个社会的文明程度，反映着一个民族的精神面貌。物业服务人员在工作中与服务对象打交道，大部分交流是通过语言交流来完成的，语言文明是良好服务的基础。

一 语言交流的基本规则

对于言谈交际的一些准则，中国古书有大量记载。孔子说，辞达而已矣。(《论语·卫灵公》) 意思是说，言辞足以达意就可以了。

(一) 目的明确

语言表达的根本目的在于使听者感知和理解说话者所表达的内容，起到社会交际的作用。因此，怎样赢得听众，想要听众知道什么，是说话者每一次语言表达必须认真考虑的首要问题。人们说话都是一种有意识的行为，不管是谁说话，也不管是向谁说话，所说的内容都应该目的明确，或报告一个事实，或说明一种情况，或宣传一个主张，或提出一个愿望等，为了实现这个目的，就要会选择表达环境的客体因素。

(二) 感情真挚

人在说话时，既表达思想，同时也表达相应的感情，说话人的感情直接影响说话的效果，也影响听话人的理解和接受，同样一句话，由于语气不同，就会表现出不同的语义与情感。只有感情真挚才能缩短人之间的距离，才能沟通彼此的心灵，使对方更好地理解自己的意图和情绪，欣然接受自己的观点和主张。

(三) 委婉含蓄

语言是很奇妙的，其表达的优劣将会导致不同的结果。即使是很普通的一句话，如果表达得拙劣，也可能造成隔阂或者伤害对方的感情。相反，如果表达得巧妙，就能打动人，对方将乐意接受。英国著名思想家、哲学家培根认为，交谈时的含蓄和得体，比口若悬河更可贵。物业服务人员在工作中面对服务对象时，对于自己不熟悉的人，不了解对方的性格特点，说话就需要含蓄、婉转，不要贸然提问，不要过于直接，以免言谈上出现对方不喜欢或忌讳的内容，会让双方都尴尬，甚至引起纷争。

资料链接

物业服务人员常用的礼貌用语

初次见面：久仰　许久不见：久违　客人到来：光临

等待客人：恭候　探望别人：拜访　起身作别：告辞
中途先走：失陪　请人别送：留步　请人批评：指教
请人指点：赐教　请人帮助：劳驾　托人办事：拜托
麻烦别人：打扰　求人谅解：包涵

（四）求同存异

无论你从事何种工作，只要是与人接触，往往都需要通过相互交谈取得共识，以便协调合作。当双方观点不一致时，切忌以势压人。避免争论，求同存异是最好的办法。

当对对方的意见不得不持反对意见时，如果平心静气，措辞婉转、得体，被反对的一方一般不会认为你不尊重他。陈述反对意见前，应充分尊重对方的意见，随后陈述自己的不同意见，并询问对方有何见解。此外，还应明确表示自己所反对的只是对方意见的某一点，而不是全盘否定。这一点是极其微妙的，其实质是动之以情，晓之以理。西方人认为，如果你直截了当地指出某人错了，那么什么好事也做不成，只会造成许多损失。你只会在伤害别人自尊心方面获得成功，而使自己在任何讨论中都成为不受欢迎的人。

求同存异还要能容忍不同的观点。若不能容忍对方的不同观点，则说明该人性情急躁、心理素质不稳定或缺乏教养。那么，无论他事后对此如何辩白，比如说“我刚才太激动了”，都不能补救之前的失态。

工作中总会出现双方意见不合的时候，物业服务人员只要按照法律、法规、公司的规定去执行，不一定非要对方赞同自己的观点，允许对方保留意见，这是对对方的尊重。如果对方比较急躁、焦虑，要学会缓和当时的局势，不要激化矛盾，可以以退为进，也可以考虑暂缓讨论，待对方冷静思考之后再交流。

（五）善于倾听

善于倾听，是谈话成功的一个要诀。美国俄亥俄州立大学一些学者的研究显示，成年人在一天的时间里，有7%的时间用于交流思想。在这7%的时间里，有30%用于讲，多达45%的时间用于听。可见，听对于思想交流是多么重要。

在公开的发言和私人间的交谈中，如果认为你知道的事情比别人多一些，就可以比别人说得更多，这是一种毛病。在交谈中，一个人滔滔不绝，说个没完，这是不合适的，应该给别人说话的机会。善于倾听的人很容易受到别人的欢迎，不分对象地发表见解不等于坦率，而是冒失。可以想象，当一位物业服务人员在一位业主面前大谈自己道听途说来的消息，很可能对方就是该领域的一位专家，“班门弄斧”会使人暗自发笑。留给别人的不仅仅是这种浅薄的表现，而且会让人考虑他的信誉度的问题。

资料链接

倾听在物业工作中的重要作用

《圣经》中说，上帝赐予我们两个耳朵、一个嘴巴，就是要我们少说多听。

倾听可以使说话者感到被尊重。专心听别人讲话，是人们所能给予别人的最大的赞美。不管对象是谁，上司、下级、业主、亲人或朋友，倾听具有同样的功效。人们总是更关注自己的问题和兴趣，如果有人愿意听你谈论自己，马上就有被重视的感觉。物业服务人员在与业主沟通时，最重要的是要专注眼前同你谈话的人，这是对业主最大的尊重。

倾听可以缓和紧张关系，解决冲突，增加沟通。倾听可以增进人与人之间的相互理解，避免不必要的纠纷。

倾听可以解除他人的压力。心理学研究证明，向人倾诉心中烦恼能够缓解心理压力。因此，当工作人员在倾听业主的诉说时，应具有一个友善的心态，做一个具有同情心的倾听者，这样能缓解倾诉者的心理压力，可能会使棘手的难题迎刃而解。

倾听可以获得更多的信息，更好地了解人和事。物业服务人员在工作中，最有效的工作方法是自己只说三分之一，把三分之二的话留给业主。

1. 集中注意力

人的思绪进行得很快，往往超过讲话的速度，讲话的速度一般是每分钟 120～160 字，而思考的速度是每分钟 400～600 字，因此要强迫自己集中注意力。如果因为没有时间或由于别的原因而无法听别人谈话，最好客气地提出来，这比勉强听或坐着心不在焉要好一些。

2. 要有耐心

有些人话多，或者语言表达有些零散甚至混乱，这时就要有耐心地听完他的叙述。即使听到不能接受的观点或者某些伤害感情的话，也要耐心听完。听完后可以反驳或表示自己的不同意见。当别人流畅地谈话时，随便插话打岔，改变说话人的思路和话题，或者任意发表评论，都是没有教养或不礼貌的行为。

3. 偶尔的提问或提示可以澄清谈话内容，给讲话者以鼓励

例如，“您能详细说明一下刚才您讲的意思吗?”“我没听懂，您能再具体说说吗?”或用提问、评论的方法鼓励讲话人，“这几条建议，您认为哪条最好呢?”用简单的语言，如“是”“对的”或点头微笑来表示赞同和鼓励。

4. 适时反馈

反馈就是用自己的语言复述对讲话人所表达信息和情感的理解，这表明已经听到并理解了信息。可以逐句重复讲话人的讲话，也可以用自己的语言解释讲话人的意思。

（六）坦率诚恳

同别人交谈，最重要的一条是让人家觉得你是有诚意同他沟通思想、交流意见的。与人交往时该坦率要坦率，这也是谈话艺术之一。坦率的表达会给对方以好感，过分客气反而会造成不必要的误解，有时还会有虚情假意之嫌。坦率的力量在于真诚。人们之所以喜欢坦率，就是因为不喜欢虚情假意。对一件事要么不讲，要么就讲清楚，藏头露尾、欲言又止，致使对方产生猜疑，这是最要不得的。

物业服务人员在为业主或服务对象提供周到的服务时，感到“宾至如归”时往往会衷心地说“非常感谢”。这时，物业服务人员通常会回答：“不用谢，这是我们应该做的。”或“这是我的责任。”这样的回答符合中华民族谦恭的传统美德，但有的人一听，会觉得

双方之间的距离一下子拉远了。因为，根据他们的观点，这样的回答说明你所做的一切只是出于无奈，只不过在“尽责任”而非自愿。比较好的回答应该是：“能为您做点事是件令人愉快的事。”或者说：“很乐意为您效劳。”

（七）因人而异

人们在社会生活中需要同各种各样的人打交道，人是最复杂的，在思想、性格、习惯、爱好等方面都有极大的不同，所以“因人而异”也是交谈的基本原则之一。语言是人类交际的工具，这种交际总是在特定的社会环境、文化背景中进行。只有凭借这些特定的语言环境，才能确定所指，理解语言的含义。这就要求我们在人际交往中，必须考虑跨文化交际的特点，即根据不同的社交对象、地点、时间、事由而采取相应的语言形式和内容，以便更好地达到交际的目的。

物业服务人员所面对的服务对象千差万别，一定要根据对方的情况选择适宜的语言和表达方式。比如对年纪大的业主，说话就要通俗一些；对年轻且知识水平较高的业主，说话要更专业一些。只有这样，才能跟对方处于同等状态下交流。

资料链接

对于语言的作用，我们的祖先早有认识。《淮南子·泰族训》中说，夫言者，所以通己于人也；闻者，所以通人于己也。言语，是用来表达自己的思想的，对听者来说，则是通过它了解别人的思想。杨雄在《法言·问神》中说，言不能达其心，书不能达其言，难矣哉！意思是说，如果说话不能表达自己的心迹，书写不能记录自己的言辞，那么就难以成功。

（八）语言要文明礼貌

与人交谈时，谈话的内容固然重要，谈话的态度和所用的语言也同样重要。越会谈话的人，越懂得利用表情、手势和抑扬顿挫的声调来强调自己的思想和见解，达到传递信息和感情，增进彼此了解和融洽关系的目的。语言是交谈的载体，交谈者对它应当高度重视、精心斟酌。交谈中对所使用的语言的总体要求是文明、礼貌、准确。

作为服务人员，在交谈中一定要使用文明、优雅的语言；多使用礼貌用语，是博得他人好感的最为简单易行的做法。

资料链接

物业服务人员不宜在交谈中使用的语言

（1）粗话、脏话：讲粗话、脏话，很失身份，非常不文明，不仅会贬低自己，而且与物业服务人员的职业规范不符。

（2）黑话：有些物业服务人员往往自以为见过世面，可以以此唬人，实际上却显得流里流气，令人反感厌恶，难以与他人进行真正的沟通。

（3）荤话：品位不高，而且对业主不够尊重。

（4）怪话：爱讲怪话的物业服务人员，难以令业主产生好感。

（5）气话：说话时闹意气、泄私愤、图报复、大发牢骚，不仅无助于沟通，还容易伤害、得罪业主。

资料链接

在物业工作中，物业服务人员有必要经常运用下述“五句十言”：

（1）您好：问候业主、打招呼，简洁方便。

（2）请：在要求业主做某件事时，居高临下不合适，百般乞求也没有必要，多用一个“请”字，就可以赢得主动，得到对方的照应。

（3）谢谢：既是真诚地感谢对方，又是对对方的一种积极肯定。

（4）对不起：打扰、妨碍、影响了别人，在人际交往中给他人造成不便，甚至给对方造成某种程度的损失、伤害时，务必要说声“对不起”，这将有助于大事化小，并有助于修复双方的关系。

（5）再见：表达惜别之意与恭敬之心。

（九）语言要准确

语言不准确，不能清晰地表达意思，将不利于双方的沟通。

1. 发音要准确

汉族的主要方言有：北方方言，吴方言（以上海话为代表，主要分布在上海、江苏、浙江），湘方言，赣方言（以南昌话为代表，主要分布在江西），客家方言（以广东梅县话为代表，主要分布在广东、广西、福建、江西的一些地区），闽方言（以福建、厦门话为代表，主要分布在福建、海南、台湾），粤方言七大方言。现代汉语共同语以北京语音为标准，以北方话为基础方言，以典范的现代白话文作为语法规范。

（1）发音标准：讲普通话。在社交与服务场合，一定要讲标准普通话，这样有助于和他人的交流；否则，大家都讲各自的方言，沟通会出现障碍。

（2）发音清晰：要注意阴平、阳平、上声、去声四种基本声调的区别，吐字清晰。

（3）音量适中：音量过高、过强，会使自己显得生硬、粗暴；音量过低、过柔，又会使自己显得有气无力。一般来说，说话时的音量以对方可以听得清楚，又感觉舒适悦耳为宜。

资料链接

物业服务人员嗓音的保护

声音是人的另一个形象。物业服务人员说话时大方悦耳的声音，能够使业主愿意与你交流沟通。由于物业服务人员日常工作繁忙，如果不注意保护嗓音，不仅有碍自身健康，更会破坏自己的整体职业形象。

1. 用声要求

语言要求要准确、鲜明、生动，富于表现力和感染力。物业服务人员要根据讲话内容的不同，用不同的声音色彩来处理。为了使受众都能听到、听清，有时候会加大音量（除非借助话筒音响等设备），用声时一定注意气息运用，让声音更加饱满、浑厚，穿透力更强，并有效保护嗓子。

2. 嗓音与情、声、气

有一种“情取其高，声取其中，气取其深”的说法。有些物业服务人员在业主面前讲话要么过度紧张，要么满不在乎，没有“情”怎么有“义”、怎么感染别人呢？所以有必要提前让自己做好准备，调整情绪，早一点进入状态，发挥良好的精神（体会感情在用声时始终运动着的状态，这对提高有声语言表达的感染力很有帮助）。有的人，发声时状态、姿势不正确，比如下巴太用力、嗓子喊，或者胸部拘谨，导致发出的声音挤、捏、窄，沉闷、喑哑。练习的时候，我们要做到高音不喊，低音不散。只有把气、声、情互相配合、巧妙运用，才能让我们的声音吸引别人，又能保护我们的嗓子。

3. 嗓子的保护方法

坚持锻炼身体，游泳和长跑是最有效的方法，使用正确的方法坚持练声，循序渐进。

练声时，声音由小到大、从近到远、从弱到强、由高到低，避免一开始就大喊大叫损伤声带。

保证充足的睡眠是保护声带的最好措施。

生病尤其感冒的时候，尽量少用嗓子，此时声带黏膜增厚，禁止练声。

女性在生理周期或者其他原因鼻、咽、声带充血的时候，容易产生病变。

尽量少吃辛辣刺激性食物，油腻、甜黏、冷热刺激的食品也是嗓子的杀手，烟酒也要避免。

坚持用淡盐水漱口，可以消除炎症并保护嗓子。

2. 语速要适中

在交谈中，语速要快慢适中，舒张有度，注意进行必要的停顿，语速过慢或过快都有可能被理解为自己感到厌烦，也会影响谈话对象的情绪。

3. 语言要得体

既不要居高临下，盛气凌人；也不宜曲意逢迎，讨好对方。如一个物业服务人员说“快点”“你看够了没有”就很难让业主接受。要学会使用柔性语言，柔性语言表现为语气亲切、语调柔和、措辞委婉、说理自然，常用商讨的口吻与人说话，能达到以柔克刚的效果。

4. 内容要简明

说话内容要概括、精练，既抓住要点，又易于理解。不要废话连篇，不着边际，让人着急又听不明白。

5. 土语要少用

同乡或背景相似之人，使用方言才会给人以亲切感；否则，别人会听不懂你说话的意思。在多方交谈中，只要有一个人听不懂，就不要用方言交谈，否则会使其产生被排挤、冷落之感。

6. 外语要慎用

在正式的官方活动中，为了体现一个主权国家的尊严，只能使用自己国家的官方语言，然后再进行翻译。在物业服务中，除非和外国业主交谈，可使用外语，若和国内业主使用外语交流，会有卖弄之嫌，会让人反感。

二 物业服务中的礼貌用语

一个国家的人们能否正确使用礼貌用语，在一定意义上标志着这个国家的文明程度，反映这个民族的精神面貌。对个人来说，表明一个人是否有文明教养，反映一个人道德修养的水平。因此，我们每个人都要正确使用礼貌用语，它是提高思想道德素质的重要内容。

（一）基本礼貌用语

祝福用语：您真福气，祝您平安、顺意、健康，祝您全家幸福。

迎送用语：欢迎、欢迎光临、欢迎再次光临、再见。

致谢用语：谢谢您、多谢、十分感谢。

拜托用语：请多关照、承蒙关照。

拜慰用语：辛苦了、受累了、麻烦您了。

赞赏用语：太好了、真棒、美极了。

问候用语：您好、早安、午安、晚安；多日不见，您好吗？

祝贺用语：祝您节日愉快、祝您生意兴隆、祝您演出成功。

征询用语：您有什么事情？需要我帮您做什么事情？您还有别的事情吗？如果您不介意的话，我可以……吗？请您慢点讲。

应答用语：没关系、不必客气、照顾不周的地方请多指正、非常感谢、谢谢您的好意。

理解用语：深表同情、深有同感、所见略同。

道歉用语：实在对不起。请原谅。打扰您了。失礼了。完全是我们的过错，对不起。谢谢您的提醒。我们立即采取措施使您满意。

婉言推托语：很遗憾，不能帮您的忙。承您的好意，但是我还有许多工作呢。

例如，物业服务人员在走路的时候，特别是像在办公楼的走廊、楼梯上，旅馆的厅堂、电梯里“狭路相逢”，即使相互并不相识，也要打个招呼，说一声“早上好”或“晚上好”，至少也点头微笑致意。如果彼此是熟悉的，还要停下脚步来寒暄几句，问候一下“您好吗？”之类。不仅如此，“谢谢您”“对不起”“请原谅”等应是物业服务人员的口头语，要经常挂在嘴边。在工作中，物业服务人员应与这种互相以礼相待的风气相适应。

（二）常用客套语

1. 见面客套语

（1）两人见面：你好、您好。

回称：你好、您好。

（2）初次见面：久仰、久慕盛名。
回称：久仰。
（3）久别见面：久违、别来无恙。
回称：久违、好久不见。
2. 探望客套语
（1）看望他人：拜访、登门拜访。
回称：别客气。
（2）客人到来：欢迎、请进、赏光、蓬荜生辉。
回称：打扰。
（3）招待远客：洗尘、接风。
回称：不必。
（4）望客亲临：屈尊、玉趾、惠顾、光临、赏光、俯就。
回称：遵命、恭敬不如从命。
（5）陪同客人：奉陪。
回称：不客气。
（6）请客人不要客气：请便、自便、请随意。
（7）中途离去：失陪。
回称：请便。
（8）客人归去：承蒙款待、告辞。
回称：怠慢、招待不周、失敬、对不起。
（9）送客出门：慢走、走好。
回称：留步。
（10）与客握别：再见、有空常来。
回称：再见。
3. 馈赠客套语
（1）受人之赐：谢谢、感谢、破费、费心、拜谢、璧谢。
回称：不谢、不客气、应该的、笑纳、不成敬意。
（2）受人深恩：雨露之恩。
回称：不敢当。
（3）谢人恩泽：河润。
回称：过奖。
（4）谢人帮助：有劳、劳驾、多谢。
回称：不谢、不客气、举手之劳。
（5）感救命之恩：再造、再生父母、没齿不忘。
回称：应该做的、不敢。
（6）感德难忘：铭刻在心、铭心镂骨、永世难忘。
回称：不必、不必挂心。
（7）知恩必报：结草衔环、来日必报。
回称：不敢当、不必。

4. 赐教客套语

(1) 请人看稿：阅示、阅批。

回称：拜读。

(2) 受人教导：茅塞顿开、醍醐灌顶、受益匪浅。

回称：过奖。

(3) 请人改稿：斧正、雅正、呈正。

回称：班门弄斧。

(4) 请人评论：指教、指点、指正、高见。

回称：互相学习、不敢当。

(5) 请人指教：请问、借问。

回称：请讲。

(6) 请人解惑：指导、赐教、指点迷津、候教、聆教。

回称：共商、商量。

(7) 受人益言：药石。

回称：过奖。

(8) 求人办事：拜托、借光、鼎助、劳驾、麻烦。

回称：应该的、照办、不麻烦。

(9) 向人提要求：恳请、恳求、诚请。

回称：尽力、效劳。

(10) 请人回信：敬祈示复。

回称：遵嘱。

(11) 请人寄信：辱承华翰。

回称：过奖。

(12) 请人原谅：海涵、包涵、海量、抱歉、请勿见怪。

回称：好说、没关系。

(13) 自提意见：浅见、肤见。

回称：高见。

(14) 代人做事：代庖、自作主张。

回称：劳驾、费心。

(15) 伴人受益：借光、托福。

回称：哪里哪里。

(16) 谢人致问：多谢关心、有劳费心。

回称：应该的。

(17) 赞褒其事：玉成。

回称：办得不周。

(18) 托人言事：借重鼎言。

回称：过奖。

5. 祝贺客套语

(1) 贺人荣归：锦旋、凯旋、衣锦还乡、荣归故里。

回称：过奖。

（2）贺人中榜：蟾宫折桂、金榜题名、榜上有名。

回称：多谢、侥幸。

（3）贺人生日：初度之晨；福如东海，寿比南山；大寿；寿诞；华诞。

回称：何劳挂齿、多谢。

（4）贺人年高：齿德俱尊、德高望重。

回称：年老无用。

（5）贺人喜庆：恭喜。

回称：同喜、谢谢。

6. 询问客套语

（1）询问姓名：贵姓、尊姓大名。

回称：鄙姓、免贵姓。

（2）询问年龄：贵庚、高寿、青春几何。

（3）询问籍贯：府上、老家。

（4）询问职业和工作：高就、供职。

7. 雅称

（1）胖：富态、丰满、丰腴、发福。

（2）瘦：苗条、纤细、清秀。

（3）高：高挑、高大。

（4）矮：小巧、短小精悍。

（5）生病：欠安、贵恙。

（6）死：仙逝、去世、辞世。

（7）上厕所：方便、解手、洗手间、卫生间、出恭、如厕。

三 交谈的主要语言形式

交谈的主要语言形式有三类：有声语言，无声语言，类语言。

（一）有声语言

有声语言即自然语言，是发出声音的口头语言。它是以说和听为形式的语言，也称口语。

（二）无声语言

无声语言是借助非有声语言来传递信息、表达感情、参与交际活动的一种不出声的伴随语言。言谈中的无声语言以体语为主。

体语即人体语言的简称，它是以人的动作、表情、界域等来传递信息的一种无声伴随语言。这种语言在人们的言谈中运用得十分普遍。现实生活中我们所见的体语种类很多，其表现各不相同，其寓意更是复杂而深刻。言谈中最为常见的体语有表情语、目光语、界域语、首语及手势语等。

1. 表情语

表情是人内心的思想感情的面部外化，这种外化是通过面部肌肉的运动来实现的。通过面部肌肉的运动所传递的信息就是所谓的表情语。随着人内心情感的波动，人的表情会有多种呈现，如喜、怒、哀、乐、悲、愁、苦等。但在人际交往中，表情应以喜、乐为主调。作为最基本的表情，微笑被认为是人类最美好的语言。

2. 目光语

目光语是人们通过视线接触所传递的信息，也称眼神。目光微妙的变化，准确、迅速地反映着人深层心理情感的变化。如仰视，有尊敬或崇拜之感；俯视，一般表示爱护、宽容或傲慢、轻视之意；而正视则体现平等、公正或自信、坦率。

在言谈过程中，目光以温和、大方、亲切为宜，应多用平视的目光语，双目注视对方的眼鼻之间，表明重视对方或对其发言颇感兴趣，同时也体现出自己的坦诚。那种故意回避对方或闪烁不定的目光语，均会形成交谈障碍，应该予以摒弃。但当对方缄默不语，或对方失言时，不应再看着对方，以免使尴尬加剧。

3. 界域语

界域语是交际者之间以空间距离所传递的信息，它是人际交往的一种特殊的无声语言。研究表明，人体周围都有一个是属于自己的个人空间，犹如其身体的延伸，人际交往只有在这个空间允许的限度内才会显得自然。一旦冲破这个限度，就会使交往双方或某一方感到不自在或不安全。

因此，在交往中要注意与交往对象保持一定的距离，双方之间的交往距离直接反映了交往双方关系的密切程度。如夫妻、情侣的允许交往空间为 0～50 厘米，即所谓的亲密空间；朋友、熟人则可进入个人空间，距离在 50～150 厘米；在社交、谈判等场合，人们一般在 150～300 厘米这一社交空间之内觉得较为自在。在平时与人交往时，不妨根据双方关系的亲疏来决定与人交谈的距离。

4. 首语

首语是通过头部活动所传递的信息，常见的有点头语和摇头语。在世界上绝大部分国家和地区都以点头表示首肯，以摇头表示否定。专家们认为这种点头“是”、摇头“不是”的首语，是一种天生的人体行为；然而，在印度、巴基斯坦等国，点头却是一种否定信号。

在与人交谈时，头部呈中立、侧斜或垂下状的首语分别传递着不同的信息。将头保持中立状态，表明对对方的讲话无太大兴趣；将头下意识地从一侧斜到另一侧，则说明对对方的讲话有一定的兴趣；将头垂下是一种消极的人体信号，往往是对对方的讲话缺乏兴趣的表现。

5. 手势语

手势语是通过手和手指活动所传递的信息。手势作为信息传递的方式，在日常交际中使用频率很高，范围也较广泛。人们常常以拍桌表示“愤慨”，捶胸以示“悲痛”，不停地搓手表现“为难”等。这些手势语增强了表情达意的情感色彩，使语言更富有感染力。

在国际交往中，由于语言障碍的存在，人们常常借助于各种手势来促进双方的交流。

然而，相同的手势在不同的国家和地区却有着不同的语义。比如，食指和中指竖起分开呈“V”形，在西方是胜利之意，在中国则为数字“2”的手势表达。用拇指和食指合成圆圈，其余三指竖起，在美国表示“OK”，是赞扬和允诺之意，但在法国的一些地方，有时可能解释为“毫无价值”。由此看来，运用手势必须先了解其在不同国家所表达的特定含义，这样才能有效地发挥手势语的交际作用。

（三）类语言

类语言是交际过程中一种有声而无固定语义的语言，也称副语言。如说话时的重读，语调、语速的变化等。

上述三种语言形式在人际交往中被广泛使用，可以说，三者的相互作用才使人类准确而充分地表达自己的思想感情。尤其是无声语言的主要形式——体语，更是以其神奇的功能弥补着口语沟通的不足，揭示了类语言的深层含义，常使交流双方进入“此时无声胜有声”的佳境。国外心理学家测定：人们在表达思想感情时，55%的内容需要借助体语。由此可见，体语在人际交往中的重要作用。

四　交谈的主题

交谈的主题，又称交谈的话题，指的是交谈的中心内容。一般而言，交谈的主题多少可以不定，但在某一特定时刻宜少不宜多，最好只有一个。唯有话题少而集中，才有助于交谈的顺利进行。话题过多、过散，将会使交谈者无所适从。

（一）宜选的主题

在交谈之中，以下几类话题都是适宜选择的：

1. 轻松的主题

轻松的主题，即谈论起来令人轻松愉快、身心放松、饶有情趣、不觉劳累厌烦的话题。例如，文艺演出、流行时尚、美容美发、体育比赛、电影电视、休闲娱乐、旅游观光、名胜古迹、风土人情、名人轶事、烹饪小吃，天气状况等。它适用于非正式交谈，允许各抒己见，任意发挥。

2. 时尚的主题

时尚的主题，即为此时、此刻、此地正在流行的事物作为谈论的中心。以2007年为例，国内时尚的交谈主题就有党的“十七大”召开、中国人民解放军建军八十周年、庆祝香港回归十周年、北京2008年奥运会筹办开始“冲刺”等。它适合于各种交谈，但变化较快，在把握上有一定难度。

3. 高雅的主题

高雅的主题，即内容文明、优雅，格调高尚、脱俗的话题。例如，文学、艺术、哲学、历史、地理、建筑等，都是高雅的主题。它适用于各类交谈，但要求面对知音，忌讳不懂装懂，班门弄斧。

4. 擅长的主题

擅长的主题，指的交谈双方尤其是交谈对象有研究、有兴趣、有可谈之处的主题。例如，与医生交谈，宜谈健身祛病；与学者交谈，宜谈治学之道；与作家交谈，宜谈文学创作；等等。它适用于各种交谈，但忌讳以己之长对人之短，“话不投机半句多”，因为交谈是意在交流的谈话，故不可只有谈话，而难以交流。

（二）忌谈的主题

在各种交谈之中，有以下几类主题理应忌谈：

1. 个人隐私的主题

个人隐私，即个人不希望他人了解之事。在交谈中，若双方是初交，则有关对方年龄、收入、婚恋、家庭、健康、经历这一类涉及个人隐私的主题，切勿加以谈论。

2. 非议旁人的主题

有人喜欢在交谈之中传播闲言碎语，制造是非，无中生有，造谣生事，非议其他不在场的人士。其实，人们都知道“来说是非者，必是是非人”。非议旁人，反倒证明自己是拨弄是非之人。

3. 捉弄对方的主题

在交谈中，切不可对交谈对象尖酸刻薄，油腔滑调，乱开玩笑，口出无忌，要么挖苦对方所短，要么调侃取笑对方，成心要让对方出丑，或是下不了台。俗话说：“伤人之言，重于刀枪剑戟。”以此类捉弄人的主题为中心展开交谈，定将损害双方关系。物业服务人员与业主，不管是在工作中交往，还是在生活中交往，都要切记自己作为服务人员的身份，切不可与对方没有距离，以免引得业主反感。

4. 令人反感的主题

有时，在交谈中因为不慎，会谈及一些令交谈对象感到伤感、不快的话题，以及令对方不感兴趣的话题，这就是所谓令人反感的主题。碰上这种情况不幸出现，应立即转移话题，必要时要向对方道歉。这类话题常见的有凶杀、惨案、灾祸、疾病、死亡、挫折等。

5. 涉及格调不高的主题

格调不高的主题包括家长里短、小道消息、男女关系、黄色段子等。双方谈话应注意这些话题，否则会使对方觉得你素质不高、有失教养。

案例评析

李经理说话、做事非常灵活，懂得随机应变，将一件客人觉得晦气的事情扭转过来，让客人最后笑逐颜开。语言在人际交往中具有很重要的意义，很多时候由于一两句话说得不合适，会使交流的双方最后闹得很不愉快，严重影响了双方的继续交往，所以作为物业服务人员，一定要多考虑服务对象的心理感受，学会在不同场合、面对不同服务对象时选用适当的语言。

物业服务中，有许多直接与业主或服务对象用语言沟通的时候。物业服务人员一定要根据当时的具体情况，多站在服务对象的立场上，选用适当的语言与对方交流，千万不能因为自己使用语言上的失误而影响了服务质量。

任务二　物业服务人员的语言表现力塑造

案例导入

某物业公司收费窗口处，几位业主正在排队等候缴费。只听正在办理业务的一位老先生对窗口内的收费员说："多少啊？"

"689 块 5。"

"啊？多少？"老先生好像没听清楚。

"689 块 5！"收费员突然提高了嗓门，声音一下子尖厉了许多。老先生后面一位女士怀里抱着的小婴儿被这尖厉的声音一下子给吓哭了。女士非常生气，对收费员说："你怎么说话的，犯得着那么大声吗？态度怎么这么差！"别的业主也纷纷指责。

事后，当经理问起这件事时，收费员觉得很委屈，"明明是老先生没听清楚，我好心提高嗓门跟他说，现在还怪起我来了。"

问题与思考

1. 物业收费员为什么觉得委屈？你觉得她跟经理申述的理由有道理吗？
2. 如果你是物业收费员，在老先生第一遍没听清楚的时候该怎么做？
3. 如果你是物业收费员，在小婴儿被吓哭了之后应该怎么做？

知识探究

语言是人类世代习惯形成的在思维、交际、继承文化等领域最重要的信息工具，是声音形式和意义内容结合的、可以用文字形式转换的、具有创造性的复杂的符号系统，是人类最重要的交际工具。使用语言是一门综合艺术，是一个人处世能力的体现，也是事业成功的重要因素之一。

一　语言表现力在物业服务中的作用

（一）语言的表现是一门综合艺术

语言是口语的表达，是善于用口语准确、贴切、生动地表达自己思想感情的一种能力。语言虽然常被人用作发泄某种情绪的工具，但它的主要功能是沟通人与人之间的思想感情。在物业服务中，物业服务人员要想让自己的话在服务对象的思想上产生共鸣，必须考虑当时的语言环境，如场所、时机、对方的心情等。影响语言表达效果的，除了语言环境和语言本身外，语调也是不可忽视的。此外，仪表、体态和神情动作也是辅助语言，能对表达效果产生影响。总之，语言表达是一门综合的艺术，物业服务人员必须在各个方面协调，才能起到良好的语言效果，进而提升物业服务质量。

（二）语言的表现是一种处事能力

语言对物业服务人员与业主的交际有着重要的意义。在物业服务中，工作人员与业主的交往机会是非常多的。物业服务人员的社交能力的高低，在工作中，很大程度上表现为说话艺术的功夫。语言表达能力作为一种重要的社交能力，将直接决定与服务对象成功相处和协作的能力，而这种能力又直接影响着我们在物业工作上的成败。

二 语言表达的对象影响

物业服务人员面对的服务对象千差万别，面对不同的表达对象有着不同的状况，即使是同一个服务对象在不同的时境中也在发生着变化，物业服务人员如果不考虑服务对象的情况，就很难取得良好的表达效果。

（一）心理差异

服务对象的心理状况主要包括性格、气质、心境、需求、兴趣等。人的一切实践活动都是在心理活动支配下进行的，语言表达是物业服务人员与服务对象之间心灵与心灵的交流，因此，服务对象的心理状况必然会对表达过程施加积极或消极的影响。

一是不同性格、气质的人，对语言表达有不同的要求。脾气暴躁的人喜欢温和婉转的语言表达；生性怯懦的人讨厌粗暴强硬的语言表达；性格外向的人对开朗、活泼、直率的语言表达感兴趣；性格内向的人则对沉静、坦诚的语言表达易于接受。表达对象心情舒畅愉快时，就乐于接受幽默、轻松的表达；表达对象烦躁、消极时，则对镇静、安详的话题乐于接受。

二是人们不同的需求与兴趣，对语言表达的内容也有不同的期望。努力进取的人希望得到事业、工作上的指导与建议；生活困难者希望得到脱贫致富方面的消息；书画爱好者、棋迷、球迷、歌迷都会希望讲些自己爱好的事物，从而产生“兴奋点”。表达者对表达对象的兴趣需要加以充分考虑，才能在表达主体与对象间产生共鸣，奏出和弦。

（二）年龄和性别差异

一是年龄不同，人生的经历、阅历和人生体验不同，对语言表达有不同的要求。未谙世事的孩子思维直观形象，喜欢形象、简易、富于幻想色彩的语言表达；青年人生活丰富多彩，喜欢时代感强、富于哲理、节奏快的语言表达；中年人肩负事业家庭重担，注重事业、讲究务实，要求表达朴实、明快、实用；老年人的人生体验最丰富，他们喜欢稳重、含蓄、谦逊的语言表达。

二是由于生理因素和实践范围的不同，也就产生了男女不同的心态和接受习惯。表达时要针对这些差异选取不同的表达内容和方式。

（三）文化教养差异

文化教养是指服务对象的文化修养及受教育的程度。其所受教育，非专指学校教育，而是服务对象的全部知识的总和。一般来说，文化修养高的人喜爱典雅庄重的语体，注重语言表达的精确性；而文化水平低的人，则喜欢直来直去、通俗简略的表述，使用典雅语体则有卖弄之嫌。

（四）职业地位差异

职业不同的人，头脑中所储存的信息也不一样。他们往往对自己专业相关的话题较为敏感，会在自觉或不自觉中使自己的言谈带上职业色彩，这正是所谓的“三句话不离本行”。物业服务人员如果能借助于对方职业专长特点的语言，会为交谈创造良好的契机。

三 语言表达的环境影响

物业服务人员的语言表达都是在一定的语言交际环境中进行的，其具体环境是由时间、空间交织而成的。这样一个纵横交错的网络结构，形成一种特定的氛围，对物业服务人员的情绪、表达内容产生直接的影响。因此，物业服务人员必须注意与表达环境相适应，并能根据具体情况控制、设置和巧妙地利用语言表达环境，以增强语言表达效果。

影响语言表达环境的要素主要有以下四个方面。

（一）社会环境

社会环境是由时代、社会、民族、地域、文化等因素构成的，这是语言表达的宏观背景。时代是构成社会环境的主要因素。不同的时代有着不同的政治、经济、文化生活的内容和方式，语言表达必然会打上时代的烙印。语言不能与时代“共变”，就会成为落伍者；不同的民族、不同的地域有着不同的风俗习惯和文化，这也必然影响到语言表达。例如，美国人直率、中国人含蓄、德国人严谨、英国人灵活，因而对语言表达有着不同的要求。

（二）场合环境

场合环境是指语言表达的具体地点、情境，这是语言表达的微观背景。从性质方面看，场合有正式场合和非正式场合；从氛围方面看，场合有喜庆与悲痛之分；从对象方面看，场合有大小之分。场合大，声音要洪亮，手势动作可大一些；场合小，语言表达较为自由。

（三）人际关系环境

人际关系环境是指物业服务人员和服务对象之间构成的人际关系。人与人之间总是存在着一定的社会关系，如血缘关系、工作关系、朋友关系、临时社交关系等。根据不同的人际关系，选用与之适应的表达方式，才能使语言表达更贴切。物业服务人员与业主之间是工作关系，应采取较为正式、亲切而不疏远的方式进行语言表达。

（四）时间环境

时间环境就是对语言表达产生影响的各种时间因素。时间顺序有先后之别，因而对语言表达有一定的制约作用。物业服务人员在不同的时间里会呈现出不同的情绪状态，这种情绪状态直接关系到交谈内容的接纳程度。

总的来说，在物业服务中，工作人员要主动适应业主及服务对象，以对方为中心而选用恰当的表达方式。

四 语言表现力训练的要求

（一）语音规范准确

语言训练要突出其交际功能，就不能不重视对语音规范的严格要求，就不能不强调对普通话的运用。目前，市场经济的发展已经对普通话的广泛应用产生了较为显著的推动作用，专门的语言训练应当走在前面，重视普通话应用水平的提高。

吐字要清晰流畅，这一要求主要侧重于发声器官在口语表述时运动的协调性。不仅要求发声时气息的畅通，更要求吐字共鸣的准确清晰，表述内容句式完整，没有因不符合逻辑规则、不符合约定俗成模式的停顿等造成的病句以及歧义理解等不良现象。

语调要适中，说话人对声音显现的语调要自控。说话者要学会根据自己的嗓音条件，选定自己的最佳语调，不要“东施效颦”。说话的节奏也要合理，太快太慢都不合适，主要以服务对象能听清听懂为宜。

资料链接

物业服务人员“声音美”的基本标准

1. 正确清晰

正确，是指发音正确。一方面，不可读别字；另一方面，不能用“直译”方式将方言变成蹩脚的普通话。清晰，是指吐字要清楚明晰，不含含糊糊，有正确的停顿和适当的节奏，不要前言不对后语，或者结结巴巴，使人听不明或弄不懂。

2. 明快清脆

这既是指说话要开门见山，口到心到，心口一致，不故弄玄虚，快言快语，有什么说什么，又是指声音要干脆利索，爽利痛快，不拖泥带水。

3. 圆浑清亮

如果说“正确清晰”是要求声音表达科学化的话，那么，“圆浑清亮”则是要求声音表达艺术化。其内涵主要指声音流畅自然、圆浑雄厚、悦耳动听。

4. 富丽清新

这是指声音既要富于变化、丰富多彩，又要清爽新鲜、生动活泼。

5. 坚韧清越

坚韧是指声音坚实、耐久、有力、有始有终；清越是指声音宛转悠扬，给人留下深刻的甚至是难以磨灭的印象。

（二）表达要贴切

口语表述与书面文字表述其实并无本质区别，它也同样有议论、叙事、抒情、说明等分类形式，也同样要求论证周密、叙事生动、抒情贴切、说明清晰。综合而言，我们可以称之为“表意准确”。在这一要求下，表述训练务必从初始起步就严格要求，力戒似是而非、含混不清、词不达意等不良现象。

措辞要贴切，这在总体上表现为精确与模糊的辩证统一，在具体应用中又各有其不同的标准与侧重要求。在叙事和议论中，人们常常要求对事物特点、行为性质的明确界定；但有时在思想教育交谈中，对对方某些错误或不良行为进行否定时的定性用语有适度“模糊”，对某些良好行为予以肯定时的定性用语有适当“拔高”，这些情况仍然属于“措辞贴切”的范围之内。也就是说，措辞贴切应当是因时、因事、因人、因地制宜，而不能是“自以为是”地主观表述。

（三）构想周密，详略得当

口语表现实际上是一个人思维的外在体现，要加强对话题的思考能力的训练。训练中一般不允许不懂装懂、东拉西扯，在表述与交流过程中，还要注重辩证思考，即注意在对立面观点，尤其是被一致认为是错误的观点中，发现、提取其合理成分，用以完善、发展本方观点，使本方观点立于更为周密的理论基础之上。

同时要注重表述中的逻辑建构能力的训练。日常口语表述一个话题就可以自成一个小系统，而表述训练中常有的时限要求，则规定了表述者的语言必须精炼、重点突出，当详则详、当略则略，以保证口才的应用效果。

思维反应速度的训练也要加强。单向表述中，迅速完成对话题的思考和建构，要求思考与表述“接近同步”，力戒那种“茶壶里有饺子倒不出”的情况；双向交流过程中，对对方表述的内容要迅速做出反应，准确把握主旨后，做出或赞成、或否定等快速的反应。

（四）表情体态要得体

在表达中，工作人员的表情要自然。这一要求主要侧重于面部表情和眼神在口语表达过程中的有机配合训练。在语言显现过程中，人们总是自觉或不自觉地调度着面部表情和眼神，以配合口语表述，增强其感染力。表述训练对这一方面的要求则更高，不仅要求表情、眼神的自然而不做作，更要求在调度表情、眼神时“度”的把握的自觉性和准确性。

身体姿态、动作要得体，这一要求与表情的要求是一体的。态势动作和面部表情、眼神一样，在语言交际过程中，是强化语言表述效果的非语言因素的重要成分。即使是没有受过系统训练的人，在交际过程中，也常常是自觉或不自觉地选择合适的姿态，并辅以适当的手势动作。口语表述训练对这一方面的要求也可一分为二：一是如何学会自觉运用；二是表述中态势得体的“度”的把握。

五 语言表现力的运用

（一）运用语速的技巧

进行语言交流时，适当掌握语速的快慢，可以增强情绪和一定的气氛，增强语言的表达效果。语速要与情境相适应，根据语言的思想内容、人物个性、环境背景、感情语气、语言特色来处理。

（二）运用语气的技巧

语气就是说话的口气，就是语句在思想感情处于运动状态下的声音形式，有声语言的魅力主要体现在复杂鲜活的语气上。语气的表达主要从两个方面入手：一是语气的感情色彩和分量，这是语气的灵魂；二是语气的声音形式，这是语气的形象。

（三）运用重音的技巧

重音，就是在词和语句中读得比较重，扩大音域或延长声音，可突出重点，表达自己的感情。重音可分为语句重音和思想重音。物业服务人员在与服务对象交流中，对于需要特别强调的内容使用重音，以引起对方的注意。

资料链接

重音的使用

1. 并列性重音

段落、语句有并列关系的词或短语。

2. 对比性重音

对照式结构明显的句子中，通过对两种或者两种以上的事物的比较、对照，使事物的特征表现得更突出、形象更鲜明，这时需要对比重音。

3. 呼应性重音

揭示上下文呼应关系，使文章层次清晰、结构完整。有一呼一应和一呼多应，又分为问答式呼应（重音在呼和应的主要词语上）和分合式呼应（重音在领起词和并列词上，并列词的重音往往同等重要）。

4. 递进性重音

揭示语言链条的承继性，后一个重音比前一个重音揭示更深一层的含义。一般在递进复句、条件复句、假设复句、反问句等句子中运用，常见的关联词有“不但……而且（还）……”“只有……就……”“……也……”“……又……呢？”等。

5. 转折性重音

与递进性重音的发展方向是相反的，经常出现在转折复句中。关联词有“虽然……但是”“却”等。表现形式分为“轻转”和“重转”。所谓轻转，就是下一层的意思只是递进关系的反衬，转折的程度并不是很大。

6. 肯定性重音

注意这里的“肯定”是做出明确判断的意思。包括两种情况：一是肯定“是什么”；二是肯定“是”还是“不是”。肯定性重音通常和对比性重音、递进性重音、转折性重音紧密相连。

7. 强调性重音

为突出某种感情，但因感情色彩的浓淡不同，重音的表现方式也有所不同。

（四）运用停顿的技巧

停顿是思想感情运动状态的继续和延伸，而不是思想感情的终止、中断和空白。工作人员在与他人进行交流时，有停顿才能更好地传情达意。

一个完整的意思讲完之后做适当停顿，停顿时间相对较长，句尾声音顺势而落，或急收或缓收，或强收或弱收，都要停住，不能失去控制。在未完成句中，也就是在句中无标点之处，或一个意思还没有说完而中间做适当停顿，停顿时间较短，停时声停气未尽，停之前的声音或稍上扬或平拉开，停之后的声音或缓起或突起，这些处理需要视内容而定。

六　提高语言表达水平

语言表达水平，是一个人口才、学识和智慧的集中表现。有的人出口成章，语言表达极具感染力；有的人却语言枯燥乏味，甚至语言表达难以连贯。自身的综合素质和语言表达能力是最主要的原因，语言表达技巧不是一蹴而就的，而是需要长期有意识地自我培养、锻炼才能形成的。

（一）平时注意积累语言素材

积累语言素材主要是指积累词汇。积累词汇的方法是处处留心，平时读书看报、与人交谈、听课、听广播、看电视等，随时都能获得新的词汇。尤其是多阅读中外名著等优秀的文学作品，从中获得丰富多彩的词语。在词汇的学习和积累过程中，要尽量避免粗俗的用语。

（二）要经常辨析词语的特点

词语的妙用，有许多微妙复杂之处，语感的敏锐意味着用词造句又快又准，这就要求平时对每个词的词性、色彩以及相互搭配的特点等都要加以分辨。如果忽视了词语细微的差别，如把贬义词当作褒义词或中性词，把适用于书面的词语用在口头上，就有可能闹出笑话。

（三）养成遣词选句的习惯

培养遣词选句的习惯主要是要多听、多读、多写，经常接受良好的语言刺激和熏陶。如果我们多读、多写、多听，经常接受符合规范、质量较高的语言刺激和熏陶，那么无形中就养成了一种良好的遣词选句的习惯。

（四）善于运用易懂的口语

能用易懂的口语来表达深奥思想内容和丰富情感的人，往往是受公众欢迎的人，也是真正有语言表达能力和思想水平的人。因为口语化的语言表达注重词汇的通俗化，其所表达的思想内容和情感心理常体现出雅俗共赏的特点，所以易与大众心理相吻合，这样也易于为大众接受、运用和传播。那种在公众场合只会咬文嚼字，用专业术语或行话表达的人，只能给公众留下自命清高、酸腐十足的印象。

（五）语言表达要声情并茂，抑扬顿挫

言为心声，体表其情，口体相辅，只有动之以情，晓之以理，语音抑扬顿挫，有节奏感，才能达到表达效果。

七 服务用语表达技巧

在物业服务的语言表达中，应尽量避免使用负面语言。比如，“我不能”“我不会”“我不愿意”“我不可以”等，这些都叫负面语言。如果向服务对象说出一些负面语言的时候，服务对象就感到你不能帮助他。物业服务人员应该告诉服务对象，能够做什么，而不是不能做什么，这样就可以创造积极的、正面的谈话氛围，但这并不意味着不是服务对象说什么就是什么。

（一）没有“我不能”

当你说“我不能”的时候，服务对象的注意力就不会集中在你所能给予的事情上，他会集中在“为什么不能”“凭什么不能”上。

正确方法：“看看我们能够帮你做什么”。这样就避免了跟服务对象说“不行”“不可以”。实际上你表达的意思是一样的。

（二）没有“我不会做”

如果说“我不会做”，服务对象会产生负面感觉。

正确方法：“我们能为您做什么？”“我可以帮您做什么？”；或者告诉服务对象，你可以解决一些小的问题，但是太大的问题还需专业人员来解决；或者“我可以帮您分析一下”“我可以帮您看一下”。

（三）没有“这不是我应该做的”

正确方法：“我很愿意为你做”。

“这不是我应该做的”，这句话是服务对象服务用语中很忌讳的一个问题。

比如说业主从外地出差回家，带了很多行李放在小区门口，希望有人帮他看一下，而他找到的工作人员说：“对不起，这不是我应该做的，我不负责这个事情”，那么业主就会认为自己好像不配提出这种要求。因此，作为物业服务人员来讲，随时随地都需要做一个表态。可能你真的做不了，但你在告诉他为什么做不了之前，一定要表明一个态度——

“我非常希望能够帮助您，不过这件事情，我们公司有专人负责这件事情，我可以给您一个电话，或者我帮您打一个电话，跟他联络，让他帮您解决，您看好吗?”

（四）没有“我想我做不了”

正确方法：告诉服务对象你能做什么，并且非常愿意帮助他们。

在服务语言当中，没有“我想我做不了”或“我想我可能干不了”。当你说“不”的时候，你和服务对象之间的沟通马上就陷入一种消极的气氛中。因此，需要先表明一种愿意服务的态度，然后再把不能够提供的事情讲出来，如果你有可能提供一些折中方案的话，要提前说出，应避免直接回绝服务对象。

（五）没有“但是”

在沟通中有一个很重要的法则叫做“Yes Yes But”，等于“不”。很多人都认为，很婉转地表达不同观点的最好方式是“Yes Yes But”。实际上，说“但是”等于前面说的话全都否定了。比如，“你穿的这件衣服真好看，不过……”，“不过”就把前面说的那句话又收回来了。因此，现在比较忌讳说“但是……”，不要让服务对象感觉到你的语言表达是一种外交辞令。

（六）有一个“因为”

要让服务对象接受你的建议，应该告诉他理由，当你不能满足服务对象要求的时候，要告诉他原因，很多时候服务人员直接回绝服务对象：“对不起，不行”“对不起，不可以”，服务对象马上就会问“为什么不可以呀?”因此，在服务对象服务语言中有一个“因为”，这一点至关重要。

（七）魔法词汇

(1) 您需要我帮您做什么吗?(你是在“帮助”，而不是“兜售”)。
(2) 我们可以解决这个问题。
(3) 请稍等，我会尽力找到答案。
(4) 我们会承担责任。
(5) 我们随时提供最新信息。
(6) 我们会按期提交。
(7) 我们将为您提供完整的服务。
(8) 很感谢您选择我们办理业务。

资料链接

物业服务人员参与谈话的技巧

(1) 微笑。交谈时，微笑是友好和接受的标志。许多人只注意不停地谈话，而不注意脸上无所谓或不友好的表情，往往使谈话达不到预期的效果。

（2）注意准备聆听的姿态。应全神贯注地面对讲话人端坐或站立，表示做好了接受别人谈话的准备。站立时，可以两脚平行放置，重心在两脚之间，双臂、双腿不要交叉。坐着时，尽力挨着桌子坐，说明对话题很感兴趣。

（3）身体要倾向讲话者。身体不要向后仰，但也不要离得太近。在交流时，身体不时前倾，表示在专心听对方讲话。

（4）音调不能太低，也不要盲目大声。以对方能听清，又不干扰他人为宜。

案例评析

物业收费员为了让业主听清楚而提高嗓门，反倒遭到了投诉，所以她感觉受了委屈。实际上，她没意识到自己的服务语言是不符合服务岗位要求的，因此而造成了对他人的干扰，所以她并没有充分的理由跟经理申述。在老先生第一遍没听清楚时，收费员可以适当地提高下嗓门，说话语速放缓一点，老先生也就能听清楚了，没必要一下子把声音提高许多。如果因为自己的疏忽，没考虑到不恰当的声音对别人的干扰，但是当干扰已经发生了的时候，收费员一定要主动道歉、安抚业主及婴儿，而不能置之不理。

任务三 物业服务人员的言谈技巧

案例导入

维修工小张接到报修空调的电话，立刻赶到业主房间，只拨动了几下空调开关，空调马上吹出了冷气。于是小张便对业主说："先生，这空调没有坏，可能刚才您使用不当，您看，现在机器运行正常。"

"什么？没有坏，我使用不当？"业主听了小张的话很不高兴。

小张意识到自己说话不妥，可能伤害了业主的自尊心。马上冷静下来改口说："哦，我再仔细检查一下。"一面说，一面赶紧拿起工具，打开空调机盖，这里拧一下，那里拨一拨，四五分钟后，盖上机盖说："先生，这空调刚才确实是有点毛病，但问题不大，现在修好了。"

"这就对了，没坏我怎么可能找你们来维修呢？谢谢您啦。"业主的态度马上转变，非常客气地将小张送出房间。

问题与思考

1. 当小张说空调不运行是因为业主使用不当时，业主为什么很不高兴？

2. 在当时的情境下，业主的心态是怎样的？服务人员应该从哪些角度去考虑满足业主的这种心态？

知识探究

古人说："舌为利害本，口是祸福门。""良言一句三冬暖，恶语伤人六月寒。"这几句话是说，言谈既可能促进事业成功、生活如意，也可能伤害别人、招来灾祸。所以，言谈技巧在礼仪交往中显得尤其重要。

一　提问的技巧

提问是引导话题，展开交谈的一个好方法，也能够巧妙地表达自己的观点和意见。

（一）提问的功能

提问有三种功能：一是通过发问来了解自己不熟悉的情况；二是将对方的思路引到某个要点上；三是打破冷场，避免僵局。发问首先应注意内容，不要问对方难以应对或是难以启齿的隐私，或是大家都忌讳的问题等。

（二）一般的提问技巧

一般而言，交谈中提问要注意如下几个方面。

1. 注意提问方式

不同的人有不同的性格，同时还存在着学识水平、人生阅历、生活背景和文化传统上的不同，提问过程中，也应当把这些因素考虑在内，以适合提问对象的方式进行提问。

2. 注意提问时机

提问者要准确地掌握交谈进程，尽量不要打断交谈，若遇到可能冷场的情况，则可通过提问活跃气氛，改变局面。若一个话题已经谈得差不多了，可以通过提问来转移话题。

3. 注意提问话题

提问题要注意内容不能太散，或者过于含糊笼统，要有中心，要抓住问题的关键。有些敏感性问题，正面提问往往效果不佳，那么则可将其转化分解为具体问题，侧面进行提问。

物业服务人员在提问过程中还要避免使用带有盘问式、审讯式、讽刺性的语言进行提问。特别是在遇到业主没有认真回答问题或其他特殊情况，要注意克制自己，不要失去礼貌，更不能与业主争吵。

（三）提出异议的技巧

物业服务人员保持与业主的良好关系是顺利完成工作的重要前提。与业主保持良好的关系，是与工作人员富有创造性、富有成效的工作相一致的，你能尽职尽责，就是为业主做了最好的事情。但是，有时候我们对问题有自己的见解和想法，也许你的想法与业主是冲突和抵触的，这时如何才能做到既提出异议，又不冒犯业主呢？

1. 选择时机

在找业主阐明自己的不同见解时，如果可能，先向周围的人了解一下这位业主的心情如何是很重要的。即使找不到相关的人了解情况也不要紧，只要掌握几个关键时间就行了：当业主很匆忙时，千万别去打扰他；当他正心烦意乱而又被一大堆事务所纠缠时离他远些；午饭之前以及度假前后，都不是合适时间。

2. 先消了气再去

如果你怒气冲冲地找业主提意见，很可能把他也给惹火了。应当使自己心平气和，就事论事地谈问题。在业主的眼里，一个对自己持有怀疑态度，充满成见的服务人员，是无论如何都无法使他认可的。

3. 鲜明地阐明争论点

当业主和他的服务人员都不清楚对方的观点时，争论往往会陷入僵局。因此工作人员提出自己的见解时必须直截了当，简明扼要，让业主一清二楚。

4. 提出解决问题的建议

不同的观点很容易产生分歧，更容易让业主认为服务人员不认可自己。但是如果工作人员在提出不同意见时，能提供一些即刻奏效的办法，或提出一些对解决问题有参考价值的看法，会让对方很高兴。让业主在多项建议中做出选择，会使他感到非常舒服，是一种高明的提建议技巧。

二 应答的技巧

在交谈过程中，有问也要有答，我们回答别人的问题也须把握和遵循一定的礼仪要求。

（一）回答的技巧

1. 坦诚回答

这是起码的礼仪要求，即坦然诚恳地回答别人提出的问题，不能对别人提出的问题听而不闻或者简单应付，更不能冲动甚至发脾气。要尊重提问者，尽可能地给别人一个满意的答复。

2. 灵活回答

在交谈过程中，常常遇到别人提出的一些尖锐敏感的问题，甚至不易正面回答的问题或者不宜公开的问题。这时可以以幽默的方式避其锋芒，也可以用精彩的言辞灵活回答。

3. 出言谨慎

在回答别人的提问时要出言谨慎，所回答的话只要能清楚地表达出自己的意愿就可以了，不必添枝加叶，更不能随意发挥，甚至任意夸大。

此外，回答问题时的要求还包括言辞要诚恳，态度要和蔼，表情要自然，而且说话要留有余地等。

（二）反驳他人观点

反驳一般是指在人际交往活动中由于对某个问题产生意见分歧，为了明辨是非真伪或优劣得失而对对方的观点所展开的争辩。反驳实际上是思想上的交锋、观念上的碰撞，而不是对人身的攻击。

但是反驳他人的意见实际上是对他人的观点提出否定，这可能会让对方十分不悦、难以接受。所以要反驳他人必须考虑到对方的感情，并妥善地加以处理，得体地予以应付，因而就必须注意遵循以下基本要求。

1. 言之有理，合乎逻辑

所谓言之有理，首先要求在对他人进行反驳时，自己在语言表达上应当合乎逻辑，即遵从一定的逻辑规律，不能不着边际地乱说一通。其次是在反驳他人的观点时，应当有比较充分的理由或论据，绝不能在不占有任何材料的基础上空发议论。

2. 灵活温和，有理有节

从方式上看，应当力求采取一些机智灵活、婉转温和的方式来反驳对方，不要发生激烈争辩，更不能苛责他人。在措辞上也应力求得体，本着商讨问题、达成共识的原则来反驳对方，不应生硬尖刻。

3. 忌势压人，知错便改

既然反驳是为了澄清事理，那么这一环节要本着“对事不对人”的原则，绝不能以势压人，硬要对方接受自己的观点，更不能以不文明的举止来攻击、刺激对方。如果在交谈辩驳的过程中，随着认识的不断深入，发现是自己在认识上出现偏差，那么绝不能抱着“死不认账”的态度，而要有勇气承认自己的错误，及时主动地平息争辩。

（三）说服的技巧

说服是改变对方原有意见、思想及态度的一种语言技巧。在物业服务工作中，出于物业公司和业主各自的利益考虑，决定了双方在交谈中不可能处处都能达成共识，常常会就某一问题产生意见分歧。在这种情况下，接受自己或公司的建议，除原则性问题外，可采用适当的说服方法来缓解和解决矛盾冲突。

1. 先肯定后否定

对不同的意见，先肯定后否定；或在肯定的基础上局部地否定。对对方意见中合理的部分加以赞扬，不妥当的部分加以指明和纠正。这样的否定，要比一开口就直接否定更容易让对方接受。不管是肯定还是否定，都必须要客观公平，有利于双方的利益，这样的说服才能易于让对方心悦诚服。

2. 以数据讲话，以事例服人

数据是说服过程中最有利的工具，听者更相信具体可查的东西，并由此产生对说话者的信赖。

3. 通过对比说服

将双方的观点进行相互比较，通过对比证明对方思路有失偏颇、存在漏洞，同时阐明自己的正确观点，让对方在对比中权衡利弊，使其最后放弃自己的观点。注意语意要明晰，语气要委婉，神情要平和。

（四）拒绝的技巧

人生是不断地说服他人，以寻求合作的过程；反过来也可以说，人生又是不断地遭到拒绝和拒绝他人的过程。在社会交往中，一般来说，拒绝的话很难出口，然而，有时候又不得不拒绝对方，这就要求要掌握拒绝的技巧。

1. 态度要和蔼

拒绝总是令人不快的，特别是物业服务人员拒绝业主的要求时，不能盛气凌人，要以同情的态度、关切的口吻讲述理由。在结束交谈时，要热情握手，热情相送，表示歉意。

2. 语气要委婉

虽然说“不”或“行”要明确表示，却也不是叫你毫无顾虑地就表达态度。语气强硬地说“不行”“没办法”，会伤害对方的自尊心，甚至遭来对方的怨恨，尤其是当被拒绝的对方是客户时，说话更要留有余地。

3. 要顾及对方的自尊

拒绝时不要伤害对方的自尊心，特别是对你有恩的人，来拜访你请你帮忙，的确是非常难以拒绝的。不过，只要你能表达尊重对方的意愿，率直地讲出自己的难处，相信对方也是会谅解的。

4. 让对方明白自己的处境

一般来说，一个人有事求别人帮忙时，总是希望别人能满足自己的要求，却往往不考虑给他人带来的麻烦和风险。如果让对方设身处地去判断，这样会使提出要求的人望而止步，放弃自己的要求。

总之，拒绝对方，要给对方留一个退路，也就是给对方留面子，要能让他自己下台阶。你必须自始至终很有耐心地把对方的话听完，当你完全听完对方的话后，心里应该有了主意，这时再来说服对方，就不会使对方难堪了。

有时候，拒绝并非就此结束，仍需你努力善后，才会有一个良好的结局。如果这时候，你不气馁，不报怨，重视善后工作，下一次交涉就有可能获得成功。

三 赞美别人的技巧

赞美是人际关系中非常重要的润滑剂。这不但使人感到舒心与振奋，而且使人觉得被肯定与重视。然而，绝大多数的人并非赞美的高手，他们只知道赞美的重要，却不谙赞美的技巧，不着边际的称赞，其结果只会适得其反。

（一）必须真诚

赞美必须是真诚的，这是赞美的先决条件。只有发自内心的赞美，才能显示出它的光辉。其一，赞美的内容必须是对方所拥有的、真实的，而不是无中生有的，更不能把人家的缺陷和不足作为赞美的对象。比如对一个胖子说：“呀，你真苗条!”或对一个大嘴的人说：“看，你的小嘴多可爱!”还有比这更糟糕的赞美吗？其二，赞美要真正发自内心，要情真意切。

言不由衷的赞美无疑是一种谄媚，最终会被他人识破，只能招致他人的厌恶和唾弃。

（二）赞美要适时

交际中认真把握时机，恰到好处的赞美，是非常重要的。一是当你发现对方值得赞美的地方，就要善于及时大胆地赞美，千万不要错过机会；二是在别人成功之时，送上一句赞语，犹如锦上添花，使得被赞美者心情格外舒畅。

（三）赞美要适度

古人说的好："过犹不及"。赞美的尺度掌握得如何，往往直接影响赞美的效果。恰如其分、点到为止的赞美才是真正的赞美。使用过多的华丽辞藻，过度的恭维，空洞的吹捧，只会使对方感到不舒服、不自在，甚至难受、肉麻、厌恶，其结果往往适得其反。

（四）捕捉可赞之处

人人都有长处，都有闪光点。有些人很少去赞美别人，其中一个重要的原因就是他们看不见别人值得赞美的地方。其实，只要你细心地观察，就不难发现别人值得赞美的内容。比如，美丽的服饰、动听的歌喉、有趣的爱好、高尚的人格……有时，甚至一句话、一个动作都可以成为赞美的对象。总之，凡是与对方有关的美好东西都可以成为赞美的话题，关键还在于你是否有一双敏锐的眼睛。

四　与陌生人交谈的技巧

与陌生人开口交谈是人际交往中最重要的步骤之一。处理好这一步骤可以使人结识很多有趣的朋友。处理不好会引起尴尬，失去很多机会。首次谈话，如何取得对方的好感与信任，并能产生共同的语言，这对后续交往能否顺利十分重要。

（一）主动自我介绍

能够主动地把自己的情况较全面地介绍给对方，要使对方从你的自我介绍中了解到你的工作、这次交谈的目的、所要了解的主要问题以及要达到的基本目的。

（二）巧找话题

交谈中找话题的方式多种多样，下面介绍几种：

1. 问路法

由于第一次交谈，不了解对方的情况，这样可以采取投石问路的办法，向交谈对方提出一些问题，观察对方对提出的那些问题是否感兴趣，然后根据对方的反应再谈，逐渐引到正题上来。还要善于找话题，不要牵强附会地提问题。

2. 即兴法

交谈双方都没有话了，这时要机智一些，可以借用此时、此地的某些材料为题，借题发挥，引发交谈对方谈话的兴趣。

3. 重复法

这是在对方把该讲的问题都讲完了，再没有什么可说的情况下，把对方没有讲清的问题，请他再谈一谈，特别是对一些重要的问题，必须运用这种方法搞清楚，不然会影响你的工作效果。

4. 归纳法

第一次交谈，双方都不很了解，即使你事先做了些调查研究，情况也不一定掌握得很多很全，交谈中对方可能给你提供出许多线索，因此，要在听取对方谈话的前提下，将对方谈的问题进行归纳、提炼，然后再总结出新问题提出来，请对方给予回答。

五 弥补言行失误

在现代生活中比较注重的是礼仪问题，服饰打扮、举止言谈、气质风度、文明礼貌，这些无一不在影响着你的形象，决定着你的前程和命运。由于举止得体，你在与人交谈中赢得了别人的尊重，获得了一个好的发展机会。反之，如果你不注重礼仪，可能由于举止言行的某一个失误，导致终生遗憾。那么，在你言行出现失误的时候，你该怎样弥补这一过失呢？

（一）及时纠正

每个人的言行不可能永远正确，当你因一时失误，应及时纠正，这才是明智之举。

资料链接

一次，美国总统里根访问巴西，由于旅途疲乏，年岁又大，在欢迎宴会上，他脱口说道："女士们，先生们！今天，我为能访问玻利维亚而感到非常高兴。"

有人低声提醒他说溜了嘴，里根忙改口道："很抱歉，我们不久前访问过玻利维亚。"

尽管他之前并未去玻利维亚。当人们还来不及反应时，他的口误已经淹没在后来的滔滔大论之中了。这种方法，在一定程度上避免了当面丢丑，不失为补救的有效手段。

（二）及时移植

及时移植，就是把错话移植到他人头上。如说："这是某些人的观点，我认为正确的说法应该是……"这就把自己已出口的某句错误纠正过来了。对方虽有某种感觉，但是无法认定是你说错了。

（三）及时引申

迅速将错误言词引开，避免在错中纠缠。就是接着那句错误的话之后说："然而正确说法应是……"或者说："我刚才那句话还应作如下补充……"，这样就可将错话抹掉。

（四）借题发挥

借题发挥就是错话一经出口，在简单的致歉之后立即转移话题，有意借着错处加以生发，以幽默风趣、机智灵活的话语改变场上的气氛，使听者随之进入新的情境中去。

资料链接

一位男性业主到物业公司办公室找办公室主任了解房屋改装事宜，办公室王主任热情地接待了他。这位先生递过来一张名片给办公室王主任。王主任匆匆一瞥，脱口说道："滕野先生，您作为日本人，抛家别舍，来华创业，令人佩服。"那人微微一笑："我姓滕，名野七，地道的中国人。"王主任面红耳赤，无地自容，片刻后，诚恳地说道："对不起，您的名字使我想起了鲁迅先生的日本老师——藤野先生。他教给鲁迅许多为人治学的道理，让鲁迅受益终生。希望滕先生日后也能时常对我们的工作提出指导。"滕先生面带惊奇，点头微笑。

（五）将错就错

将错就错这种方法就是在错话出口之后，能巧妙地将错话续接下去，最后达到纠错的目的。其高妙之处在于，能够不动声色地改变说话的情境，使听者不由自主地转移原先的思路，不自觉地顺着我之思维而思维。

六　交谈中的局面控制

（一）避免"冷场"

与人交谈，一个话题谈完了，如果两人不善言谈，而另一个话题又没接上，那么，就有可能出现"冷场"的尴尬局面，别人会显出局促不安的神态，你也会无所适从。

一般来说，冷场分为两种情况：一种是单向交流时，听的人毫无兴趣，注意力分散；另一种是双向交流时，听者毫无反应，或仅以"嗯""噢"之类应付。不管是哪种情况出现的冷场，根本原因都在于听者不愿听说话人所说的话，听者仅仅出于纪律的约束或处世的礼貌而扮演一个"接受"的角色。

发言者如要发言，必须实施控制，避免冷场的发生。避免和控制的办法有以下几种。

1. 发言简短

单向交流中那种应景式讲话，越短越好；双向交流中，任何一方都不要滔滔不绝地"包场"，要有意识地给对方留下发言的时间和机会。自己一轮讲不完，应待对方有所反应后再讲，不要一轮就讲得很长。

2. 变换话题

单向交流的话题变换是暂时的，所变换的话题是为了吸引听者的注意力，调动他们的兴趣。这一目的达到后，仍要回到原有话题的轨道。比如教师在讲课过程中发现学生精力分散，东张西望、打瞌睡、窃窃私语、在桌上乱画，可以暂停讲授，穿插几句应景、时髦、诙谐的话；或者简短地讲个与教学多少相关的故事、趣闻，学生的精力便会一下集中起来，之后再继续教学。

双向交流的话题变换是不定的，根据现场情况随时进行。比如你与别人谈今日凌晨看的一场世界杯足球赛电视直播，可别人并不喜欢足球，也没有在半夜里爬起来观看，对你所议显得毫无兴趣，出现冷场。这时，你就应及时将话题转移到其他方面去。

3. 中止交谈

任何人在交谈时都不希望听者不愿接受。这种情况出现后，自己又采取了诸如简短发言、变换话题等控制手段，仍然不能扭转冷场的局面，那就应中止交谈。没有人接受的交谈是无意义的，既白白耗费自己的精力，又无端浪费别人的时间。

（二）控制搅场

搅场就是扰乱、打搅交流活动的现场。这种情况主要出现在单向交流中，如上课、作报告、大会发言、演讲等场合。表现是听众开小会、串座位、随意进出、喧哗、嘲笑、喝倒彩、吹口哨、瞎鼓掌等。

搅场出现的原因有三种，要区别不同原因，采取不同的措施：

（1）听者本就对发言者有成见，是反对派。听者之所以来听，就是想来钻空子、找岔子，不管你怎么说，他都要搅。

对待这种场面的方法是：坚定信心，置若罔闻。

（2）发言者思想、学术、业务等水平不高，听者觉得听下去是浪费时间。对待这种场面应该谦虚谨慎，自剖自责，以诚恳的态度赢得他人尊重。

（3）发言的内容完全不合听者之意。这时，可采取幽默风趣、生动活泼的方式。

七 交谈中的禁忌

（一）开玩笑禁忌

朋友、熟人之间适当开开玩笑，可以活跃气氛、融洽关系、增进友谊。但开玩笑一定要适度，注意下面一些禁忌。

1. 忌男女无别

男性与女性对语言情境的承受能力是不同的。一般来讲，男性对语言情境的承受能力较强，一般的玩笑不会导致男性的难堪；而女性对语言情境的承受能力较弱，一般的玩笑常使女性感到难堪。所以，切不可过分地和女性开玩笑，使女性感到难堪，下不来台。

2. 忌长幼无序

开玩笑，也要注意长幼关系。长者对幼者开玩笑，要保持长者的庄重与身份，使幼者不失对长者的尊敬；幼者对长者开玩笑，要以尊敬长者为前提，切不可把长者本身的缺点或不足当笑料。

3. 忌不分亲疏

一般情况下，与自己比较亲近、熟悉的人在一起，开玩笑是可以的。但与自己比较疏远、陌生的人在一起，就不宜开玩笑。因为可能会在开玩笑中“冒犯”了人家，引起反感，不利于今后的互相了解和友谊的发展。

4. 忌揭人短处

每个人在生理上、心理上、行为上或能力上，都可能有不足之处，这些不足会使自身感到遗憾、烦恼或痛苦。一个有良好道德修养的人是不会把人的这些不足之处当笑料的。

5. 忌不注意身份

人在复杂的社会关系中，所处的社会地位是经常变化的，身份也随之变化，所以在开玩笑时，要注意把握好分寸，不要有失身份。

6. 忌不注意场合、环境

一般来讲，严肃、静穆的场合，言谈要庄重，不能开玩笑；而在喜庆的场合，则要注意自己所开的玩笑能否给喜庆的环境增添喜悦的气氛。工作时间，不宜开玩笑，以免因注意力分散而影响工作。

7. 忌不顾对方性格和心境

性格不同，决定开玩笑的内容、方式和情境也不同。一般情况下，与性格开朗、大方、豁达、健谈的人开玩笑时，可以在内容、方式和情境上更广泛一些。对那些性格内向、多思多疑的人，一般不要开玩笑。同时，要注意当对方心情愉快时，可以适当地多开玩笑；当对方心情郁闷、情绪低落、不爱交谈时，就不宜开玩笑。

（二）沟通禁忌

人与人之间的交谈是一种双向的沟通。交谈的内容，交谈的姿态、表情以及许许多多并不为人所觉察到的交谈因素，都有阻碍交谈的可能。许多不正确的交谈方式，常常是使交谈无法维持的一个根本原因。

1. 忌居高临下

不管你身份多高、背景多硬、资历多深，都应放下架子，平等地与人交谈，切不可给人以“高高在上”之嫌。

2. 忌自我炫耀

交谈中，不要炫耀自己的长处、成绩，更不要或明或暗拐弯抹角地为自己吹嘘，以免使人反感。

3. 忌心不在焉

当你听别人讲话时，思想要集中，不要左顾右盼，或面带倦容，或连声呵欠，或神情木然，或毫无表情，让人觉得扫兴。

4. 忌节外生枝

要扣紧话题，不要节外生枝。如当大家正在兴致勃勃地谈论音乐，你突然把足球赛的话题塞进来，显然不合适。

5. 忌搔首弄姿

与人交谈时，姿态要自然得体，手势要恰如其分。切不可指指点点、挤眉弄眼，更不要挖鼻掏耳，给人以轻浮或缺乏教养的印象。

6. 忌打断对方

双方交谈时，上级可以打断下级；长辈可以打断晚辈；平等身份的人尽量不要打断对方谈话。如果有紧急事件发生，或确实有必要打断对方，要在对方说话的间歇，以婉转的语气，很自然得体地将自己的话简短说出，如“你讲的的确有道理，不过请允许我打断一下”或“请让我提个问题好吗?”……这样就不会让人感到你轻视他或不耐烦了。打断他人需征得对方同意，但对陌生人的谈话是绝对不允许打断或插话的。

7. 忌质疑对方

对别人说的话不随便表示怀疑。所谓防人之心不可无，质疑对方并非不行，但是不能写在脸上，这点很重要，否则，就容易带来麻烦。质疑对方，实际是对其尊严的挑衅，是一种不理智的行为。人际交往中，这样的问题值得高度关注。

8. 忌纠正对方

“十里不同风，百里不同俗。”不同国家、不同地区、不同文化背景的人考虑同一问题，得出的结论未必一致。一个真正有教养的人，是懂得尊重别人的人。尊重别人就是要尊重对方的选择。除了大是大非的问题必须旗帜鲜明地回答外，人际交往中的一般性问题不随便与对方论争是或不是，不要随便去判断，因为对或错是相对的，有些问题很难说清谁对谁错。

9. 忌补充对方

有些人好为人师，总想显示自己知道得比对方多，比对方技高一筹。出现这一问题，实际上是没有摆正位置，因为人们站在不同角度，对同一问题的看法会产生很大的差异。

资料链接

如何与外国人交谈

物业人员与外国人交谈时，要在谈话前尽可能了解对方所属国家、地区的基本情况，与中国关系现状等，以便做到心中有数，有的放矢，以免闹出笑话甚至引发难堪。

1. 区别对象，因势利导

业主来自不同的国家和地区，由于国度、文化、信仰、职业、社会地位差异，他们的兴趣、关心的问题、对华态度也不尽相同，交谈中选择什么样的话题，采取什么样的语言和口吻都应有所不同。注意使用解释和概括的方法，因时、因地、因人制宜，知己知彼，随机应变，有的放矢地交谈，使对方尽快领会谈话意图。

2. 恰当话题，轻松引入

不同的文化背景与民族习性及个性差异，使人有不同的兴趣爱好，要使交往愉快，就必须选择双方感兴趣的话题，如体育赛事、社会热点、电影娱乐、流行时尚等一些公共话题。如果自己缺少广博的知识和控制谈话的能力，可以听外国人谈，一般欧美人都较健谈。你可以询问他们国家的人和事，这往往使对方感到亲切和自豪，他会滔滔不绝地讲述，你也长了许多见识。

3. 态度真诚，虚心倾听

听人说话，要聚精会神，同时要作出积极反应。有什么想法和感受，通过点头、微笑、手势、体态等表现出来，不要似听非听、东张西望、心不在焉、看手表，不要显出不耐烦的样子。即使不同意人家的意见，一般要耐心等他们把话讲完，然后阐明自己的意见。谈话时，不要过早下结论，过早表态会使交谈中止。如对他人谈话不感兴趣，且十分厌烦，可设法巧妙地转移话题，切忌粗暴地打断人家讲话。

4. 落落大方，褒谦适当

同外籍业主说话时，语言优美，表情自然，语气谦和，语调平稳。称赞对方不宜过分，过分则有讨好之嫌；自谦也要适当，谦虚是美德，但过分谦虚则有虚伪成分。

5. 注意忌讳，顺乎人意

不同国家各有自己的风俗习惯和宗教信仰，有的差异很大。如西方人讨厌别人打听女性年龄、收入、婚姻、学历、胖瘦、体重等问题；日本人和德国人不愿意提起第二次世界大战、法西斯等话题；阿拉伯人不喜欢关于女人、他的妻子或者和“猪”有关的话题等。

6. 妙趣横生，诙谐适度

语言是表达思想，交流感情的工具。交谈者要力求自己的语言生动活泼，幽默感人，使人乐意接受。幽默的谈吐使人感到被理解和受启发，也使气氛轻松、融洽、利于交流。幽默是一种性格特征，又是一种外事活动的技能，谈吐幽默的人往往受到欢迎。

7. 实事求是，讲究诚信

对外谈话要符合实际，不要讲大话、空话。谈方针政策，不强加于人；谈建设成就，要实事求是；谈人民生活，注意发展变化；谈存在问题，要谈解决办法，表明前进信心。自己不知道或不清楚的事，不要随便答复；没有把握的事，不要允诺；答应人家的事情一定要做到。总之做到言必有据，言必有信，言必有利。

8. 文化差异，小心慎重

东西方国家和民族由于不同的文化造成的沟通差异及障碍是随处可见的。欧美人遇见女士往往说：“你真迷人!”或“你真漂亮!”以此来博取女士好感，女士也欣然接受。中国女士和男士都较内向和含蓄，直截了当地说有些女士还接受不了。在我国，朋友见面常说：“天气冷了，多穿点衣服。”这是关心。但外国人可能会不高兴，并认为：“我又不是孩子，还要你来指导教训!”

中国人重视朋友间的关怀，而西方人则强调个人独立，尊重隐私。所以在与外籍业主交谈中，应特别慎重地对待建议或劝告，多了解对方的观念习惯，有利于交谈。

案例评析

小张直截了当地说业主使用不当，业主会觉得自己很没面子，所以不高兴。很多服务对象与服务人员之间有微妙的关系，服务人员要尽量满足服务对象的荣誉感和自尊心，让对方有个台阶，给对方留面子。

项目小结

在物业服务中，服务用语是用来完善接待业主、做好物业服务工作及营建和谐社区的重要手段。物业服务人员通过规范服务用语来塑造自己的语言表达能力，与业主进行交流沟通，有助于处理好日常工作。这不仅能给工作带来很多便利，也是营建和谐社区的基础，更能树立物业公司的良好公众形象。

职业实训练习

一、选择题

1. 在人际交往中，目光仰视一般传递了（　　）含义。

A. 尊敬或崇拜　　B. 爱护、宽容或傲慢、轻视

C. 平等、公正　　D. 自信、坦率

2. 业主感谢物业服务人员提供周到的服务时，会衷心地说“非常感谢”，这时物业服务人员应回答：（　　）

A. “不用谢，这是我应该做的。”　　B. “这是我的职责。”

C. “能为您做点事是件令人愉快的事。”　　D. “这是公司的要求，您不用客气。”

二、综合案例分析题

案例名称	小红的心事
工作任务	小红是一位非常聪明的姑娘，性格开朗大方，对人坦诚，喜欢帮助别人，心中装不下事情，特别是自己的一些事情总喜欢说与同事听，刚开始同事都很喜欢她，但时间长了，都开始躲着她，她很不理解，索性调到了另一个单位，可过了一段时间，又出现了相同的情况。 小红非常苦恼，为什么我对别人那么真诚，别人却不喜欢我呢？
完成时间	15 分钟。
任务目标	了解语言交流中容易犯的错误。
任务要求	1. 为什么大家都不喜欢小红？ 2. 作为物业服务人员，小红的遭遇给你什么启示？在今后工作中该如何做才能避免出现这种情况？
研讨内容	
研讨成果	
讨论过程	
自我角色	
自我评价	
小组评价	
教师评价	

三、思考题

1. 在物业服务中，如何理解语言交流的“求同存异”这一规则？

2. 什么叫界域语？物业服务人员在与业主交流时适宜采用多大的界域范围？

3. 角色扮演：两名同学分别扮演物业服务人员和业主，就业主所提出的小区道路卫生差的问题进行交流。

4. 在语言交流中，说服别人的技巧是什么？

5. 为什么赞美在语言交流中很重要？怎样赞美他人才不会显得生硬牵强？

项目四

物业服务人员的交际礼仪

职业要求

物业服务人员在工作中要具有一定的与人交往的能力，能够和谐友好地与他人相处，掌握与人见面时及日常交往时应遵循的交际礼仪规范，在与业主的工作交往中创造出和谐融洽的气氛，建立、保持、改善相互之间的关系，让业主接受物业服务人员本人及其提供的服务，对其提供的服务也更容易理解和支持。

任务导读

物业服务人员的交际礼仪

- 称呼与介绍礼仪
  - 称呼礼仪
  - 介绍礼仪
- 见面礼仪
  - 握手礼
  - 致意礼
  - 作揖礼
  - 叩指礼
  - 其他见面礼节
- 名片礼仪
  - 名片的用途
  - 名片的制作
  - 交换名片的时机
  - 递送名片的礼仪
  - 接受名片的礼仪
  - 索取名片的礼仪
  - 名片的存放
- 电话礼仪
  - 打电话的礼仪
  - 接听电话的礼仪
  - 电话礼仪的注意事项
  - 电话中遇特殊情况的应对办法
- 通信礼仪
  - 使用手机的礼仪
  - 电子邮件礼仪
  - 发送传真礼仪

学习目标

知识目标：了解与他人见面时应如何称呼，如何进行自我介绍与他人介绍，掌握各种见面礼节，了解名片及用途。

能力目标：能够按照礼仪规范递送、接收名片，进行电话或手机通话；掌握电子邮件及收发传真的礼仪规范。

任务一　称呼与介绍礼仪

案例导入

被拒绝的上门服务

有一位中年单身王女士住在某小区。一日，该小区物业服务人员上门检测煤气安全情况。敲门后，王女士开门，物业服务人员礼貌地说："太太您好，我是物业公司的工作人员，根据公司的安排，我们现在正在为业主进行煤气安全检测。请问我可以进来进行检测吗？"

"我没空！"王女士说完，"啪"一声，门被大力关上了。

物业服务人员莫名其妙，呆了半天，百思不得其解。

问题与思考

1. 业主王女士为什么不高兴地把门给关上了，拒绝了服务？
2. 物业服务人员应该怎样做，才不会再犯此类错误？

知识探究

记住对方的名字，交谈中准确而亲切地说出对方的姓名，会使对方觉得自己很重要，这是被人喜爱的最简单而又很重要的方法。

一　称呼礼仪

称呼是物业服务中工作人员与业主成功交往的第一步。称呼指的是人们在日常交往中，所采用的彼此之间的称谓语。在人际交往中，选择正确、适当的称呼，反映着自身的教养和对对方的尊敬程度，甚至还体现着双方关系发展所达到的程度和社会风尚。选择称呼要合乎常规，要照顾被称呼者的个人习惯，应入乡随俗。生活中的称呼应当亲切、自然、准确、合理，工作岗位上的称呼要庄重、正式、规范。

在人际交往中，特别是第一次见面打交道时，人们对于他人对自己的称呼都非常重视。一个得体的称呼能为以后的交往打下基础，而不得体的称呼则会令对方心里不悦，影响彼此的关系。

（一）称呼的作用

称呼具有呼唤的作用。当物业服务人员对业主说："张先生，请留步"时，这句话中的张先生就是被呼唤的对象，强调的是"张先生"而不是其他人。不同的称呼能反映出呼唤人和被呼唤人之间的关系、态度和情感。

工作中的称呼要尽量简洁，形式较为简单，叫起来方便，容易引起对方的注意与兴趣。

（二）敬称

1. 人称敬称

通常所用的词如"您""您老""您老人家""君"等，都表示一种谦恭和客气。

2. 亲属称谓

对非亲属的交际对象使用亲属称谓，通常适用于非正式场合。

(1) 以实际年龄或辈分为标准：如果年龄差别不大，可称对方为"大哥""大姐"或"弟""妹"等；如果对方的年龄比你大，可以用父辈或祖辈的称呼称之，如父辈的"大伯""大叔""大妈""阿姨"，祖辈的"爷爷""奶奶"等。

(2) 以对方是否熟悉为标准。

(3) 以场合的性质为标准：在正式场合使用亲属称谓容易破坏现场的严肃气氛，非正式场合使用亲属称谓则比较亲切。

(4) 以对方的文化程度为标准：对有文化的长者称"伯""叔""姨"，对文化程度不高的长者称"大爷""大妈""大娘"，前者感觉比较斯文，后者感觉比较随俗，这也是因人而异的。

3. 职业称谓

正式场合使用职业称谓显得比较郑重，也容易表现出应有的尊敬，如"师傅""大夫""医生""老师"等。

4. 职务称谓

无论什么场合，用职务称谓都是对对方的尊重，以对方的职务相称来表示双方身份有别及对对方的敬意。可以仅称呼职务，如"经理"；也可以在职务前加上姓氏，如"张经理"；还可以在职务前加上姓名，如"张力经理"。

5. 称呼职称

可以只称职称，如"教授"；也可以在职称前加上姓氏，如"王教授"。有时可以使用简称，如"刘工（刘工程师）"。使用简称应以不发生误会、没有歧义为前提。

6. 称呼学衔

在工作中以学衔相称可增加被称呼者的权威性，有助于增强现场的学术氛围。可以在学衔前加上姓氏，如"杨博士"；也可以在学衔前加上姓名，如"杨振宁博士"。一般来说，对学士、硕士不称呼学衔。

（三）通称

通称是一种不区分对方职务、职业、年龄而广泛使用的称呼。比较随和的有"同学"

“老乡”“朋友”，比较斯文的有“小姐”“女士”“先生”等。

姓名称谓：在人的姓前或姓后加一个程度性缀语，使称呼显示出不同的分量，如“小李”显得随和，“老李”显得亲切，“李老”显得庄重。一般的同事、同学关系，平辈的朋友、熟人之间以姓名相称；长辈对晚辈也可以直接称呼姓名；同性的朋友、熟人若关系很密切可以直接称呼其名，异性一般不可以这样称呼，显得不够庄重。

（四）谦称与尊称

最常用的谦称是“我”和“我们”，旧时的谦称有“鄙人”“在下”“愚”等，也可以古为今用，只是说出来未免有些文绉绉，远不及写出来的效果好。

资料链接

如果谦称自己的长辈，应用“家”字前缀，如“家父”“家母”；

如果谦称自己的同辈，应用“愚”字前缀，如“愚兄”“愚弟”；

如果谦称自己的晚辈，应用“小”字前缀，如“小女”“小儿”；

如果尊称别人的长辈，应用“尊”字前缀，如“尊母”“尊父”；

对别人的平辈或晚辈，应用“贤”字前缀，如“贤妹”“贤弟”；

如果不分辈分与长幼，可在称呼前加“令”字，如“令兄”“令爱”“令郎”。

如果随晚辈称谓，则从其角度出发称呼对方，如“他叔”，也可以以晚辈的称呼直接称之，这既能表示谦恭，也能避免有时不知如何称呼对方时的尴尬。

（五）几种常用称呼的正确用法

1. 先生

在我国古代一般称父、兄、老师为先生，已婚女性对自己的丈夫或别人的丈夫称为先生。现在，先生一般泛指男子，对于不清楚对方职务或姓名的成年男子，都可以以先生称之。这一称谓大方得体，既显示了彼此的尊重，又有彼此平等之意。称呼男子不能以名代姓：如科比·布莱恩特，要称其为布莱恩特先生，而不能称其为科比先生。

当然也有例外的情况，在美国，12 岁以上的男子就可以称为先生；在日本，对身份高的女性也称为先生；在我国知识界，也喜欢将有学问的女性称为先生，如冰心先生，体现了学术界对她的认可和尊重。

2. 小姐、女士、夫人

曾经，小姐指富贵人家的年轻女性，它也曾是被批判的资产阶级的称呼；现在，小姐用来称呼未婚女性。

对已婚女性一般称其为夫人，不知其婚姻状况的女性称为女士。对婚姻状况不明的女性，不能因为其年长而贸然称呼夫人，而称已婚者为小姐就容易被对方谅解。

3. 同志、师傅

“同志”“师傅”在我国北方使用比较频繁，对不认识的人都可以这样称呼，特别是师傅，往往是对有特殊技艺的人的尊称。同志现在一般是对党内人士的称呼，在正式场合使用。

在实际生活中称呼他人时，必须对交往对象的语言习惯、文化层次、地方风俗等各种因素加以考虑，并分别给予不同的对待，切不可自行其是，不加任何区分。

（六）称呼的注意事项

运用好称呼的技巧，才能在交流中取得对方的好感。

1. 称呼要因人而异

要注意对了解程度和交往程度不同的人群使用不同的称呼。当双方很熟时，使用较为亲近的称呼有助于增加彼此之间的感情，但一旦称呼表达不当，就会导致双方的关系受到不良的影响。

2. 注意感情色彩

在称呼时应注意感情色彩，体现对他人的尊敬。称呼不同，包含的感情色彩也会有很大的差异，对于同一服务对象，用敬称、通称等不同称呼时，感情色彩是不同的。

3. 慎重使用昵称

在日常的非正式场合中，对熟悉的人使用昵称可以给人以亲近的感觉，也可以拉近与对方的距离。但是在正式场合中，对于关系不够亲近的人使用昵称则会适得其反。

二 介绍礼仪

介绍是人际交往中最常见、最重要的礼节之一，是初次见面的双方交往的起点。通过介绍，可以缩短人与人之间的距离，为进一步交往开个好头。介绍主要分为两种：一是自我介绍，二是为他人作介绍。

（一）自我介绍

自我介绍，在社交或工作中，如果想结识某人却没有第三者穿针引线，那就需要自我介绍。

1. 自我介绍的方法

（1）应酬式自我介绍。应酬式自我介绍适用于一些公共场合和一般性的社交场合，如旅途中、宴会厅里、通电话时。它的对象主要是进行一般接触的交往对象。应酬式自我介绍的内容最简洁，只要姓名一项即可，如：“您好！我是王丽。”

（2）工作式自我介绍。也叫公务式自我介绍，适用于工作之中，它是以工作为中心进行自我介绍的，是因工作而交际，因工作而交友。工作式自我介绍的内容包括本人姓名、供职单位及部门、担任的职务或从事的具体工作三项，又叫工作式自我介绍三要素，通常缺一不可。如：“您好，我叫王丽，是××公司销售部主管，主要负责电子产品的销售工作。”

（3）交流式自我介绍。也叫社交式自我介绍或沟通式自我介绍。这是一种刻意寻求与交往对象的进一步交流与沟通，希望对方认识自己、了解自己、与自己建立联系的自我介绍，适用于社交活动，内容主要包括介绍者的姓名、工作、籍贯、学历、兴趣以及与交往对象的某些熟人的关系等。

（4）礼仪式自我介绍。礼仪式自我介绍是一种对交往对象表示友好、敬意的自我介绍，适用于讲座、报告、演出、庆典、仪式等场合，其内容包括姓名、单位、职务等。在自我介绍时，还应适当加入谦辞、敬语，以示对交往对象的尊敬。如："各位来宾，大家好！我叫张丽，是××公司的总经理。我代表本公司热烈欢迎大家光临××公司成立三周年庆典，非常感谢大家的支持。"

（5）问答式自我介绍。问答式自我介绍讲究问什么答什么，有问必答，适用于应试、应聘和公务交往。在普通交际应酬场合，它也时有所见。如："请问您贵姓？"可以简单回答"免贵姓×"。如果你很有兴趣与对方交往，也可透露更多的信息，如："我姓王，叫王丽。"

2. 自我介绍应注意的礼仪

（1）自我介绍要寻找适当的机会。要想自我介绍取得成功，使自己能够给对方留下深刻的印象，并使其对自己产生好感，首先应考虑当时的特定场合是否适宜进行自我介绍。若对方正忙于工作，或正与他人交谈，或大家的注意力都集中在某人或某件事情上的时候，作自我介绍有可能打断对方，效果一定不会太好。

如果发现对方心情欠佳，或疲惫不堪时，也不应上前打搅。如果对方一个人独处时，你的自我介绍一般会有较好的效果。此外，在大家闲谈的时候，或出现冷场的时候，可抓住时机进行自我介绍。这样，在场的人就不会觉得很唐突，而是会很愉快地接受你的自我介绍。

（2）必须镇定且充满信心。自我介绍的基本程序是先向对方点头致意，得到回应后再向对方报出自己的姓名、身份、单位及其他有关情况，语气要热情友好，举止应庄重大方、充满自信，眼睛要注视对方。如"您好，我是富祥物业公司的客服员"，同时递上事先准备好的名片，自然、大方、自信的人才有魅力并使人产生信赖和好感；眼睛应看着对方，要善于用眼神、微笑和自然亲切的面部表情来表达友好之意。如果在自我介绍时流露出羞怯心理，可能会使彼此之间的沟通产生障碍。

如果见面双方一方是主人，另一方是客人，则作为主人的一方通常应主动打招呼，以示不但知道客人来访，而且表示高兴与欢迎。

（3）根据不同的交往目的，注意介绍内容的繁简。可以采取主动的自我介绍方式，如"您好！我是××公司公关部的王丽，很高兴见到您"，以此引起对方的呼应。也可采取被动的自我介绍方式，即首先婉转地询问对方："先生，您好！请问我该怎样称呼您呢？"等对方作完自我介绍，并表示要了解一下你的情况时，再顺水推舟地介绍自己。采用这种方式，措辞要得体，尽可能用一些谦辞或敬语。

在社交场合，自我介绍的内容大体由三个要素构成，即本人的全名、本人供职的单位及本人的职业（职务）。自我介绍的三要素简明扼要，能使他人对你有初步认识。一般的自我介绍大都需要将这三要素一气呵成地报出来。需强调的是，初次见面时的自我介绍，本人的姓名一定要报全称，随便一句"叫我小张好了"，明显地带有不屑进一步深谈，拒人千里之外的意思。要是三要素无一遗漏，再辅以名片交换，对方可能就不会再忘了你了。

虽然自我介绍的内容由三个基本要素构成，但不一定每次都面面俱到，而应视交际需要来决定介绍的繁简。一般参加聚会、沙龙或演讲，发言前的自我介绍应简明扼要。有些社交场合，如果对方不一定有太大的兴趣去深入地了解你，这时只报出自己姓名的全称，为对方提供称呼自己的便利就足够了。而在另外一些情况下，如自己很想认识对方，或者对方显然也有认识自己的愿望，自我介绍仅仅局限于三要素恐怕就不够了。此时，还可以简略地介绍一下自己的籍贯、出生地、母校、专长、兴趣等。

(4) 自我评价要掌握分寸。自我介绍时，措辞要适度。有些人唯恐别人不识眼前“君子”，一开始便炫耀自己的身份、门第和博学多才，显得锋芒毕露，让人觉得夸夸其谈、华而不实。对自己所在的单位也不要大吹大擂，以免给人留下虚假、不诚实的印象，损害单位的声誉。也有些人正相反，喜欢作一番自我贬低式的介绍，以示谦虚和恭敬，这其实也是没有必要的。只有实事求是、恰如其分地介绍自己，才会给人留下诚恳、坦率、可以信赖的印象。

总之，在自我介绍中既要表现出友好、自信和善解人意，还应力戒虚伪和媚俗。介绍的语言既要简单明了，又要能使对方从介绍中找到继续谈下去的话题；既要使对方通过你的介绍对你有所了解，又不要使对方觉得你在自吹自擂。除此以外，在作自我介绍之后，对对方的自我介绍以及随后的交谈要表现出耐心与兴趣，尽量多谈一些对方感兴趣的事情，不要把对方当成一名听众，只顾自己侃侃而谈。

（二）为他人作介绍

如果你处于主人或中间人的位置，就有责任介绍互相不认识的人们相互认识。在介绍时，应面向对方，伸出手朝向被介绍者，伸手时应先伸臂，再五指并拢手掌向上打开作个停顿，这是一种标准的介绍手势。重点在手腕的打开上，但手肘应弯曲，手臂不能伸得太直，否则不好看。

1. 介绍的顺序

在为他人作介绍时，先要确定双方地位的尊卑，然后确定介绍的顺序。为他人作介绍的顺序大致有以下几种情况：

(1) 介绍长者与年幼者认识时，应先介绍年幼者，再介绍年长者。介绍长辈与晚辈认识时，应先介绍晚辈，再介绍长辈。

(2) 介绍老师与学生认识时，应先介绍学生，再介绍老师。

(3) 介绍女士与男士认识时，应先介绍男士，后介绍女士。

(4) 介绍已婚者与未婚者认识时，应先介绍未婚者，后介绍已婚者。

(5) 介绍同事、朋友与家人认识时，应先介绍家人，后介绍同事、朋友。

(6) 介绍来宾与主人认识时，应先介绍主人，后介绍来宾。

(7) 介绍社交场合的先至者与后来者认识时，应先介绍后来者，后介绍先至者。

(8) 介绍上级和下级认识时，应先介绍下级，后介绍上级。

(9) 介绍职位、身份高者与职位、身份低者认识时，应先介绍职位、身份低者，后介绍职位、身份高者。

以上几种方式的基本精神和共同特点是“尊者居后”，即应把身份、地位较低的一方介绍给身份、地位相对而言较为尊贵的一方，以表示对尊者的敬重之意。在社交场合，究竟应当采用哪种方式，应具体问题具体分析。比如，有时可能会遇到一些难以按常规处理的情况，如需要介绍两位地位不相上下的经理先生或两位经理夫人相识。对前者，不能按照“把职位低者介绍给职位高者”的惯例行事，因为两位经理先生的职位高低难分伯仲。对后者，恐怕也不能按照“把晚辈介绍给长辈”的规矩去做，因为女士的年龄属于个人秘密，更何况没有一位女士愿意承认自己“显得老”。在这种职位难分高下、年龄大小不便明说的情况下，只有采取“先温后火”或“先亲后疏”的办法，才能“过关”。“先温后火”即把脾气好的一方介绍给脾气欠佳的一方；先亲后疏，即把与自己关系密切的一方介绍给自己较为生疏的一方。一般而言，脾气好的人、自己的熟人，总归好说话；而脾气欠佳的人、自己较为生疏的人，是不好得罪的。

此外，有时需要把一个人介绍给其他众多的在场者。此刻最好按照一定的次序，如顺时针方向或逆时针方向，自右至左或自左至右依次进行。若没有地位非常尊贵的人在场，就不该破例，进行“跳跃式”介绍。

2. 介绍的细节

(1) 介绍人应注意的细节。在不同的场合，应由不同的人来担任介绍人：

1) 在公务活动中，公关人员是最合适的介绍人人选；

2) 若是接待贵宾，则介绍人应是本单位职位最高的人士；

3) 在社交场合，如舞会、宴会等，介绍不相识的来宾相互认识是主人义不容辞的责任；

4) 在一些非正式场合，与被介绍人双方都相识的人也可以担任介绍人，介绍自己的朋友们相识；

5) 如果想认识一个人，可主动要求另外一个与双方都比较熟悉的人来引见。

介绍人在为他人作介绍前必须充分考虑到被介绍人双方有无相识的必要或愿望。必要时，可事先询问被介绍人的意见，以防为他人作介绍时冷场。在为不同国籍人士作介绍时，宜先考虑两国之邦交。

此外，介绍人要注意介绍时的陈述及介绍时的神态。介绍人的陈述，就是介绍人在为他人作介绍时应当说的话。介绍人陈述的时间宜短不宜长，内容宜简不宜繁。较为正式的话，可以说：“尊敬的张先生，请允许我把杨华先生介绍给您。”比较随便一些的话，可以略去敬语与被介绍人的名字，如“张小姐，让我介绍一下，这位是王先生。”或以手势辅助介绍，先指向一方，说“张小姐”，再指向另一方，说“王先生”。只有对于儿童，在介绍时才可以称其名而略去其姓。

为他人作介绍时，要避免给任何一方厚此薄彼的感觉。不可以对一方介绍得面面俱到，而对另一方简略至极。要是介绍人能找出被介绍双方的某些共同点，会使初识的双方交谈更加顺利。

如有必要，介绍人还可以说明被介绍者与自己的关系，便于新结识的人相互了解和信任。要是介绍人感到时间宽裕、气氛融洽，在为被介绍人作介绍时，除了介绍姓名、单位和所任职务外，还可以介绍双方的爱好、特长、学历、荣誉等，为双方提供交谈的机会。

介绍时的神态，主要指介绍人在作介绍时的动作与表情。介绍人在为他人作介绍时，态度要热情友好，不要给人敷衍了事或油腔滑调的感觉。作介绍时，介绍人应起立，行至被介绍人之间。在介绍一方时，应微笑着用自己的视线把另一方引导过来。手的正确姿势应是手指并拢，掌心向上，胳膊略向外伸，指向被介绍者，绝不可用手指对被介绍者指指点点。若介绍时出现口误，应尽量以幽默的口吻加以纠正，这既合乎情理，也符合礼仪。

(2) 被介绍者应注意的细节。被介绍者在被介绍给他人时，应表现出结识对方的诚意。一旦介绍人开始介绍，除贵宾与长者外，被介绍者一律应起立并面向对方，还要目光柔和但又专心致志地看着对方的眼睛。随着介绍人的介绍，向对方点头致意，或用一些感叹词来呼应介绍人的介绍。待介绍完毕后，应热情地和对方互问"您好"。如果在"您好"之后再重复一遍对方的姓名或称谓，则不失为一种亲切而礼貌的反应。对于长者或有名望的人，重复对其带有敬意的称谓无疑会使对方感到很愉快；同时，将对方名字重复一遍还可以加深记忆。

至于讲话时的语气，则要看想表达感情的程度而定，可以用兴奋的口吻，不可以用不在意的腔调，即使不喜欢甚至厌恶某人，也不妨对他彬彬有礼。但也不要对尊敬的人过于殷勤，否则显得矫揉造作、缺少诚意。

如果在会谈或宴会的进行中被介绍给他人，可不必起立，但仍应当面对对方，微笑着点头，或欠身致意。

3. 介绍后如何记住他人姓名

一般人对自己的姓名都很关心，如果物业服务人员能够记住业主的名字，并随时能轻易而准确地叫出他的名字，业主便会对工作人员产生好感。相反的，忘记或叫错、写错别人的名字，会使对方产生不快，进而对你产生不良印象。

记住对方的名字时，注意力一定要高度集中，不要受当时环境因素和内心其他情绪的干扰；有时为了增强记忆，可以请对方本人或介绍人重复一遍。对于那些外在形象有一定特征，而且这些特征与他的姓名又似乎有一定关系的人，可以将其姓名脸谱化或将其身材形象化，采用"脸谱、形象记忆法"。无论当时采取什么方法记忆，都不可能过目不忘，因此最好还是事后将名字记在通讯录上。

记住别人是交际谋略之一，因为只有记住别人，才能与别人进一步交往，才能与对方建立融洽的关系，将自己的服务工作做好。

案例评析

这个案例，就是因为错误的称呼所造成的。现代社会，人们都很重视称呼，特别是女性对此尤为重视。称呼必须正确且恰当，如果搞错了，引起对方的不快，往往好事就变成坏事。物业服务人员事先不了解王女士单身的情况，而用了已婚人士的称呼"太太"来称呼她，惹得王女士不高兴。

如果有可能，上门服务前，最好先了解业主的基本情况，以便到时灵活应对。即使不能事先了解业主的具体情况，遇到女性，不要贸然称呼她。如果不能确认其已婚，最好按照未婚的称呼"小姐"或不辨婚否的"女士"来称呼，以免称呼错了引起尴尬。

任务二 见面礼仪

案例导入

“左撇子”的尴尬

一业主家里电路有损坏，向物业公司报修，电工小张接到任务后上门服务。经过一番排查，终于找出了故障，更换了设备，线路修好了。业主非常高兴，对小张一再表示感谢，并从冰箱里拿出一瓶冰镇饮料递给小张让他解解渴。小张道谢后开门离开了，到了门口业主伸出手来与小张握手再次表示感谢，小张此时右手正拿着饮料，于是准备伸出左手与业主握手，岂料业主见状把手缩回去，脸色也变了，冰冷地说了声“再见”就把门关上了。小张莫名其妙，不知道为什么业主一下子不高兴了？

问题与思考

1. 小张哪里做得不对，让本来很热情的业主一下子不高兴了？
2. 当时小张应该怎样做才是正确的？

知识探究

在人际交往中，相识者之间与不相识者之间往往需要在适当的时刻向交往对象相互行礼，以示自己对对方的尊重、友好、关心及敬意。

一 握手礼

握手是大多数国家见面和离别时相互致意的礼仪。握手既是人们见面相互问候的主要礼仪，还是祝贺、感谢、安慰或相互鼓励的适当表达。如对方取得成绩与进步时，对方赠送礼品，以及发奖品、奖状或发表祝词后，均可以握手来表示祝贺、感谢、鼓励等。

（一）握手礼适用的场合

（1）遇到较长时间没见面的熟人；
（2）在比较正式的场合和认识的人道别；
（3）在以本人作为东道主的社交场合，迎接或送别来访者时；
（4）拜访他人后辞行时；
（5）被介绍给不认识的人时；
（6）在社交场合偶遇亲朋旧友或上司时；
（7）别人给予你一定的支持、鼓励或帮助时；

（8）表示感谢、祝贺时；

（9）对别人表示理解、支持、肯定时；

（10）得知别人患病、失恋、失业、降职或遭受其他挫折时；

（11）向别人赠送礼品或颁发奖品时；

（12）双方交谈中出现了令人满意的共同点时，或双方原先的矛盾出现了某种良好的转机，或彻底和解时。

（二）握手的顺序

握手遵循的是"尊者优先"的原则。在工作场合，握手时伸手的先后次序主要取决于职位、身份，而在社交、休闲场合，它主要取决于年龄、性别、婚否。上下级之间，上级伸手后，下级才能伸手相握；长辈与晚辈之间，长辈伸手后，晚辈才能伸手相握；男女之间，女方伸手后，男方才能伸手相握。如果男性年长，是女性的父辈年龄，在一般的社交场合中仍以女性先伸手为主，除非男性已是祖辈年龄，或女性在 20 岁以下，则男性先伸手是适宜的。

在接待来访者时，当客人抵达后应由主人先伸手与客人相握；而在客人告辞时，就应由客人先伸手与主人相握。前者表示"欢迎"，后者表示"再见"。

交际时如果人数较多，可以只跟相近的几个人握手，向其他人点头示意或微微鞠躬即可。为了避免尴尬场面，在主动和人握手之前，应想一想自己是否受对方欢迎，如果已经察觉对方没有要握手的意思，点头致意或微鞠躬就行了。

握手的次序颠倒，很容易让人产生误解。应当强调的是，在握手时的先后次序上不必处处苛求。如果自己是尊者、长者或上级，而位卑者、年轻者或下级抢先伸手时，最得体的就是立即伸出自己的手与之相握，而不是置之不理，使对方尴尬。

（三）握手的方式

握手时，距离受礼者约一步，上身稍向前倾，两足立正，伸出右手，四指并拢，拇指张开，与受礼者相握，如图 4—1 所示。

图 4—1　正确的握手姿势

1. 正确的握手姿势

（1）平等式握手（见图 4—2）。双方相距约一步，伸出右手，手掌与地面垂直，掌心不可向下或向上，四指并拢，上身微前倾，目视对方，手可以上下适当地掂一掂，向对方传递诚挚友好的情谊，同时可以说"您好""很高兴见到您"等。

图 4—2　平等式握手姿势

（2）扣握式握手（见图 4—3）。晚辈拜见长辈，采取扣握式握手，用右手握住对方的右手，再用左手握住对方右手的手背。用这种握手方式，可以表示对对方的尊敬，让对方感到自己的谦恭。

图 4—3　扣握式握手姿势

（3）双握式握手（见图 4—4）。主动握手者的右手与对方的右手相握，左手移向对方的右臂。只有在情投意合和感情极为密切的人之间才可以使用这种握手方式。如果对方是长辈、领导、异性，则不应采用。

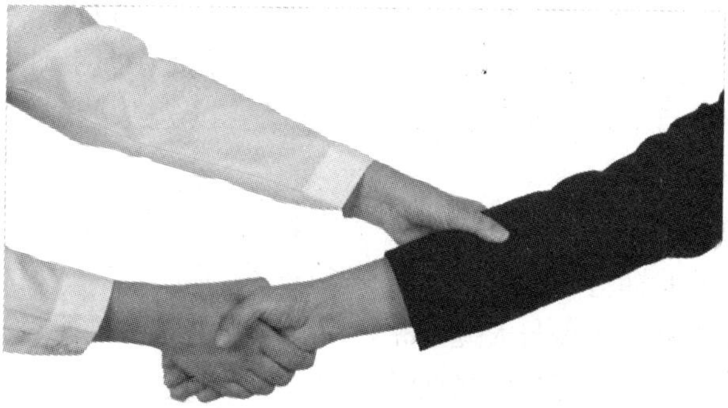

图 4—4　双握式握手姿势

2. 握手的力度

握手的力度要适当，过轻或过重都不合适。握得太轻，或只触到对方的手指尖，不握住整只手，对方会觉得你傲慢或缺乏诚意和热情；握得太紧，对方则会感觉你热情过火，不善掩饰内心的喜悦，甚至觉得你粗鲁、轻佻而不庄重。需要注意的是，不要抓住对方的手使劲地摇动，这也是失礼的。女士也不要把手软绵绵地递过去，显得连握都懒得握的样子，既然要握手，就应大大方方地握。

3. 握手的时间

握手的时间以1～3秒为宜，不可一直握着别人的手不放。男士与女士握手，时间以1秒钟左右为宜。

4. 多人握手

多人相见时，注意不要交叉握手，也就是当两人握手时，第三人不要把胳膊从上面架过去，急着和另外的人握手。有的国家认为交叉握手后形成十字架会招来不幸。

如果对方有几个人，不能只同其中的一人握手，对其他人视而不见，这是极端不礼貌的。一般先与地位较高的人（如长辈、主人、女士等）握手，然后再逐个握手；假如大家身份平等，则从左到右或从右到左按顺序相握。与每个人握手的时间应大致相等，若握手的时间明显过长或过短，也有失礼仪。

（四）握手的注意事项

1. 避免掌心向下

掌心向下握住对方的手，显示一个人有强烈的支配欲，应尽量避免这种傲慢无礼的握手方式。

2. 使用右手

握手时应伸出右手，不要用左手相握，尤其是在和阿拉伯人、印度人、信仰伊斯兰教的人打交道时要牢记，因为在他们看来左手是不洁的。如果你是左撇子，握手时也一定要用右手。如果你右手受伤了，应事先声明一下。伸手时，不要把手肘弯曲着，显得很僵硬，应尽量把右手向前伸，再以手掌轻握对方伸出的手。向前伸的手不宜抬得太高或太低，太高显得轻佻，太低又使对方不容易注意到。

3. 握手时一般需脱帽、摘手套

男士在握手前需脱帽、摘下手套。在严寒的室外有时也可以不脱帽、摘手套，比如双方都戴着手套、帽子，这时一般应先说声“对不起”。不要在握手时，另外一只手插在衣袋里或拿着东西。握手后不要立即当着对方的面擦手，以免造成误会。

4. 注意力要集中

握手时握手者双目要注视对方，不要看第三者或显得心不在焉。握手只需几秒钟即可，双方手一松开，目光即可转移。

物业服务人员作为公司代表与人握手时，一般不要用双手抓住对方的手上下摇动，那样显得太谦恭，使自己的地位无形中降低了。

5. 握手时应起立

握手时如果一方站着，另一方坐着，坐着的一方要站起来，除非年事较高或身体不适（应说明情况），坐着与人握手是不礼貌的。

6. 不宜握手的情况

不宜握手的情况有以下几种：

（1）对方手部有伤；

（2）对方手里拿着较重的东西，腾不出手来；

（3）对方忙着别的事，如打电话、用餐、与他人交谈等；

（4）对方与自己距离较远；

（5）对方所处环境不适合握手；

（6）自己的手不干净不适合与对方握手时，应亮出手掌示意声明，并表示歉意。

二 致意礼

物业服务人员在工作、生活中常需要向服务对象表示问候、致敬、感谢之意，在使用语言的同时常伴之以肢体语言，可使对方感觉受到尊重，同时能更好地建立和谐的关系。

（一）点头致意

点头致意是致意问候中最简单、使用最普遍的礼节动作，适用于一般的交际场合，在向对方表示一般问候时使用。点头致意适用于双方距离较远或对方身旁有交流对象等情况下。点头致意的动作要领是头部向致意对象方向微微轻点，点头幅度不必过大，控制在15°左右即可。

（二）挥（举）手致意

挥手致意，是向他人表示问候、致敬、感谢、道别之意。当物业服务人员看见熟识的服务对象，但无暇分身时，可向其举手、挥手致意，以消除对方的被冷落感。

行挥（举）手致意礼时要注意如下四点：

（1）面向对方。致意时应全身直立，面向对方，至少上身与头部要朝向对方。在目视对方时，须面带笑容。

（2）手臂上伸。致意时，手臂应自下而上向侧上方伸出。手臂既可略微弯曲，也可全部伸直。

（3）掌心向外。致意时须掌心向外，指尖朝向上方。

（4）手臂切勿左右乱摆。

三 作揖礼（拱手礼）

我国古代是没有握手这种礼节的，作揖礼是旧时的一种施礼方式。“拱手行礼，是为揖。”这是古代宾主相见时最常见的礼节。

作揖时左手握空拳，右手抱左手，行此礼时不分尊卑，拱手齐眉，上下略摇动几下。揖让之礼分为三种：一是专用于没有婚姻关系的异性，行礼时推手微向下；二是专用于有婚姻关系的异性，行礼时推手平而至于前；三是专用于同性宾客，行礼时推手微向上。长揖是古代不分尊卑的相见礼，拱手高举，自上而下。

作揖礼是中国古代常用的一种见面礼节，现代社会用得较少。目前行作揖礼的主要场合有以下三种：

（1）佳节团拜礼节，工作人员在佳节相聚，互相祝贺时，常拱手为礼，并伴有寒暄语。

（2）节日祝贺礼节，逢年过节工作人员遇到业主可口称“万事如意”，拱手为礼，表示祝愿。

（3）业务会议礼节，企业领导在订货会、产品销售会和签字会上，常向兄弟单位、上级部门拱手致意，并常伴随着“请大家多多关照”之类的寒暄语。

四 叩指礼

叩指礼是从古时中国的叩头礼演化而来的，叩指即代表叩头。相传清朝乾隆皇帝微服出巡，在茶馆内喝茶时为下属倒茶，下属不便以宫廷礼仪相回，便灵机一动以叩指谢恩，自此叩指礼便在民间流传开来。早先的叩指礼是比较讲究的，必须屈腕握空拳，叩指关节。随着时间的推移，逐渐演化为将手弯曲，用几个指头轻叩桌面，以示谢忱。现在一般在别人为自己斟茶倒酒时轻叩手指以示感谢。

五 其他见面礼节

（一）脱帽礼

欧美国家以及受欧美文化影响的许多国家，广为流传脱帽礼。此礼源于欧洲中世纪。据说，当时武士对女性讲话时，必须把头盔举起，以示对女性的尊重。当武士们相见时，为了互致友情彼此都要把头盔掀起露出真面目。久而久之，便形成脱帽礼。

公共场合行此礼时，男士摘下帽子向对方点头致意即可；若相识者侧身已过，双方亦可回身补说“您好”，并将帽子略掀一下；若相识者在同一场合先后多次相遇，双方不必反复脱帽，只点头致意即可。当进入主人房间时，客人必须脱帽以示敬意。在庄重场合，人们应自觉脱帽。一般情况下，女士在社交场合可以不脱帽。

（二）拥抱礼

拥抱礼是流行于欧美国家的一种见面礼节。拥抱礼多见于官方或民间迎送宾朋或祝贺致谢等场合。行礼时，两人相对而立，各自右臂偏上，左臂偏下，右手环抚于对方的左后肩，左手环抚于对方的右后腰，彼此将胸部各向左倾斜而紧紧相抱，并头部相贴，然后胸部再向右倾而相抱，接着再做一次左倾斜拥抱，一共拥抱 3 次。现在，许多国家的涉外迎送仪式中，多行此礼。在普通场合行拥抱礼时，不必过于讲究，次数也不必严格要求。

礼节性的拥抱多行于男士之间或女士之间，男士与女士之间不采用这种方式。在我国，除一些少数民族外，不常采用拥抱礼。

（三）亲吻礼

有关亲吻礼的来历流传最广的说法是，古罗马时严禁妇女喝酒，男子外出归来常常要检查一下妻子是否饮酒，便凑到她的嘴边闻一闻、嗅一嗅，这样沿袭下来，夫妇把嘴凑到一起的举动逐渐成为夫妇见面时的第一道礼节。后来，这种礼节逐渐普及，范围逐渐扩大，演化成今天的亲吻礼。

亲吻礼多见于西方、东欧、阿拉伯国家，是亲人以及亲密的朋友间表示亲昵、慰问的一种礼仪，通常是在受礼者脸上或额上吻一下。有时，亲吻礼与拥抱礼同时采用，即会面时既拥抱又亲吻。

1. 施行亲吻礼的方式

亲吻的方式要因人而异：辈分高的人吻辈分低的人，只吻额头或脸部；反之，只吻下颌。辈分相同的朋友或兄弟姐妹之间只能脸颊相贴。在公共场合，关系亲近的妇女之间是亲脸，男女之间是贴面颊。

施行亲吻礼时，吻人体的不同部位有不同的含义：吻脸颊，代表友好、平等；吻手，代表尊严；吻膝，代表谦卑；吻脚，代表低贱。嘴唇接触的人体部位越低，就表示施吻者的地位越低。比如一个主教可以吻教皇的膝盖，但是地位低一些的神职人员就只允许吻绣在教皇右脚鞋上的十字架了。

2. 施行亲吻礼的注意事项

施行亲吻礼时，动作要轻快，勿过重、过长或出声；要注意口腔清洁、无异味，不要把唾沫弄在对方脸上、额上或手背上；如果不是特殊关系和特殊场合，年轻者、地位低者不要抢先施亲吻礼。

（四）吻手礼

在欧洲和拉丁美洲的一些国家还保留着吻手礼的传统，即男士亲吻女士的手背或手指，这是男士向女士致敬的一种极为优雅的方式。

吻手礼一般适用于男子同上层社会贵族妇女相见时，如果女士先伸出手作下垂式，男士则可将其指尖轻轻提起吻之；但如果女士不伸手，则不吻。如果女士地位较高，男士要屈一膝作半跪式，再提手吻之。此礼在英、法两国最流行。

行吻手礼时，男士行至女士面前，立正垂首致意，然后用右手或双手接住女士伸出的右手，轻轻抬起并俯身弯腰，用自己的嘴唇在女士的手背上或手指上轻轻一吻，然后抬头微笑相视，再把手放下。目前在大多数场合，男士向女士行吻手礼仅仅是用微闭的嘴唇凑近女士的手指，象征性地做一个吻的样子就算完礼，并不是真的吻手。

行吻手礼要文雅，不要过于粗俗，而且男士要得到女士的准许后方可行礼。若女士无此表示且双手戴着手套，男士欲强行行吻手礼是非常失礼的。

按惯例，吻手礼的受礼者只能是已婚妇女。这种礼节现在已不太流行，只在一些比较隆重的场合，或对一些身份特别高的妇女才行吻手礼。

（五）合十礼

合十礼又称“合掌礼”，属佛教礼节，通行于印度和东南亚信奉佛教的国家与地区，我国傣族聚居区也用合十礼。行礼时，双掌合拢于胸前，十指并拢向上，掌尖和鼻尖基本齐平，手掌向外倾斜，头略低，神情安详、严肃。

合十礼可分为跪合十礼、蹲合十礼、站合十礼三类。

跪合十礼适用于佛教徒拜佛祖或僧侣的场合。行礼时右腿跪地，双手合掌于两眉中间，头部微俯，以示恭敬虔诚。

蹲合十礼是盛行佛教国家的人拜见父母或师长时所用的礼节。行礼时身体下蹲，将合十的掌尖举至两眉间，以示尊敬。

站合十礼是信奉佛教的国家平民之间、平级官员之间相见，或公务人员拜见长官时所用的礼节。行礼时端正站立，将合十的掌尖置于胸部或口部，以示敬意。

行合十礼时，可以问候对方或口颂祝词。在我国，一般非佛教徒对僧人施礼，也以行站合十礼为宜。

案例评析

握手的基本要求之一就是使用右手，小张使用左手会被认为是对对方的不尊重。

小张当时右手里有东西，要把东西换到左手，使用右手与业主握手；假如右手因为拿着工具也没有空闲，可以跟业主示意一下手里没空，并向对方说："实在抱歉，腾不出手来。非常感谢您！"以示歉意。

任务三 名片礼仪

案例导入

名片的失误

某新建物业办公室需要添置一系列的办公家具，价值数十万元。物业公司的总经理已做了决定，向A公司购买这批办公用具。这天，A公司的销售部负责人打电话来，要上门拜访这位总经理。总经理打算，等对方来了，就在订购合同上盖章，定下这笔生意。

不料对方比预定的时间提前了2个小时，原来对方听说这家物业公司的员工宿舍也要在近期内落成，希望员工宿舍需要的家具也能向A公司购买。为了谈这件事，销售部负责人还带来了一大堆的资料，摆满了桌面。总经理没料到对方会提前到访，刚好手边又有事，便请秘书让对方等一会。这位销售部负责人等了不到半小时，就开始不耐烦了，一边收拾资料一边说："我还是改天再来拜访吧。"

这时，总经理发现对方在收拾资料准备离开时，将自己刚才递上的名片不小心掉在了地上，对方却并没发觉，走时还无意从名片上踩了过去。但这个不小心的失误，却令总经理改变了初衷，A公司不仅没有机会与对方商谈员工宿舍的家具采购，连几乎到手的数十万元办公家具的生意也告吹了。

问题与思考

1. A公司销售部负责人犯了什么错误导致失去了几乎到手的业务？
2. 名片在人际交往中有多重要？

知识探究

名片在中国古代被称为名刺，是标示姓名及其所属组织、公司单位和联系方法的纸片。无论是私人交往还是公务往来，使用名片做介绍都是最经济实惠、最通用的介绍媒介，被人称为自我的“介绍信”和社交的“联谊卡”，具有证明身份、广交朋友、联络感情、表达情意等多种功能。

一　名片的用途

（一）介绍自身

工作上会客时递上一张名片，他人对你的基本情况就一目了然。有时，对于自己的职务不便开口说出，因为介绍自己的一官半职总有自我炫耀之嫌，当身兼数职时更不好一一说明，有了名片就不用为难和啰唆，因为一切都写得清清楚楚，他人通过名片就能较多地了解你。

（二）维持联系

名片犹如袖珍通讯录，利用名片上提供的各种联络方式即可与名片的提供者保持联系。如果名片是重要客户的，在节假日联系一下，表达祝福之意，还可加深对方对本企业的印象。

（三）显示个性

名片上印上代表自己爱好和特点的图案，或印上自己的座右铭、喜爱的格言，很容易给对方留下好感，加深交往。

（四）拜会他人

初次前往他人居所或工作单位进行拜会时，可将本人名片交由对方门卫、前台或秘书，然后由其转交给拜访之人，意为“我是×××，我希望拜访您”，对方确认了拜访者的实际身份后，再决定双方是否见面。

（五）特殊用途

在社交场合，尤其是国际社交场合，人们往往将名片代替一封简洁的信函来使用，此即名片的特殊用途。具体做法是：在社交名片的左下角写上一行字或一句短语，然后装入信封寄交他人。如果是本人亲自递交或托人带给他人，要用铅笔书写；如果采用邮寄方式，则应用钢笔书写。

资料链接

名片上常用缩略语

书写时多采用法文缩略语，较常见的法文缩略语及其对应含义如下：

n. b. 意为“注意”；

p. c. 意为“谨唁”，凭吊、追悼时用；
p. f. 意为“祝贺”，庆祝节日时用；
p. m. 意为“备忘”，提请对方注意某事时使用；
p. r. 意为“谨谢”，在接受礼物、款待、祝词之后，或收到别人庆祝、吊唁之类的名片后使用；
p. p. 意为“介绍”，向对方介绍某人时用；
p. p. c. 意为“辞行”，调离、离任时用；
p. p. n. 意为“慰问”，问候病人时用；
p. f. n. a. 意为“新年愉快”。

名片代替信函使用时，通常有以下几个用途：

1. 充当礼单

以私人身份向他人馈赠礼品时，可将本人的名片充当礼单，置于礼品包装之内。但最好是将其装在一个与名片大小相当的信封里，信封上写收礼者姓名，信封可以不封口。名片上可根据实际情况简单留言。

2. 介绍相识

如欲向自己相识之人介绍某人，亦可使用名片。具体做法是：在自己名片的左下角写上“p. p.”，然后在后面附上被介绍人的名片，并由被介绍人交给对方，或直接邮寄给对方。在把名片交给被介绍人之后，应当先用电话告诉对方：有人将拿着自己的名片去见对方。否则就会使对方有点摸不着头脑，而被介绍者也会因为对方没接到任何通知而感到尴尬。

3. 简短留言

如果拜访某人或需要向某人传达某事而对方不在时，可留下自己的名片，并在名片上简单写上具体事由，然后委托他人转交。

（六） 其他用途

（1） 赠送礼物时，若礼物需要由别人代送，则将名片包在礼物里面或外面；
（2） 在赠送鲜花或花篮时，可把名片附在花束上；
（3） 在非正式邀请中，可用名片代替请帖，在名片上写明时间和地址即可；
（4） 当朋友请人送来礼品或书信时，可将名片代作收条；
（5） 可以用名片向亲朋好友通知本人的有关变动。

二 名片的制作

名片的制作一般委托给名片制作商。为了使自己的名片规范实用，还应当精心设计，以求名片体现本人的风格。

（一） 名片的规格、 材质与色彩

国内通用的名片规格为 9 厘米×5.5 厘米，还有两种常见的规格：10 厘米×6 厘米

(境外人士使用多) 和 8 厘米×4.5 厘米 (女士专用)。如果无特殊需要，不应将名片制作得过大，甚至有意做成折叠式，免得给人标新立异之感。

名片的材质可选用耐折、耐磨、美观、大方的白卡纸、再生纸，外观高雅的布纹纸、麻纹纸，或者带有香味的香片纸。必要时，还可以在名片上加膜。

名片的色彩一般宜选用庄重朴素的白色、米色、淡蓝色、淡黄色、淡灰色，并且以一张名片一色为好。最好不要印制杂色名片，也不要用红色、紫色、绿色等视觉冲击太强烈的色彩印制名片，以免给人不庄重的感觉。

（二）名片的内容

很多企业认为名片是宣传组织的一个极好的媒介，若所有工作人员的名片设计得风格一致，并加印公司标识或经营理念，会给人一种非常正规的感觉。

名片的内容包括工作单位、姓名、电话、职务、地址、邮政编码等。工作单位一般印在名片的上方，社会兼职紧接着工作单位排下来，姓名印在名片中央，姓名右侧印职务、职称；名片的下方为地址、邮政编码、电话号码、电子邮箱等。

名片的背面一般印有相应的英文，在对外交往时使用。也有在背面印上企业或公司的简介、经营范围、产品及服务范围的，以方便客户和扩大宣传。

（三）名片的分类

因为用途、内容不同，日常生活中所用的名片可分为应酬式名片、社交式名片、公务式名片、单位式名片四类。在正式场合，面对不同的交往对象可使用不同的名片，故一个人携带多种不同的名片不足为奇。

1. 应酬式名片

又称本名式名片，内容只有个人姓名一项，最多也只是加上本人的籍贯与字号。这种名片适合在社交场合应付泛泛之交。

2. 社交式名片

社交式名片用来作自我介绍及与他人保持联系，其内容包括个人姓名和联系方式。个人姓名应以大号字体印于名片中央，联系方式应以较小的字体印于名片右下方。

3. 公务式名片

公务式名片是指在正式的业务交往中使用的个人名片，它是目前最为常见的一种个人名片，内容包括单位、本人称呼、联系方式等。

(1) 单位。主要由企业标识、供职单位、所在部门三个部分组成，可酌情增减，但供职单位与所在部门均不宜多于两个，免得给人用心不专的感觉。供职单位与所在部门均应采用全称。

(2) 本人称呼。主要由本人姓名、所任职务以及学术头衔 (如教授) 三个部分组成，后两项可有可无，但不宜过多。在本人姓名后加注先生、小姐、夫人是没有必要的。

(3) 联系方式。单位地址、办公电话、邮政编码是联系方式的三要素，不可或缺。由于这种名片主要用于业务交往，所以不宜提供家庭住址与住宅电话。可根据实际情况列出手机号码、传真号码、E-mail 等。

4. 单位式名片

又称企业式名片，主要用于企业对外宣传、推广活动，其内容包括单位的全称及标识、单位的联系方式等。

三 交换名片的时机

人际交往中，讲究自然和谐，任何行为都尽量不要显得突兀。交换名片也要把握好时机，以显得自然而然。

（一）交换名片的时机

（1）希望认识对方；
（2）表示自己重视对方；
（3）被介绍给对方；
（4）对方想要自己的名片；
（5）提议交换名片；
（6）初次登门拜访对方；
（7）通知对方自己的变更情况；
（8）打算获得对方的名片。

（二）不必交换名片的情况

一般而言，名片是要交换的，即对方送一张名片给你，你也需要送一张自己的名片给对方。但遇到以下几种情况，则不必将自己的名片递给对方，或与对方交换名片：

（1）对方是陌生人；
（2）不想认识对方；
（3）不愿与对方深交；
（4）经常与对方见面；
（5）双方之间地位、身份、年龄悬殊。

当对方递给你名片之后，如果自己没有名片或没带名片，应当首先对对方表示歉意，再如实说明理由。

四 递送名片的礼仪

递送名片通常在自我介绍或经人介绍后进行，应事先将名片放在身上易于取出的位置，在适当的时机得体地递给对方。

（一）观察意愿

除非自己想主动与人结识，否则名片务必在交往双方均有结识对方并欲建立联系的意愿前提下发送。这种愿望往往是通过“幸会”“认识你很高兴”等谦语以及表情、体态等非语言符号体现出来的。如果双方或一方没有这种愿望，则无需发送名片，否则会有故意炫耀、强加于人之嫌。

（二）把握时机

发送名片要把握适宜的时机，只有在确有必要时发生名片，才会令名片发挥功效。发送名片一般选择初识之时或分别之时，不宜过早或过迟。不要在用餐、戏剧、跳舞之时发送名片，也不要大庭广众之下向多位陌生人发送名片。

（三）讲究顺序

双方交换名片时，应当首先由位低者向位高者发送名片，再由后者回复前者。但在多人之间交换名片时，不宜以职务高低决定发送顺序，切勿跳跃式进行发送，甚至遗漏其中某些人。最佳方法是由近而远、按顺时针顺序或逆时针顺序依次发送，切勿挑三拣四，有的人给而有的人不给。当然，也没有必要像发传单似的滥发名片，这会令名片贬值。在人较多的聚会场合，交换名片应在私下进行，一般每次只在两个人之间交换。发名片前应先问问自己，对方是否需要同你保持联系。

（四）先打招呼

递上名片前，应当先向接受者打个招呼，令对方有所准备。既可先作一下自我介绍，也可以说声：“对不起，请稍后”“可否交换一下名片”之类的提示语。

（五）表现谦恭

递送名片的过程要表现得郑重其事。向对方递送名片时，应起身主动走向对方，面带微笑，双目注视对方，用双手递过去，以示尊重。名片应放置于手掌中，用拇指夹住名片，其余四指托住名片的反面，名片的文字要正向对方，以便对方观看，如图 4—5 所示；若对方是外宾，则最好将名片上印有对方认识的文字的那一面面向对方。如果事先是坐着的，应当起立或欠身递送。递送时可以说“这是我的名片”“我叫××，请多关照”“请多联系”等。递送名片的过程应当谦逊有礼、郑重大方。

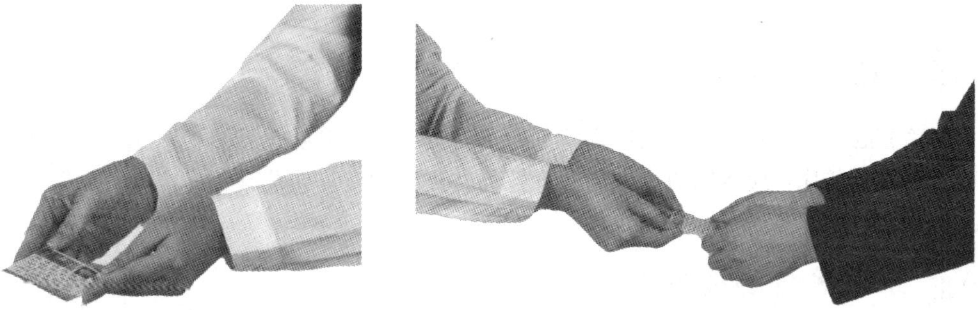

(a)　　　　(b)

图 4—5　递送名片

（六）注意礼节

与国内人打交道，递送名片要用双手。而与外国人打交道，一般只用右手，因为在印度和中东的一些国家，左手被认为是不洁的。与这些国家的人交往，切记不要用左手接触对方，也不要用左手为之传递物品。日本人喜欢右手送自己的名片，左手接对方的名片。

五 接受名片的礼仪

递送名片要讲究礼仪，接受名片也不例外。

（一）态度谦和

接受客人递过来的名片，态度一定要恭敬，应起身面带微笑地注视着对方，用双手去接，点头或道声“谢谢”，使客人感到你对他的名片感兴趣，并对他的举动表示欢迎。

（二）认真阅读

接过名片后应当先认真地看看名片上的内容，必要时可从上到下、从正面到反面看一遍，以表示对赠送名片者的尊重，同时也加深了对名片的印象。切不可马马虎虎地用眼睛瞟一下，然后漫不经心地塞进衣袋，或随手弃置一旁，或拿在手中折来折去，这是不尊重赠送名片者的举止。必要时可把名片上的姓名、职务（较重要或较高的职务）读出声来，如“您就是×××啊，久仰久仰！”以表示对对方的尊重，同时也加深了对对方的印象。

在别人给了名片后，如果有不认识或读不准的字要虚心请教。请教别人的姓名丝毫不会降低你的身份，反而会使人觉得你是一个对待事情很认真的人，增加对你的信任。

（三）精心存放

接过别人的名片切不可随意摆弄或扔在桌子上，也不要随便地塞在口袋里或丢在包里，而应将其谨慎地置于名片夹、公文包、办公桌或上衣口袋里，且与本人名片区别放置。如果将客人的名片放在办公桌上，切不可在名片上放置别的东西，那会被认为是带侮辱性的。

（四）有来有往

接受了他人的名片后，一般应当即刻回给对方一张自己的名片。没有名片、名片用完了或忘记带来名片，应当向对方做出合理解释并致以歉意，切莫毫无反应。

六 索取名片的礼仪

如果你想得到对方的名片，但他却并未给你，那最好不要直截了当地说：“请您给我一张名片。”而应该以请求的口吻说：“如果没有什么不方便的话，能否请您留一张名片给我？”若对方确实已经没有名片，一般会说明。

如果没必要，最好不要强行索要他人的名片。若不宜直接向他人索取名片时，可先主动递上自己的名片，向对方提议交换名片，这叫“将欲取之，必先予之”。向尊者、长者索要名片时，可以说“今后如何向您请教”；向平辈或晚辈索要名片时，可以说“以后怎么与你联系”。

当他人向自己索要名片，自己不想给对方时，不能直截了当地拒绝，应委婉地表达此意：“对不起，我忘带名片了”“抱歉，我的名片用完了”。

七　名片的存放

（一）存放在名片夹内

随身携带的名片应放在较精致的名片夹里。着西装时，名片夹只能放在左胸内侧的口袋里。左胸是心脏的所在地，将名片放在靠近心脏的地方是对对方的一种礼貌和尊重。不着西装时，名片夹可放于自己随身携带的小手提包里。将名片放于其他口袋，甚至后侧裤袋是一种很失礼的行为。

在交际场合中，最好将别人的名片放在一起，将自己的名片放在一起，这样就不用在使用时再去乱找，甚至把他人的名片当作自己的送给对方。

（二）整理名片

参加交际活动后，应立即对所收到的他人名片加以整理，以便今后使用。存放名片时可以根据自己的需要进行排列，如按字母顺序、按姓名的笔画多少排列等。

（三）记录资料

在收藏的他人名片上记下有利于人际交往的资料：

（1）收到名片时的具体情况。如收到的时间、地点以及是否与对方亲自交换等。在国外有一种做法就是将名片的右下角下折，然后再使其恢复原状，它表示该名片是对方亲自与自己交换的。

（2）交换名片者的个人资料。如性别、年龄、籍贯、学历、专长、爱好等。记下这些信息，将有助于下次的交往顺利进行。

（3）交换名片者在交换名片后的变化情况。如单位、部门的变化，职业的变动，联系方式的改变等。特别是联系方式的改变应及时记下，否则就有可能与对方失去联系。

案例评析

A公司销售部负责人的失误看似很小，其实是巨大而不可原谅的失误。名片在商业交际中是一个人的化身，是名片主人“自我的延伸”。弄丢了对方的名片已经是对他人的不尊重，更何况还踩上一脚，顿时让这位总经理产生反感。再加上对方没有按预约的时间到访，既没有提前通知，又没有等待的耐心和诚意，丢失了这笔生意也就不是偶然的了。

任务四 电话礼仪

案例导入

某小区业主委员会王主任计划于下月初召开业主大会，由于大会使用场地事宜要与物业公司商榷，于是他拨通了物业公司经理办公室的电话。可是电话响了足足有半分多钟，不见有人接听。王主任正纳闷着，突然电话那端传来一个不耐烦的女高音："什么事啊?"王主任一愣，以为自己拨错了电话："请问是物业公司吗?""废话，你不知道自己往哪儿打的电话啊?""哦，您好，我是小区的业主，请问经理在吗?""你是谁啊?"对方没好气地盘问。王主任心里直犯嘀咕："我叫王明，是业主委员会主任。""王明？你跟我们经理什么关系?"

"关系?"王主任更是丈二和尚摸不着头脑；"我和经理没有私人关系，我只想商量一下我们开会使用场地的事。""开会？经理不在，你改天再来电话吧。"没等王主任再说什么，对方就"啪"地挂断了电话。

王主任感觉像是被人戏弄了一番，拿着电话半天没回过神来。

问题与思考

1. 办公室人员在接电话时有哪些做得不对?
2. 正确的接听电话方式应该是什么?

知识探究

美国《电话综述》说，人的一生平均有 8 760 小时在打电话。在可视电话还没有普及之前，人们通过电话给人的印象完全依靠声音和使用电话时的习惯，要想有"带着微笑的声音"，或者通过电话赢得别人的信任，就必须掌握使用电话的礼节与技巧。

一 打电话的礼仪

（一）选择适当的通话时间

1. 通话时间

打电话应考虑何时去电话对方较为方便。在别人不方便时去电话打扰是很不礼貌的行为。如果双方事先有约，就应该在双方约定的时间准时打过去，免得对方等你的电话。如果事先没有约好，就应尽量选择对方方便的时间打电话。一般应避开上午 7 点前、晚上 10 点后；对于有午休习惯的人，在中午休息时间也不要打电话打扰；在用餐时间给别人打电话也是不合适的。给海外人士打电话时，要先了解时差。

一般来说，打公务电话应该以不影响受话人的家庭生活为宜，应有意识地避开对方的通话高峰时间、业务繁忙时间、生理厌倦时间及节假日。如果不得不在对方不方便的时候去打搅，应当先表示歉意并说明原因。

2. 通话长度

一般情况下，对每一次通话的具体时间应有所控制，尽量做到以短为佳，宁短勿长。打电话有个“3 分钟原则”，即打电话时，发话人应当自觉地、有意识地将每次通话的时间控制在 3 分钟之内，尽量不要超过这一限定，把事情说清楚就可以了。

3. 体谅对方

在开始通话时，应先问一下对方现在通话是否方便。如果对方不方便，可另约时间。通话时间较长时，也应征求一下对方的意见，并在通话结束时表示歉意。假如在节假日、用餐时间、睡觉时万不得已打电话影响了对方，不仅要讲清楚原因，还要向对方表达歉意。

（二）通话内容要简练

每次通话前应做好充分的准备，最好把对方的姓名、公司或单位的名称、电话号码、通话要点等内容列一张清单，准备好在通话中可能会用到的纸和笔，以及必要的资料和文件。在通话时一定要务实，问候完毕就直奔主题讲正事，不要和对方闲聊。

通话时要用心听，最好边听边做笔记。在电话中交谈时应特别注意集中注意力，思想不可开小差。切不可边打电话边和身边的人交谈，这是很不礼貌的。不得不暂时中断通话时，应向对方说：“对不起，请稍等一会儿。”

（三）表现要文明

接通电话后，应主动友好地向受话人问好，应说“您好”，而不是以“喂”开头。问好后自报家门，先说自己是谁。如果是工作电话，还需要报出自己的公司及部门名称，然后再核实一下对方的名称。如果电话号码拨错了，应向对方表示歉意，切不可无礼地挂断电话。

打电话找人要有礼貌，若你要找的人不在，可以请接电话的人转告并道谢。

（四）适时结束通话

通话时间要适可而止，具体看情况而定。结束通话时，可以把刚才谈过的问题适当重复和总结一下。放话筒的动作要轻，因为这些声音对方也能听到，否则对方会以为是在故意摔电话。话筒没放稳前，千万不可发牢骚，说怪话，对刚才的交谈妄加评论，以免被对方听到。

通话结束时，要向对方道谢和说“再见”，这是通话结束的信号，也是对对方的尊重。一般情况下，打电话的人先挂断电话，接电话的人再放下电话。如果是与上级、长辈、客户等通话，无论你是发话人还是受话人，都最好让对方先挂断电话。放下电话时动作应轻柔，不能让对方听见电话挂机的声响。

二 接听电话的礼仪

接听电话的受话人虽然处于被动位置，但也要注意礼仪规范。

（一）“铃响不过三”原则

接听电话时，以电话铃响三次左右拿起话筒最合适。拿起话筒后，应先向发话人问好，然后报出自己单位的名称，有时还应报出自己的姓名。这样做一方面是出于礼貌，另一面是让发话人验证一下是否拨错了号码，或者找错了人。千万不要拿起电话一声不吭。

如果电话铃响了很多声才拿起话筒，应向对方道歉：“对不起，让您久等了。”如果受话人正在做一件要紧的事情不能及时接听电话，代接电话的人应妥当解释。如果既不及时接听电话又不道歉，甚至表现得极不耐烦，就是很不礼貌的行为。

（二）精神集中，随声应答

在通话时应聚精会神，及时给对方以积极的反馈；有听不清楚或不明白的地方，要马上告诉对方。见面谈话时可以安静地在一旁点头，微笑以表示赞成，但电话通话就不能了。打电话一定要不断地随声应答才能使谈话进行下去。随声应答时，最恰当的用语就是“是的”。应答时，除了表示在听之外，还有促使对方尽快讲出重点的效果。

如果对方向你发出邀请，不管是否答应，回答一定要明确，不能只说声“谢谢”。在涉外活动中，你说“谢谢”，对方会认为你不会去，就不会再考虑你的席位。当你到时候又出现时，双方都会很难堪。

（三）做好电话记录

为了不在电话应对上有所疏忽或闪失，做好电话记录非常重要。一般应在电话机旁边准备好便签和笔，当电话铃声响起来的时候，先下意识地拿起纸和笔，然后再接电话。为了正确地记录，对对方的谈话要点可做必要的重复，重复的内容应简明扼要地记录下来，如时间、地点、联系事宜、需解决的问题等。

（四）代接电话

代接电话时应先弄明白对方是谁，要找什么人。如果被找的人离电话不远，要说：“请稍等，我去请他来听电话”；如果对方要找的人虽然在，但离电话较远，则可礼貌地向对方解释：“××在，可离这儿较远，我去请他，您几分钟后再打过来好吗?”；如果对方要找的人不在，最好也能给对方一个合理的建议：“需要我转告吗?”。若对方请你转告，应做好记录，记录完毕后把主要内容向对方复述确认，以免漏记或错记，事后及时转告电话内容。

当接到打错的电话时，也要和接听一般电话相同，要有礼貌。

无论在哪里接电话，都要仪态文雅、庄重，应轻拿、轻放，把电话机移向自己身边时，不要伸手猛拉过来。通话时应该声调适中，语气柔和沉稳。

三 电话礼仪的注意事项

（一）保持良好的声音形象

电话交谈与面对面交谈相比，最大的区别就是通话双方相互不能见面，人们通过声音去了解谈话的内容、谈话人的意图时，还会由声音去推测、猜想谈话人的情绪、表情。一个人在电话里的声音形象往往是表现自我风度、展示自我修养的重要渠道，因此，每个人都要注意自己的电话形象。注重电话形象也是塑造企业形象的需要。我们很难相信一个打电话时啰唆、满嘴粗话的人所在的公司有良好风范和强大的实力。

接打电话，双方的声音是一个重要的社交因素。双方因不能见面，就凭声音进行判断，个人的声音不仅代表自己的独特形象，也代表了组织的形象，所以打电话时，必须重视声音的效果。无论是拨打电话还是接听电话，当拿起电话听筒的时候，一定要面带笑容。不要以为笑容只能表现在脸上，它也会藏在声音里。亲切、温情的声音会使对方马上产生良好的印象，而绷着脸的话，声音也会变得冷冰冰。此外，在拨打、接听电话的时候，不能叼着香烟或嚼着口香糖；说话时，声音不宜过大或过小，吐字应清晰，保证对方能听清楚。

首先，尽可能说标准的普通话，这不仅易于沟通，而且普通话是最富有表现力的语言；其次，要让声音听起来充满表现力，声音要亲切自然，使对方感受到自己是个精神饱满、全神贯注、认真敬业的人，而不是萎靡不振、灰心丧气的人；最后，说话时面带微笑，微笑的声音富有感染力，且可以通过电话传递给对方，使对方有一种温馨愉悦之感。

资料链接

松下电器商学院训练学员打电话时，要求正襟危坐、聚精会神，不能吃东西、不能吸烟。听到电话铃响，应立即接听，声音清晰、态度和蔼地表明自己公司的名称和所属的部门，并准确地记下电话内容，交由相关人员处理。打电话时，内容力求简明扼要；拨通电话后，马上报出自己公司的名称和所属部门及自己的姓名，在简短的问候后，把要求和希望简要告诉对方；说话时，语气要委婉诚恳。

物业公司在对物业客服人员，特别是电话客服人员进行训练时，松下电器商学院的这种训练方法可供借鉴。

（二）语言规范礼貌

语言表达尽量简洁明白，吐字要清晰，不要对着话筒发出咳嗽声或吐痰声。措辞和语法都要切合身份，不可太随便，也不可太生硬。

称呼对方时要加头衔，无论男女，都不可直呼其名，即使对方要求如此称呼，也不可用得过分。切不可用轻浮的语言。

（三）线路中断尽快重拨

在通话过程中线路突然中断时，拨打电话的一方应负责重拨，接通后应先表示歉意。即使通话即将结束时出现线路中断，也要重拨，继续把话讲完。要是在一定时间内打电话的一方仍未重拨，接电话一方也可拨过去。

（四）准时等候约定的回电

如果约定某人某时回电话，届时一定要开手机或在办公室等候。有事离开办公室时，务必告诉同事自己返回的准确时间，以防万一有人打来电话他们无从对答。

（五）妥善处理电话留言

对电话留言必须在一小时内给予答复。因为不能及时回电话，就意味着不尊重对方。即使有重要事情耽搁，一般也要在 24 小时之内对电话留言给予答复。如果回电话时恰遇对方不在，一定要留言，表明已经回过电话了，即使找不到对方所需要的资料，也要让对方知道自己是诚恳负责的，这是最基本的礼仪。如果自己确实无法亲自回电，也要托付他人代办。

（六）尽量减少通话干扰

如果自己走进别人办公室时，正好别人正在通话，应轻声道歉并迅速退出，否则是很不礼貌的。如果通话时间不太长，所谈也并非什么保密的事，接话人也许会示意自己坐下稍候，此时应尽可能坐在一旁等待，但决不可出声干扰。如果确有急事非马上打断正在打电话的人，只能将要谈的问题写在便条上放在他的眼前，然后退出。

四 电话中遇特殊情况的应对方法

（一）当难以及时回答对方时

无论接电话前精力如何集中，总有些时候，当拿起电话时，即发现总有这样或那样的原因难以及时向对方做出有效的答复。在这种情况下，可以使用一些权宜之词，以帮助自己赢得时间，如你可以说："对不起，另一部电话响了，请您稍等，我马上就回来。""对不起，有人正等着和我通话，等一会儿我再给你打过去好吗？""对不起，碰巧这时有人来找我，我一会给您打过去好吗？""您能给我点儿时间去查查资料吗？""我认为这件事很重要，让我仔细考虑一下再答复你。""对于这件事我有许多想法，我能过一会儿再打电话跟您讨论吗？""很抱歉，现在我很忙，我知道这件事对您非常重要。明天下午四点您有空吗？那时我再跟您详谈好吗？""这个消息我并不知道，我先了解一下，明天再给您打电话好吗？""很荣幸能为您服务，我能在星期五约个时间，再打电话给您谈这件事吗？"

但必须注意，不能总是重复使用这些说法，因为大多数人明白这些托词的用意。当然，当让他人等到最后时，你应首先表示感谢。但有些时候，不一定非要如此，而可以换一种方式。例如，可以说："真不巧，我不得不办完这些事。"甚至还可以更加坦率——

“我知道这是一件非常重要的事，但我的确不能立即做出答复。”在有些情况下，如果答复过于迅速，会让对方误认为你没有经过慎重考虑。因此，宁可多花十五分钟、一天或者更长的时间去严肃、仔细地思考，然后再打电话向对方做出答复。

（二）当接到一些令人困惑的电话时

有时在通话过程中可能遇到这样的情况：不明白对方在说些什么；或者对方使用一些难以理解的词语或表达方式，要求你回答问题，承担自己并不知道的责任。

面对这些情况，有很多处理的方法。其一是言辞模棱两可。例如，你可以说：“您能再解释得更清楚一点吗？我不太明白您用这个词表达的意思。”“您所指出的那个细节我并不完全清楚，我可以再查一查后回复您。”“我再深入考虑一下再给您打电话。”其二是让对方认为你已经明白其所说的事情，然后放下电话后立即打电话向能够解释的人询问，当然你不能向对方透露自己的姓名。

（三）当对方怒气冲天时

在物业管理工作中，如果维修人员拖延了维修的时间，当业主为此打电话时，一定很生气。对于这种情况，如何既能平息业主的怒气而又能保持自己心平气和地与其交谈呢？

首先要真诚地向业主道歉。然后向业主说明具体的原因，例如，材料还没买回来，需要等待；或者维修人员请假，人手紧。最后一定要向业主保证维修人员做完手头的工作后会尽快上门服务的。人之常情，在物业服务人员说这番话的时候，那个怒气冲冲的业主已经冷静下来，而且肯定会同意维修人员尽快上门服务的。

（四）当对方喋喋不休时

如果每次都能高效率地结束通话，相信工作会越做越好。通常，根据打电话的礼节，主动打电话的一方应主动结束通话。大部分情况下应该尊重这礼节，但有时主动打电话的人并不懂得这礼节，因此为了打破僵局，许多人在通话时突然挂断电话，想使对方认为电话断了线，这种方法并不高明，除非对方意识到这是玩笑，否则他不会原谅你。相反的，如果能得体地向对方说再见，会让对方十分满意；或者直截了当地向对方讲明自己还有很多事情要做，暂时没有很多时间进行电话沟通。

（五）线路中断

通话时线路突然中断是最令人恼火的事情。此时，主动打电话的一方应负责重拨，接话方则应静待一两分钟后方可离开。重拨以越早越好，接通后应先表示歉意，尽管这并非自己的过错。可以说：“对不起，刚才线路出了问题。我想刚才正谈到季度总结的事吧？”

即使通话即将结束时出现线路中断，也要重拨，继续把话讲完。否则，就像交谈中途弃人而去一样也是很失礼的。况且，或许对方可能还有更多的事要讲。要是在一定时间内打电话的一方仍未重拨，接电话一方也可拨过去，并且可以这么说：“不知在中断时你是否还有没有讲完的事？”

线路中断常发生于“持机稍候”或等待转接电话的时候，虽然令人恼火，但再接通时也不可显露任何不满。因为也许对方是不了解电话系统而出的差错，并非出于故意。

但作为请人稍候或接转电话的一方而言，应主动表示歉意并迅速接通对方所需要的电话。

（六）通话时受到干扰

如果通话时有人闯入而没有退出室外，可先对话筒说声“对不起”，然后有礼貌地对进来的人说：“我待会儿再去找你。”示意其退出。进来的人若确有急事要马上找正在打电话的人，可以将要谈的事情写在便条上放在他的眼前，然后再退出。

（七）回电话的技巧

一个人无法迫使别人准时回电话，但可以巧妙地应付这种情况。

如果遇到有人来电话抱怨自己的同事没有给对方回电话，可以采取以下三种对策：

一是含糊其辞，热情相待。切记不可胡乱许愿。可以这么说：“他现在不在，要不要给他留个条?”要是对方已经来过电话催问，则可以说：“是呀，昨天你还来过电话催过。留言条我已经交给他了。”这样把责任又推回给了同事。

二是再次留言。这只意味着承诺对方把信捎到，虽然仍不能尽如人意，但也只能如此。在留言条上不妨说明这已是对方第二次来电话催问。

三是如有可能，为来电人解决问题。如果事情正好也在自己的职责范围之内，当即为来电人解决问题，这样做不仅能为自己赢得声誉，也可为公司带来好处。在处理一些小问题时，这个办法很有效。

如果来电催问的人在电话中抱怨、发牢骚，应表示同情和理解。可以这么说：“实在对不起，没能尽快去电话。”或是：“又让您久等了，真是不好意思。”如有正当理由不得不耽误一段时间，也应如实说明，取得谅解。总之，对于对方的迫切心情，决不可表现出漠不关心。

（八）没有时间谈话

为了提高通话效率，在接电话前应准备好做记录的纸和笔。如果在自己很忙的时候突然有人打来电话，不妨适当加快通话速度。办法是不打断对方，自己尽量少讲，只在弄不清的地方提问，但不可离开主题，最后应以几句话总结对方的要求，例如说：“这么说您是想在这周简单装修一下是吗?”

如果当时的确很忙而又深知来电话者讲话啰唆，则告诉对方迟些时候回电话，这样对双方都比较合适，而且不失礼貌。

（九）很难对付的电话

有的电话的确很难对付，在这种情形下既要有耐心，又要不失礼节。

有的人讲话让人听不清或很难懂，应在通话开始就向其说明。对声音过小者，可对他说：“对不起，我听不见。您能不能大声一点?”对说话口音重或有语言障碍者，应耐心复述一遍你认为他所讲的内容或提出一些可用“是”或“不是”来回答的问题请其回答。对声音太大者，则应让话筒离耳朵稍远一点。

为了让你关注他的问题，有的人喜欢在电话里大发脾气。他不惜大声吼叫、咒骂，甚至发出威胁。可以适当地让对方发泄心中的怒气，回话时语调要安详、沉稳。对于吼叫，可以说："如果你能用正常一点的语调说话，我将乐于为您效劳。"

如果那个人仍在无休无止地说，则可以对他说："听得出你对这件事很生气，我也确实想为你做些什么。能不能等你气消了后再来电话和我心平气和地谈谈?"然后，轻轻放下话筒（注意，切不可摔话筒）。

与正在发火的人通电话，可以向他复述一遍他所抱怨的问题，以示对他的理解。这有助于消除其怒气。可能的话，最好能解决问题。要是自己确实无能为力，也可说明原因，建议对方另找相关人员洽谈。

有的人打电话东拉西扯，谈不到点子上，这种电话最浪费时间。此时，应有礼貌地把问题引上正题。可以趁他停顿的间隙，把问题加以归纳，例如："您是不是想谈谈养宠物的事?"如果和这种人经常有电话来往，则不妨将谈话的重点事先发资料给对方。

案例评析

办公室工作人员没有遵循电话礼仪，非常不礼貌。接电话应该尽量快，不要让对方等待太久，即使有事耽搁了导致不能立即接听电话，接起后首先要道歉，然后要自报家门，告诉对方这里是什么公司、哪个办公室、自己是谁，以便让对方知道自己的电话是否拨对了。接着再询问对方有什么需要，如果对方要找的人不在，应当请对方留下电话号码以便当事人回来后回电，或者如果方便的话请对方直接告知，看自己是否能够帮助解决。

任务五 通信礼仪

案例导入

尴尬的手机

物业服务人员小张是一位刚刚二十出头的小姑娘，一次她负责组织召开业主代表会议。会议进行中，有人给小张打电话，只听小张的手机传出了娇滴滴的铃声："妈妈，来电话了!"这时小姑娘尴尬得满脸通红，正在发言的经理看了小张一眼，稍作停顿继续发言。小张看了下来电便把电话给挂断了。过了几分钟，手机铃声继续响起，小张不知什么事，赶紧捂着嘴小声地接听了电话，经理则用眼光偷偷责备她。会后，经理严肃地批评了小张。

问题与思考

1. 经理为什么批评小张?
2. 如果你是小张，当时应如何做?

知识探究

随着网络的普及，电子通信日益盛行，使得沟通方式从单一形式运用向多种形式综合运用过渡。电子通信指人们利用一定的电信设备，来进行信息的传递。被传递的信息，既可以是文字、符号，也可以是表格、图像。通信礼仪，通常即指在利用上述各种通信手段时，所应遵守的礼仪规范。

一 使用手机的礼仪

手机是一种非常便捷的通信工具，与座机一样，使用中也有一些事项应特别注意。

（一）手机携带的一般位置

手机一般放在随身携带的提包内，这样既安全又方便；体积较小的手机可以放在衣袋内。与人交谈时，可将手机放在身旁、背后等不起眼的地方，一般不要将手机挂在脖子上、别在腰上或握在手中。

（二）使用手机应不扰乱公共秩序

在正式场合，不宜当众使用手机，以免影响别人；若确实需要使用手机，应暂时告退，找一个僻静的地方通话。在公共场合使用手机时，应背过身去轻声讲话。

在一些寂静、严肃的场合，如音乐厅、美术馆、电影院、歌剧院等场所应关闭手机，以免手机的铃声影响别人，干扰秩序。在使用手机前，应注意观察周围是否有禁止无线电发射的标志。在飞机上应当关闭手机，以免干扰通信，影响飞行安全。此外，不要在楼梯、电梯、路口、人行道等人来人往的地方使用手机，以免影响他人的通行。

在开会、上课时不能使用手机，因为这样会分散他人的注意力，也是对他人的不尊重。应养成在开会或会面前关闭手机或设置成震动模式的好习惯，在会议中接听电话是失礼的。如果在会面之前你知道有重要的电话要打来，那么提前声明一下，向对方说明一会儿会有一个重要的来电需要接听，一般情况下对方是会同意的。

与人共进工作餐（特别是自己做主人请客户时）最好不要打手机。如果有电话，最好说一声“对不起”，然后去洗手间接听，而且一定要简短，这是对对方的尊重。

（三）使用手机的注意事项

（1）使用手机通话应力求简明扼要，通话时间不宜过长。

（2）手机是贵重物品，不可随便借用别人的手机。手机号码一般不宜随便告诉别人，所以当对方不告诉你他的手机号码时，不要强要，以免对方为难。

（3）不要在别人能注视到你的时候查看短信。一边和别人说话，一边查看手机短信，这样做是不尊重对方。在短信的内容选择和编辑上，应该和通话时一样文明。因为通过所发的短信，意味着你赞同或者至少不否认短信的内容，所以不要编辑或转发不健康的短信，特别是一些讽刺伟人、名人甚至是革命烈士的短信，更不应该转发。

（四）不宜使用手机的场合

（1）不要在驾驶汽车时使用手机或查看短信内容。

（2）不要在医院病房使用手机，以免手机信号影响医疗仪器运行。

（3）不要在加油站等易燃易爆处使用手机，以免引发火灾、爆炸等。

（4）不要在飞机飞行期间使用手机，以免干扰飞行信号，影响飞行安全。

二　电子邮件礼仪

电子邮件作为信息沟通的一种形式，要注意与其他手段的综合运用，互相配合。写电子邮件就能看出其为人带有处世的态度。作为发信人写电子邮件的时候，要想到收信人会怎样看这封邮件，时刻站在对方立场考虑。同时勿对别人的回答期望过高，当然更不应对别人的回答不屑一顾。

电子邮件在给人们带来方便的同时，也带来了职场礼仪方面的新问题。据统计，如今互联网每天传送的电子邮件已达数百亿封，但有一半是垃圾邮件或不必要的邮件。“在商务交往中要尊重一个人，首先就要懂得替他节省时间”，电子邮件礼仪的一个重要方面就是节省他人时间，只把有价值的信息提供给需要的人。电子邮件是职业信件的一种，而职业信件中不该有不严肃的内容。在物业管理行业，崇尚信誉、掌握时机，信奉顾客至上，着重与顾客的沟通，在使用电子邮件时，应注意以下几个方面的问题。

（一）邮件主题

邮件主题是接收者了解邮件的第一信息，因此要提纲挈领，使用有意义的主题，这样可以让收件人迅速了解邮件内容并判断其重要性。

（1）一定不要用空白主题，这是最失礼的。

（2）主题要简短，不宜冗长。

（3）主题要真实反映邮件的内容和重要性，切忌使用含义不清的主题，如“王先生收”。

（4）一封信尽可能只针对一个主题，不要在一封信内谈及多件事情，那样不便于日后整理。

（5）可适当使用大写字母或特殊字符（如“＊!”等）来突出主题，引起收件人注意，但应适度，特别是不要随便使用“紧急”之类的字眼。

（6）回复对方邮件时，可以根据回复内容需要更改主题，不要一大串“RE：RE:”字符。

（二）邮件内容

1. 恰当地称呼收件人，掌握尺度

邮件的开头要称呼收件人。这既显得礼貌，也明确提醒收件人，此邮件是面向他的，要求其给出必要的回应；在多个收件人的情况下可以称呼为“大家”或“ALL”。

如果对方有职务，应按职务尊称对方，如“×经理”；如果不清楚对方的职务，则应按通常的“×先生”“×小姐”称呼，但先要把性别搞清楚。

不熟悉的人不宜直接称呼英文名，对级别高于自己的人也不宜称呼英文名。称呼全名也是不礼貌的，不要随意使用“Dear ×××”，显得跟对方很熟络。

2. 邮件开头和结尾最好要有问候语

最简单的开头是“您好”，结尾常见的是“祝您顺利”之类。

3. 正文简明扼要

邮件正文应简明扼要地说清楚事情，如果具体内容确实很多，正文应只作摘要介绍，然后单独写个文件作为附件进行详细描述。正文行文应通顺，多用简单词汇和短句，准确清晰地表达，不要出现让人晦涩难懂的语句。

正文应段落清楚。如果事情复杂，最好 1、2、3、4 列几个段落进行清晰明确的说明，保持每个段落简短不冗长。最好不要让收件人拉滚动条才能看完邮件。

一次邮件交代完整信息。最好在一次邮件中把相关信息全部说清楚、说准确。不要过两分钟之后再发一封“补充”或者“更正”之类的邮件，这会让人很反感。

4. 结尾签名

每封邮件在结尾都应签名，这样对方可以清楚地知道发件人信息。

签名信息不宜过多。签名档可包括姓名、职务、公司、电话、传真、地址等信息，但信息不宜行数过多，一般不超过 4 行。只需将一些必要信息放在上面，如果对方需要更详细的信息，自然会与你联系。引用一个短语作为签名的一部分是可行的，例如，你的座右铭，或公司的宣传口号。但是要分清收件人对象与场合，切记一定要得体。

不要只用一个签名档。对内、对私、对熟悉的客户等群体的邮件往来，签名档应该进行简化。过于正式的签名档会让对方觉得疏远。发件人可以在 Outlook 等软件中设置多个签名档，灵活调用。

签名档文字应选择与正文文字匹配的简体、繁体或英文，以免出现乱码。字号一般应选择比正文字体小一些。

（三）邮件编辑

1. 注意邮件的论述语气

根据收件人与自己的熟络程度、等级关系，邮件是对内还是对外性质的不同，选择恰当的语气进行论述，以免引起对方不适。由于电子邮件可轻易地转给他人，因此对别人的意见和评论必须谨慎而客观。

2. 尽可能避免拼写错误和错别字，注意使用拼写检查

这是对别人的尊重，也是自己态度的体现。如果是英文邮件，最好把拼写检查功能打开进行检查；如果是中文邮件，注意检查拼音输入法造成的同音别字。在邮件发送之前，务必自己仔细阅读一遍，检查行文是否通顺，拼写是否有错误。

3. 合理提示重要信息

不要动不动就用大写字母、粗体、斜体、颜色、加大字号等方式对一些信息进行提示。合理的提示是必要的，但过多的提示则会让人抓不住重点，影响阅读。

4. 合理利用图片、表格等形式来辅助阐述

对于很多带有技术介绍或讨论性质的邮件，单纯以文字形式很难描述清楚，配合图表加以阐述会更清晰。在商务信函中不要随意使用表情符号，会显得不正规。

5. 附件

如果邮件带有附件，应在正文中提示收件人查看附件。附件应按有意义的名字命名。正文中应对附件内容做简要说明，特别是带有多个附件时。

附件数目不宜超过 4 个，数目较多时应打包压缩成一个文件。如果附件是特殊格式文件，应在正文中说明打开方式，以免影响收件人使用。如果附件过大，应分割成几个小文件分别发送。

6. 语言的选择和汉字编码

只在必要的时候才使用英文邮件。英文邮件只是交流的工具，而不是用来炫耀和锻炼英文水平的。如果收件人中有外籍人士，应该使用英文邮件交流；如果收件人是其他国家和地区的华人，由于存在中文编码的问题，邮件在其他地区可能显示成乱码，最好采用英文交流。

尊重对方的习惯，不主动发英文邮件。如果对方与你的邮件往来是采用中文，请不要发英文邮件给他；如果对方发英文邮件给你，也不要用中文回复。

对于一些信息量丰富或重要的邮件，建议使用中文。这将避免当发件人英文表达水平或收件人的英文理解水平存在问题时，影响邮件所涉及问题的解决。

选择便于阅读的字号和字体。中文用宋体或新宋体，英文就用 Verdana 或 Arial 字体，字号用五号或 10 号字即可。经研究证明这是最适合在线阅读的字号和字体。不要用奇特的字体或斜体，特别是公务邮件最好不用背景信纸。

（四）回复邮件

1. 及时回复邮件

收到他人的重要电子邮件后，即刻回复对方，这是对他人的尊重，理想的回复时间是在 2 小时内，特别是针对一些紧急重要的邮件。

对每一份邮件都立即处理是很占用时间的，对于一些优先级低的邮件可集中在一个特定时间处理，但一般不要超过 24 小时。

如果事情复杂，无法及时确切回复，至少应该及时回复说“收到了，我们正在处理，一旦有结果就会及时回复”，不要让对方苦苦等待。如果正在出差或休假，应该设定自动回复功能，提示发件人，以免影响工作。

2. 进行针对性回复

当回件答复问题的时候，最好把相关的问题抄到回件中，然后附上答案。不要用简单的回答，应该进行必要的阐述，让对方一次性理解，避免再反复交流，浪费资源。

3. 回复不得少于 10 个字

对于对方发来的邮件，你只回复“是的”“对”“谢谢”“已知道”等字眼，是非常不礼貌的。回复不得少于 10 个字，显示出对对方的尊重。

4. 不要就同一问题多次回复讨论

如果收发双方就同一问题的交流回复超过 3 次，这只能说明交流不畅，说不清楚。此时应采用电话沟通等其他方式进行交流后再做判断。

对于较为复杂的问题，多个收件人频繁回复，发表看法，这将导致邮件过于冗长而不可阅读。此时应对讨论的结果进行小结，突出有用信息。

5. 要区分单独回复和回复全体

如果只需要单独一个人知道的事，在邮件中单独回复就可以了。如果对发件人发出的群邮件中提出的要求作结论响应，应该回复全体，让大家都知道。如果对发件人提出的问题不清楚或有不同的意见，应该与发件人单独沟通，不要在群邮件中与发件人讨论，待讨论结果出来再告诉其他人即可。

6. 主动控制邮件的来往

为避免无谓的回复，浪费资源，可在文中指定部分收件人给出回复，或在文末添上以下语句："全部办妥""无需行动""仅供参考，无需回复"。

（五）正确使用发送、抄送、密送

（1）要区分收件人、抄送人、密送人。收件人需受理邮件所涉及的主要问题的，应对邮件予以回复响应；抄送人只需要知道邮件的内容，没有义务对邮件予以响应，如果抄送人有建议，也可以回邮件；密送人则不知道发件人是谁的，一般发送密送邮件用在非常规场合。

只给需要信息的人发送邮件，不要占用他人的资源。

（2）发送、抄送邮件的各收件人的排列应遵循一定的规则。例如，按部门排列，按职位等级从高到低或从低到高排列都可以。

三 发送传真礼仪

传真通信是在电信领域里发展比较缓慢的技术，直到 20 世纪 20 年代才逐渐成熟起来，20 世纪 60 年代后得到了迅速发展。目前，它已经成为使用最为广泛的通信工具之一。利用传真通信的主要优点是：操作简单、传送快捷、节省费用。

在使用传真机发送文件的时候，有以下几点需要注意：

（1）选择时间。向别人发送传真，应选择适宜的时间，不要在对方休息时发传真，更应避开深夜、午休、节假日或工作最繁忙的时间。

（2）礼待对方。发传真应礼待对方，一般要有必要的问候语和致谢语。传真内容准确、简明，字迹清晰、工整，要遵循书信礼仪，称呼、敬语、签字等都不可缺少。即使发送法律文件、建议书或其他资料，也要写上几句热情有礼的话语，让对方感到温暖和亲切。

（3）保留首页。正式的传真应该有首页，上面注明传送者与接收者双方所在单位及部门的名称、姓名、日期、传真的事由及总页数等信息。这样做可以使对方一目了然。如果是非正式传真件，也应在所发资料上标注上 2—1、2—2 等，让对方清楚传真的页数。如果其中某页不清楚或是没有收到，可立即发现，及时重发，以节约双方的时间，提高工作效率。

（4）事前通报。发送传真前，为了保证万无一失，应先打电话确认传真号码，并告诉对方传真内容，然后在 5 分钟之内把传真发送出去。

（5）及时回复、转交。收到传真后，应当在第一时间内即刻采用适当的方式告知对方，请对方放心。需要办理或转交、转送他人发来的传真时，千万不可拖延时间，耽误对方的要事。

（6）公私分明。若传真机是公共财产，私人的传真最好不要使用。

（7）使用的先后问题。当有一份很长的传真需要发出去时，而等候的同事只需传真一两页时，应让他先用。

（8）如果遇到传真纸用完时，应及时更换新传真纸。如果遇到传真机出故障，应及时找出原因，先处理好再离开，如不懂修理，就请别人帮忙，不要把问题留给下一个同事。

（9）传真机使用完毕后，不要忘记将原件拿走，否则容易丢失或泄漏信息，给自己带来不便。

案例评析

手机是一个私人物品，在没有非常必要的情况下，不要当着别人的面使用手机。尤其是在会议中，手机铃声一再响起，不仅影响了会议的正常进行，不雅的铃声也破坏了物业工作人员在业主心目中规范有序的整体形象。

小张在会议开始前，应该把手机关闭或置于静音状态；如果忘记了，第一次铃声响起后，就应该把手机关闭，不应该让手机铃声再次响起；第二次响起，应该立刻关掉铃声，不能在会议中接听电话，即使是非常重要紧急的事情，也要到会议室外面去接。

项目小结

在现代社会交往中，无论人与人之间见不见面，都可以借助现代化的通信手段很便捷地沟通交流。在这一过程中，遵守相应礼仪是保证沟通交流顺利进行的前提。物业服务人员不仅要掌握与业主直接见面时的称呼与介绍礼仪、见面礼仪、名片礼仪，还应掌握不直接面对面时应用的电话礼仪及其他通信礼仪。

职业实训练习

一、选择题

1. 物业服务人员在工作中手机一般放置在（　　）。

A. 手提包　　B. 裤袋　　C. 腰间　　D. 手中

2. 回复邮件，其内容一般不少于（　　）字。

A. 10 个　　B. 15 个　　C. 20 个　　D. 25 个

3. 回复邮件的理想时间是不超过（　　）。

A. 2 小时　　B. 4 小时　　C. 12 小时　　D. 24 小时

4. 事先通报对方要发传真后，一般在（　　）内发出去。

A. 2 分钟　　B. 5 分钟　　C. 10 分钟　　D. 半小时

二、综合案例分析题

案例名称	抓住与业主沟通的机会
工作任务	某小区1号楼的一位业主，连续拖欠了7个月的物业管理费和水费、电费。物业管理处的工作人员多次打电话和上门催交，业主一直置之不理，就连管理处主任亲自出面做工作，也吃了闭门羹。 一个星期天，这位业主打电话到物业管理处，说楼上装修漏水把他家给淹了，还厉声质问："你们物业公司到底是干什么吃的?"接电话的物业服务人员用礼貌友善的语言迅速应答："对不起，很抱歉出现这样的问题，我们马上上门检查，为您服务。"接电话后，物业管理处迅速派一名管理人员赶到他的家里。管理人员进门一看，情况其实并非如他说得那么严重，只是墙壁和窗帘被楼上滴下来的水弄脏了一小块。 虽说小事一桩，但物业服务人员还是没有丝毫怠慢。安慰了业主后马上上楼，找来楼上施工的负责人，请他先就自己的不慎向业主赔礼道歉。然后一起查验滴水情况，明确告知装修负责人必须承担赔偿或补救责任。经过物业服务人员耐心调解，双方当场就把问题解决了。 处理完毕，业主的脸上露出笑容，邀请物业服务人员坐下来聊天。聊天中，物业服务人员时不时就诉诉物业服务工作的辛苦、被人误解的冤苦、收不上费的困苦，每当提及这些，业主就默不作声，若有所思。第二天，他就主动来到物业管理处，补交了所欠的全部费用，此后再未拖欠过。
完成时间	15分钟。
任务目标	了解电话沟通的方法。
任务要求	1. 业主为什么能这么快就把拖欠了几个月的物业费给交了? 2. 遇到业主投诉的电话，接电话的工作人员应特别注意哪些问题?
研讨内容	
研讨成果	
讨论过程	
自我角色	
自我评价	
小组评价	
教师评价	

三、思考题

1. 角色扮演：两位同学分别扮演业主和物业服务人员，进行自我介绍。

2. 角色扮演：两名同学分别扮演物业服务人员与业主进行沟通，主题是：业主就家中水管漏水一事第二次打电话给物业服务人员询问解决办法。

3. 案例分析。

小张刚上班报到的那一天，接待她的是公司的王主任，40多岁的王主任年轻得像二十七八岁。第一次见面，小张恭敬地喊了一声："王主任您好!"王主任听了很随和地说："别那么客气，叫我名字好了。"以后在公司再遇到王主任，小张都是直接喊名字。一段时间后，有同事提醒小王，这么称呼领导是不对的。小王很混乱："明明是王主任让我喊他名字的，为什么有人说这样不对呢?"

问题：你觉得小张应该如何称呼王主任?

4. 打电话过程中，如果线路中断，应该由哪一方重新拨电话?

5. 发送电子邮件时为什么一定要标明邮件主题?

项目五

物业服务办公礼仪

职业要求

物业管理公司要为业主创造舒适的居住和活动场所。物业办公室是物业公司工作人员与业主打交道最主要的场所。物业服务人员要掌握办公室内的环境布置要求，掌握物业办公室接待业主的礼仪规范。在需要拜访业主时能按照规范要求进行，留给业主良好的印象。

任务导读

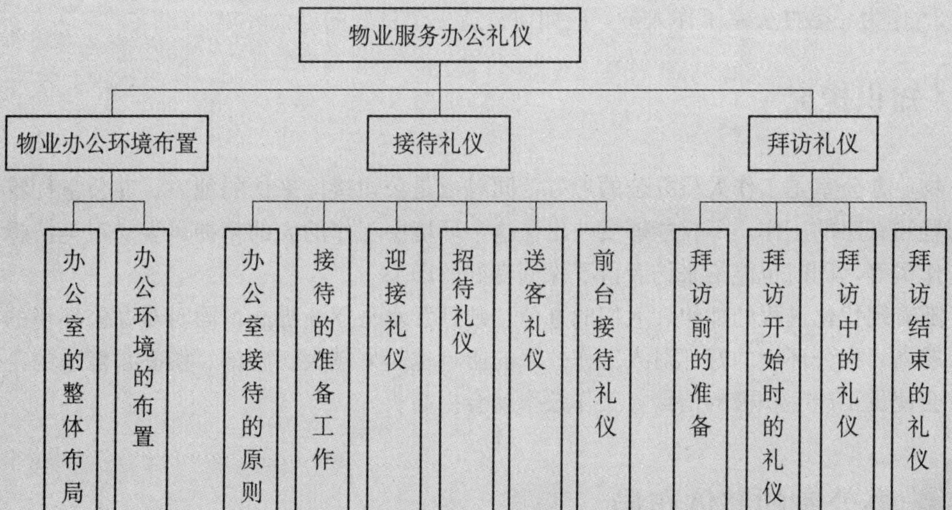

学习目标

知识目标：了解办公室整体布局的要求，掌握办公室接待的原则及接待各环节的礼仪规范，掌握拜访各环节的礼仪规范。

能力目标：能够按办公室环境布置要求布置办公室；能够按照礼仪规范及具体环境进行接待和拜访。

任务一 物业办公环境布置

案例导入

物业公司办公室的小张是一位职场新人。小张从小娇生惯养，生活自理能力比较差。上班后，虽然业务能力不差，但最大的缺点就是办公室、办公桌非常凌乱，文件、个人物品到处乱放，需要的时候经常到处翻。为此，办公室李主任说过她几次了。

一天，在外出差的物业公司王经理打电话回来，让小张马上找一份文件传真过去，王经理开会要用。小张记得这份文件在王经理出差前交给自己的，好像放到文件柜里了。但是找了半天也没找到，其他同事知道了也过来帮忙，还是没有找到。电话那边的王经理非常着急，若没有这份文件，几个关键数据没法核对。最后，小张也没找到这份文件。

王经理出差回来后，与办公室李主任商量了一番，将小张调了岗位。

问题与思考

1. 小张为什么会被调岗？
2. 作为一名办公室工作人员，应如何营造一个良好的办公环境？

知识探究

物业办公室是工作人员办公的地方，同时也是公司接待来访的地方。办公室优雅的环境布置和有序的工作，不仅能够反映出在这个环境中工作的人的精神风貌、审美情趣以及工作作风等，同时也能给来访者留下深刻良好的印象。

随着现代化进程的加快，人们的办公“硬件”水平逐渐提高，同时对办公环境的要求越来越高，办公环境的好坏对人工作效率的影响也越来越大。整洁、明亮、舒适的工作环境，会使员工产生积极的情绪，工作效率就会提高。

一 办公室的整体布局

物业办公室要考虑到各个企业的工作特点，与小区的整体风格统一。在办公室可以放些对工作人员和工作氛围有帮助的物品，如绿色植物、书画等。要了解物业服务企业的办公室该如何进行整体布局，首先需要知道办公室布局的几种类型。

（一）办公室的类型

第一种是密室型。密室型办公室属于典型的密闭式工作空间，工作属性为高度自主，而且不需要和同事进行很多互动。物业公司经理室、财务室等办公室可采用这种类型。

第二种是蜂巢型。蜂巢型办公室属于典型的开放式办公空间，配置一律制式化，这会使个性化降低，只适合例行性工作，彼此互动较少，工作人员的自主性也较低。物业公司一般行政工作的办公环境布局宜采用这种类型。

第三种是鸡窝型。这种类型是一个团队在开放式空间共同工作，互动性高，但不一定属于高度自主性工作。物业公司维修、维护人员办公室可选用这种类型。

第四种是俱乐部型。这类办公室适合必须独立但也需要和同事频繁互动的工作，同事之间以共享办公桌的方式分享空间。物业客服人员的办公室可选用俱乐部型。

（二）办公室布置的基本原则

物业办公室布置主要是确定人员座位的位置和办公室物质条件的合理配置。布置时一般要了解办公室工作性质与内容，办公室内部组织与人员分工，办公室与其他单位的联系。还可绘制业务流程图，作为布置的依据。了解办公室定员编制，以及根据工作需要应配备的家具、通信工具、主要办公用品等情况。在充分掌握情况的基础上，按办公室的位置和面积进行合理布置，并绘制平面图。平面布置图经讨论、比较、修改后，才可按图进行布置。

1. 力求办公室有一个安静的工作环境

各种嘈杂声会使人感到不愉快，分散注意力，容易造成工作上的失误。所以，办公室应布置在比较安静、适中的位置。如果有条件，大部分办公室可以集中在一起，这既便于工作上相互联系，又可以求得比较安静的工作环境。办公室分散的好处是接近工作现场，便于开展工作，但可能不够安静，必须采取具体措施，如安装隔音装置等，以排除各种杂音。为保持办公室内安静，应将电话和其他发声设备安装在最少干扰他人工作的位置；客人来访最好设有单独会客室，如不具备此条件，也应将会客处布置在办公室的入口附近。

2. 办公室应有良好的采光、照明条件

室内光线过强或过弱，都会增加人的疲劳程度，降低工作效率。一般来说，自然光优于人造光，间接光优于直光，匀散光优于聚焦光。自然光有益于人的身心健康，但早晚或阴雨天时可能会光线不足，因此需要有其他的人造光补充。布置办公室内座位时，应尽量使自然光来自办公桌的左上方或斜后正方。

3. 最有效地利用办公室面积，合理布置工作人员的座位

安排座位时要考虑业务的工作流程和同一业务小组的工作需要，尽可能采取对称布置，避免不必要的文书移动。

4. 办公室布置应力求整齐、清洁

室内用品应摆放整齐，便于使用。文件箱、文件柜的大小、高度最好一致，并尽量靠墙放置或背靠背放置。常用的文件箱、柜应布置在使用者附近。

（三）物业服务企业办公室整体设计要求

物业服务企业办公室空间的设计与其他办公室空间的设计一样，在布局、通风、采光、办公流线、色调的设计等方面，对工作人员的精神状态及工作效率都会产生较大影响。

1. 深入了解企业类型和企业文化

只有充分了解企业类型和企业文化，才能设计出反映该企业风格与特征的办公空间，使设计具有个性与生命。物业服务企业办公室设计要从物业管理行业特点与本企业的文化相结合出发。例如，物业公司主要面向的客户是业主，办公室的设计就要讲究面对面地沟通，最好不要做成柜台式的，把物业服务员与业主隔开。

2. 熟悉企业内部的机构设置及其相互联系

只有熟悉企业内部的机构，才能确定各部门所需面积并规划好办公流线。事先了解公司的扩充性，这样可使企业在迅速发展过程中不必经常变动办公流线。

3. 整体设计具有前瞻性

现代办公不能缺少现代办公设备，办公室要根据实际需求安装网络系统，要求设备的种类应齐全，而且在容量上要留有余地。通信设备、电脑系统等的配置必须考虑其整体性、实用性和方便性。

4. 方案设计具有舒适性

办公室设计应尽量利用简洁的建筑手法，避免采用过时的造型、烦琐的细部装饰、过多过浓的色彩点缀。在规划灯光、选择空调和办公家具时，应充分考虑其适用性和舒适性。

5. 环境设计倡导环保性

在办公室的设计中要融入环保观念，多采用低碳环保材料。办公室的装饰隔断、办公家具、办公设备及设施等是写字楼里影响空气质量的重要"隐形杀手"。办公室装修不能只看价格，而不注重质量。

二 办公环境的布置

（一）物业前台的布置

前台代表着公司的形象，是公司整体设计中的点睛之笔，前台及 Logo 墙的设计对每一个公司来说都极其重要。物业公司的前台，是体现公司形象的门户所在，既可以显示企业的实力，又起着商业礼仪、人际交流、形象战略等作用。业主的第一印象就是从前台开始的。

1. 物业前台的布局及设计风格

成功的前台布局要结合坐向方位、地理环境及行业要求等因素综合设计，使客人进到厅堂有种亲切感。例如，考虑到光线充沛的问题，可将前台设置在南方，并尽量用红、紫色装潢，以提升亮度。此外，在前台可摆放一些企业标志物、绿色植物和鲜花，以体现企业形象和烘托室内气氛。

物业前台设计风格根据企业公共关系活动的实际情况而定，除了考虑专业设计因素之外，材质也是十分重要的。例如，为了营造办公室温馨的主题，在细节上可以使用一些比较细腻的材质。

2. 前台装修设计注意事项

前台在布局上要体现企业形象，在装修设计中还应考虑以下几方面因素：

一是色彩。颜色是视觉的第一要素。例如，文化公司宜采用彰显古朴、稳重的木色、黑色、红色；食品公司宜采用彰显青春活力的蓝色、果绿色；而科技公司则侧重蓝色、深蓝、银灰等颜色的使用等。

二是造型。形状是视觉的第二要素。造型设计需要与公司的行业性质、企业产品定位、企业文化特色相匹配。

三是材质。质感是视觉的细腻之处。不同行业的设计师运用各种不同新型材料或不断创新的表现方式就能起到不同的效果。

四是光感。灯光是视觉的聚焦、升华之处。

（二）物业办公区域的绿化布置

办公室设计应注重将自然环境引入室内，对室内外环境进行绿化，给办公环境带来一派生机，这也是现代办公室的另一特征。

1. 办公室养植物有益健康

德国科学家的一项研究指出，办公室绿化不仅能提高空气质量、降低污染物的浓度和噪声，还有助于缓解职员头痛、紧张等症状。据有关研究，一间 30 平方米的办公室的空气湿度从 30%提高到最舒适的 50%，需要种植 6 棵大约 1.5 米高的植物，这就可以营造出“绿色办公室”。

2. 选择适宜的植物

在植物的选择上，需注意不同植物的功效。红豆杉、常青藤、铁树可吸收空气中的苯和有机物；茶花、仙客来、牵牛花、石竹、唐菖蒲可吸收空气中的有害气体；吊兰、芦荟、虎尾兰能够吸收空气中的甲醛等有害物质。室内一般较宜种植上述植物。

3. 摆放盆栽植物要注意的问题

不要将植物摆放在经常有人走动的地方，也不要将植物摆放在办公室的中央。

在办公室中摆放盆栽植物，要注意和办公室整体结构及大小相匹配。不能选择过大的植物摆放在办公室里，否则会有喧宾夺主之感，使办公室整体布置失衡。

（三）物业办公室的桌椅布置

1. 办公室桌面环境

办公室的桌椅及其他办公设施，都需要保持干净、整齐、有条理。从办公桌的状态可以看出当事人的状态，会整理自己桌面的人，工作起来肯定也是干净爽快。他们为了更有效地完成工作，桌面上只摆放目前正在进行的工作资料；在休息前应做好下一项工作的准备；用餐或去洗手间暂时离开座位时，应将文件覆盖起来；下班后的桌面上只能摆放计算机，而文件或资料应该收放在抽屉或文件柜中。

随着办公室改革的推进，有的公司已废弃个人的专用办公桌，而采用共享的大型办公桌，为了下一个使用者，对共享的办公桌更应该注意桌面环境。

2. 办公室桌椅布置原则

（1）办公桌宜背后有靠。办公桌后最好是实墙为靠，如无实墙则可以是书柜，或用以山为主的山水画代为靠山也是可行的。

（2）不可背门而坐，也不可正对门而坐。门是人进入的必经之处。人如果背着门口而坐，座后没有依靠，背后人来人往，坐于此位的办公室人员会时常都处在一种潜意识的紧张状态之中。

（3）办公桌椅的上方不可横梁压顶。如果办公室的办公桌椅上方正好有一个横梁，或低矮的吊顶，会让人在工作中产生压力。

案例评析

作为一名办公室工作人员，应该勤于整理办公室，保证环境干净整洁，文件分类存放，便于取阅，也便于保密。小张没有达到上述要求，虽然这次是找不到文件，给王经理的工作带来很大的不便，一旦这种习惯延续下去，很可能给公司带来更大的损失。小张这种工作习惯的人，不适合这一岗位，所以被调岗了。

任务二 接待礼仪

案例导入

小张是物业公司的一位新员工，她和小石在客服中心负责接待来访的业主和转接电话。一天，一位业主打电话到客服中心投诉自己家卫生间漏水的问题。因电话里未能解决该问题，业主与客服中心约好下午 6 点来见工程部的黄主任。下午业主提前 20 分钟到达物业办公室，小张马上联系工程部黄主任，黄主任正在接待客人，请业主稍等。小张将黄主任的情况转告给业主，正说着办公室电话响了，小张匆匆用手指了一下椅子，就转身接电话去了。业主面露不悦之色。

（资料来源：龙丁玲、罗泽凤、彭丽花：《物业服务沟通与礼仪》，北京，清华大学出版社、北京交通大学出版社，2012。）

问题与思考

1. 小张在接待业主时，哪里做得不对？
2. 如果你是小石，当业主不高兴时应如何改善服务？

知识探究

接待工作一般都会由办公室负责，办公室接待人员的精神面貌、工作作风、专业程度、待客礼节都代表着物业公司形象，是公司的门面。物业办公室接待礼仪是指物业公司的行政部门迎送客人的一整套行为规范。这项工作是展示单位文明的“窗口”，通过接待来单位拜访的客人，可以展示单位形象，提高单位的知名度和美誉度。

一 办公室接待的原则

一是热情相待原则。对来访的客人，无论职位高低、熟悉与否都要一视同仁，表现出热情、真诚之意。要主动与客人寒暄、问候，亲切招呼，主动做自我介绍，与客人热情握手。

要以客人为中心，把自己的其他事务放在第二位，专心为客人服务。接待客人时，正在被接待的客人要被视为最重要的客人，对后到客人要接待，但要分清主次，不能因此而忽视了正在被接待的客人。告辞必须由客人提出，接待人员要诚恳挽留，客人在被挽留后仍要离开，接待人员才能起身送行，握手、致意、告别。

二是耐心细致原则。接待来访客人要细心，讲究善始善终。多站在来访者角度考虑问题，注意接待的细节，兼顾来访者的特殊要求，善于观察来访者态度的细微变化，尽可能地为其提供帮助、解决问题，让客人感到宾至如归。

三是规范有序原则。办公室要有接待制度，使接待工作制度化、规范化，形成一定的接待流程，让接待工作进行得心应手。对接待人员要进行必要的礼仪知识培训，在接待中使用规范的礼仪，提升公司的整体形象。

四是合理节俭原则。办公室应该合理地使用接待经费。对必要的开支，绝不吝啬；对无关紧要的支出，要合理节俭，不能铺张浪费。

二 接待的准备工作

一是环境准备。平时办公室就应该保持整洁、优雅、舒适，桌椅摆放有序，办公用品、资料放置整齐，适宜待客。如果是专门的接待室或会议室，要提前清洁卫生，保持桌椅、沙发的整洁，提早开窗通风，并适当摆放绿色植物。

二是物品准备。准备好招待客人用的茶杯、茶叶、开水、烟灰缸等。还可以准备一些水果、饮料、点心和香烟等物品。如需要记录的，应提前备好钢笔、铅笔和便笺。

三是全面掌握来访信息。接到来访接待任务后，办公室人员要主动与对方联系，掌握来访者的姓名、人数、性别、单位、职务、级别等信息，了解来访的目的、要求、活动方式及准确的行程安排，还要确定对方的联系人，便于及时沟通情况，若有任何变化，要在第一时间得到信息，便于调整接待方案。

四是制定周密的接待方案。根据客人的来访目的、活动时间、要求，以及客人的职务高低确定接待规格，拟定出详细接待方案的初步意见，报分管上级或主要负责人审批。

五是安排落实接待方案。接待方案确定后，要严格按照方案有序进行，通知相关人员做好各项准备工作，明确接待人员的职责和具体任务，使各个接待环节衔接妥当。接待场所要大小适宜；接待场地的座次顺序要正确；接站的人员和交通工具要落实；宾馆要符合来宾身份、职务；餐饮符合接待标准并尽量突出地方特色；如果是重要上级来访，安保工作要从严要求；如需准备汇报材料，要提前检查；宣传报道应统一口径，掌握分寸，并报上级有关部门批准。

三 迎接礼仪

迎来送往，是社会交往接待活动中最基本的形式和重要环节，是表达主人情谊、体现礼貌素养的重要方面。迎接是给客人良好第一印象的最重要工作，迎接客人要有周密的部署。

（1）对前来访问、洽谈业务、参加会议的外国、外地客人，应首先了解其到达的车次、航班，安排与客人身份、职务相当的人员前去迎接。若因某种原因，相应身份的人员不能前往，前去迎接的人员应向客人做出解释。

（2）主人到车站、机场去迎接客人，应提前到达，恭候客人的到来，不能迟到而让客人久等。客人看到有人来迎接，必定会感到高兴，若迎接来迟，会在客人心里留下阴影，事后无论怎样解释，都无法消除这种失职和不守信誉的印象。

（3）接到客人后，应首先问候“一路辛苦了”“欢迎您来到××××”等，然后向对方作自我介绍。如果有名片，可送予对方。

（4）迎接客人应提前为客人准备好交通工具，不要等到客人到了才匆匆忙忙准备交通工具，那样会因让客人久等而误事。

（5）主人应提前为客人安排好住宿，帮客人办理好一切手续并将客人领进房间。同时，还可向客人介绍住处的服务、设施，将活动的计划、日程安排告知客人，并把准备好的地图或旅游图、名胜古迹介绍材料等送给客人。

（6）将客人送到住地后，主人不要立即离去，应稍作停留，陪客人交谈一会儿。考虑到客人旅途劳累，主人停留的时间不宜过长，以免耽误客人休息。告别时，可将下次联系的时间、地点、方式等告诉客人。

四 招待礼仪

在接待工作之中，对于来宾的招待乃是重中之重。要做好接待工作，重要的是要以礼待客。

（一）引领入室

1. 陪同引导

陪同，指的是陪伴别人一同行走。引导，则是指在行进中带领别人，有时又叫引领、引路或带路。

（1）走廊的引导方法，主要包含以下五点要求：

一是要注意服务人员所处方位。双方并排行进时，服务人员应处于左侧；双方单行行进时，服务人员应居于服务对象左前方约 1 米的位置。当服务对象不熟悉行进方向时，一般不应请其先行，同时也不应让其走在外侧。

二是要协调行进速度。在陪同、引导客人时，服务人员行进的速度须与对方相协调，切勿我行我素，走得太快或太慢，应以客人为主，根据客人的速度调整自己的步伐。

三是要及时关照提醒。陪同、引导时，一定要处处以对方为中心。经过拐角、楼梯或昏暗之处时，须提醒对方留意。

四是要采取正确的体态。陪同、引导客人时，有必要采取一些特殊的体态，如请对方开始行进时，应面向对方，稍许欠身；在行进中与对方交谈或答复其提问时，头部和上身应转向对方。

五是遇其他客人要致意。如有其他客人从对面走来时，服务人员应放慢步伐，离客人约 2 米处，目视客人，面带微笑轻轻点头致意，并说“您好!”“您早!”等礼貌用语。如果服务人员单独行走，还要行鞠躬礼时并致问候，等候客人先行通过；切忌边走边看边躬身。

(2) 上下楼梯的引导。引导客人上楼时，应该让客人走在前面，服务人员走在后面；当引导客人下楼时，应该由服务人员走在前面，客人走在后面，该注意客人的安全。坚持“右上右下”的原则，以方便对面上下楼梯的他人。

(3) 电梯的引导。要牢记“先出后进”原则，乘电梯规矩是里面的人出来之后，外面的人方可进去。若乘的是无值班员的电梯，服务人员须自己先进后出，以便为服务对象控制电梯。若乘的是有值班员的电梯，则服务人员应当后进后出。进出电梯时，应侧身而行，以免碰撞他人；进入电梯后，应尽量站在里边。

(4) 会客厅里的引导。当客人走入会客厅时，接待人员用手示意，请客人坐下。如果客人错坐了下座，应请客人改坐上座（一般靠近门的一方为下座）。等客人坐下后，才能行点头礼后离开。

资料链接

物业服务人员工作中应遵守的交际距离和服务距离

交际距离，一般是指交往对象彼此之间在空间上所形成的间隔，即交往对象之间彼此相距的远近。在不同的场合和不同的情况下，交往对象对交际距离通常会有不同的要求。心理学实验证明：交际距离必须适度。交际距离过大，容易使人产生疏远之感；交际距离过小，又会使人感到压抑、不适或被冒犯。总之，交际距离过大或过小均为不当，都是有碍于正常的人际交往的。

物业服务人员在工作时，与业主之间的距离主要有以下几种。

1. 服务距离

服务距离是物业服务人员与业主之间所保持的一种最常规的距离。在一般情况下，服务距离以 0.5～1.5 米为宜。至于物业服务人员与业主之间究竟是要相距近一些还是远一些，则应视服务的具体情况而定。

2. 展示距离

展示距离是服务距离的一种较为特殊的情况，是指物业服务人员需要在业主面前进行操作示范，以便业主对服务项目有更直观、更充分、更细致的了解。进行展示时，物业服务人员既要使业主看清自己的操作示范，又要防止业主对自己的操作示范有所妨碍或遭到误伤。因此，展示距离以1～3米为宜。

3. 引导距离

引导距离是指物业服务人员在为业主带路时彼此之间的距离。根据惯例，在引导时，物业服务人员行进在业主左前方1米左右是最为适当的。物业服务人员与业主之间相距过远或过近，都是不允许的。

4. 待命距离

待命距离是指物业服务人员在业主尚未传唤自己、要求自己为之提供服务时，必须与业主自觉保持的距离。在正常情况下，它应当是在3米之外。只要业主视线所及，可以看到物业服务人员即可。物业服务人员主动与业主保持这种距离的目的，在于不影响业主对服务项目的浏览、斟酌或选择。

5. 信任距离

信任距离是指物业服务人员为了表示自己对业主的信任，同时也为了使业主对服务的浏览、斟酌、选择或体验更为专心致志而采用的一种距离。采取此种距离时，必须注意两点：一是不要躲在附近，似乎是在暗中监视业主；二是不要一去不返，令业主在需要物业服务人员帮助时根本找不到任何人。

另外，物业服务人员还应了解一下自己在工作岗位上的禁忌距离。禁忌距离是指物业服务人员在工作岗位上与业主之间应当避免出现的距离。这种距离的特点是双方身体相距过近，甚至有可能直接发生接触，即小于0.5米。这种距离，多见于关系极为亲密者之间，若无特殊理由，物业服务人员千万不要主动予以采用。

2. 引见

在引导客人去我方人员办公室的途中，接待人员要走在客人左前方数步远的位置，忌把背影留给客人。在陪同客人的这段时间内，不要只顾闷头走路，可以讲一些得体的话或介绍一下本单位的大概情况。

在进领导办公室之前，要先轻轻敲门，得到允许后方可进入，切不可贸然闯入。进入办公室后，应先向领导点头致意，再把客人介绍给领导。介绍时要注意措辞，可用手示意，但不可用手指指着对方。介绍完毕走出房间时应自然、大方，保持较好的行姿，出门后应回身轻轻把门带上。

3. 出入房门

一是要先通报。进入别人办公室或进入房门时，一定要先敲门、按门铃向房内之人进行通报，即使门是虚掩或敞开的，也应先敲门以示尊敬。

二是以手开关门。出入房门时，务必要用手轻轻开门或关门，用身体其他部位，如用肘部顶、用膝盖拱、用臀部撞、用脚尖踢、用脚跟蹬等都是不良习惯。

三是面向他人。出入房门，特别是出入一个较小的房间，而房内又有自己熟悉的人时，最好是反手关门，并且始终注意面向对方，而不可以背部对着对方。

四是要注意进出门的顺序。一般情况下，进出办公室时，都应用手轻推、轻拉、轻关门。如果需与同级、同辈者共同进入，要互相谦让一下。走在前面的人打开门后要为后面的人拉着门。如果是不用拉的门，最后进来者应主动关门。如果与尊长、客人共同进入，应当视门的具体情况随机应变。这里介绍常用的几种方法：

（1）朝内开的门：如果门是朝内开的，接待人员应先入内拉住门，再侧身请尊长或客人进入，如图 5—1 所示。

图 5—1　门朝内开的请客入室礼节

（2）朝外开的门：如果门是朝外开的，接待人员应打开门，请尊长、客人先进，如图 5—2 所示。

图 5—2　门朝外开的请客入室礼节

（3）旋转式大门：如果陪同尊长或客人走的是旋转式大门，接待人员应自己先迅速过去，在另一边等候，如图 5—3 所示。

无论进出哪一类的门，接待人员在引领时一定要“口”“手”并用且到位，即运用手势要规范，同时要说“您请”“请走这边”“请各位小心”等提示语。

（二）入座

有客人来访时，接待人员要从座位上站起身来，主动迎上几步，微笑着问候客人并与客人握手，招待客人入座或与客人一起入座。客人入座前，接待人员应指示或告诉客人衣

图 5—3　旋转门的请客入室礼节

帽应挂在何处，也可帮助客人将衣帽挂起来，并会意或用手指引客人该坐于何处。

有时，突如其来的来访常会打乱你的时间安排，若有事脱不开身，需让对方等待时，记住千万不要冷落客人，要向对方说明，并表示歉意，尽可能地安排他人代为接待或另约时间。

会客座次有相对式和并列式两种排列方式：相对式指客人与主人面对面而坐，排列的基本要求是面门为上，也就是面对房间正门者为客位，是地位高者；背对房间正门者为主位，是地位较低者。以右为尊，行进中的右，即进门者的右，动态的右，以右为上，客人坐；多人时，内侧高于外侧，以远（离门）为上。

并列式指宾主并排而坐，当宾主并排而坐，倘若双方都面对房间正门时，具体的要求是以右为上。以右为上是一种国际惯例，是指宾主之间客人应该坐在主人的右边，而主人应该坐在客人的左边。

（三）奉茶

主客双方入座应马上奉茶。奉茶前可事先请教客人的喜好是茶、咖啡或其他饮料。

我国习俗讲究“浅茶满酒”，即倒茶只要七八分满，斟酒要斟满杯。敬茶要用托盘，茶杯的杯把朝着客人右手的方向，另外要在托盘里放一块干净的小毛巾。敬茶时要用双手托住托盘，举在胸前高度，托盘稍偏向一侧，但不可靠在身体上，避免呼吸的气息正对茶杯。如果没有托盘，茶杯应放在小杯碟上。可一手托着小杯碟底部，一手轻扶茶杯杯身，双手递上，手指不要碰触杯沿。

同时往几个茶杯里倒茶时，可以先用茶壶轮流给几个杯子同时倒茶，快要倒完时，再将剩下的茶汤分别点入各杯中，这样可以保证每杯茶水一样多。

敬茶时，要先给最重要的客人敬茶，在不打扰客人的情况下可以说“请您用茶”。如果要给客人上点心，应该先上点心后上茶。点心放到客人的右前方，茶杯摆在点心右边。上茶时应以右手端茶，从客人右方奉上，面带微笑，眼睛注视对方。

敬茶时动作要轻、要稳，不可使茶具发出响声，也不可将茶具放在文件上。如果不小心将茶水溅了出来，要立刻用托盘里的小毛巾轻轻擦去。

使用有盖的茶杯（或茶碗）给客人敬茶后，或给客人茶杯续水之后，可将盖子大半搭在杯上，这样，客人就能够从杯子与盖子的缝隙中看到杯中已盛有热水，避免不慎被烫，之后客人可按自己的意愿将盖子完全盖上或打开。

（四）会见交谈

会见、进行交谈是办公室接待过程中的重要内容，是接待成功与否的关键。

与客人交谈时要专心、热情，眼睛看着对方，不要一边听客人讲话，一边手里还在忙着或是眼睛看着其他东西。对客人的谈话应表示出尊重，适时点头做出反应，有不同观点时也不能马上打断，要待客人谈完后再阐述自己的看法。听完对方的谈话，应发表一些自己的想法，相互交换意见，如果只听不谈也是对客人不尊重的一种表现。

谈话的语气和态度要温和适中，不要强词夺理，更不要以势压人。谈话内容应围绕活动的主题进行，不要拖泥带水。会谈中可有意识地提到对方的名字，如“诚如××先生（小姐）您所说的……”，这样可以帮助自己记住对方的名字，而对方也不会介意自己的名字一再被提及。在提出反对的观点时，可以先来一句：“原来如此，就像您说的一样。不过，这样的意见也应该列入考虑吧。”这样说的目的是缓和气氛。

上级来访时，接待要周到。对领导交代的工作要认真听、记；领导了解情况，要如实回答；如果领导是来慰问，要表示诚挚的谢意；领导告辞时，要起身相送，互道“再见”。

下级来访时，接待要亲切热情。除遵照一般来客礼节接待外，对下级所反映的问题要认真听取，一时解答不了的要客气地回复。来访结束时，要起身相送。

会谈前，应准备好相关资料，不要在会谈进行中随意进出、拿资料，这样容易让人感觉没有安排好。

（五）对来访目的不同的客人区别接待

在办公室接待的来访者有各种不同情形，需要根据来客身份的不同，有所区分。

如果是预先约定好的重要客人，那么根据事先确定好的接待计划，以相应的接待规格和程序进行接待。

如果来访者要求与上级见面，通常需要引见和介绍，引导客人时引导者应走在客人左前方并与客人保持一定距离，不能把背影留给客人。引导客人的同时，还可以适当讲一些寒暄话语，也可以介绍一下本单位的概况，不应只顾低头走路。在进上级办公室之前，应先轻轻敲门，得到允许后方可进入，切不可贸然闯入。进入办公室后，应先向上级点头致意，再把客人介绍给上级。在上级起立与客人告别后，再引导客人走出办公室。出门后应轻轻把门带上，切忌关门用力过重。

此外，办公室还常常会来一些没有预约的客人，可委婉地问明来客身份和来意。客人要找的负责人不在时，要明确告诉对方负责人到何处去了，以及何时回本单位，请客人留下联系电话、地址，并问明是客人再次来本单位，还是我方负责人到对方单位去；客人到来时，我方负责人由于种种原因不能马上接见来客，要向客人说明等待理由与等待时间，若客人愿意等待，应该向客人提供饮料、杂志等；对客人提出的要求要认真考虑，不能立即答复的，应诚恳地向客人说明原因，或向有关部门、上级汇报后再答复；遇确实无法办到的事情，也不可生硬地向客人说“不行”，这样会令客人难堪。

五 送客礼仪

遵守送客礼仪，可以给对方留下美好印象，千万不要因为送客这一环节的失误，造成虎头蛇尾、前功尽弃的后果。

（一）热情挽留

在一般情况下，不论宾主双方会晤的具体时间的长度有无约定，客人的告辞均须由对方首先提出。主人首先提出来送客，或是以自己的动作、表情暗示厌客之意，都是极其不礼貌的。在客人来访时看表，总会给人以下“逐客令”的感觉。所以，在会客时即使想知道时间，也应回避客人。

当客人提出告辞时，主人通常应对其加以热情挽留。若客人执意离去，要等客人起身后再站起来相送，切忌没等客人起身，自己先于客人起立相送。更不能嘴里说再见，而手中却还忙着自己的事，甚至连眼神也没有转到客人身上。“出迎三步，身送七步”是迎送宾客最基本的礼仪。因此，每次见面结束，都要以将再次见面的心情来恭送对方。

（二）主动服务

当客人起身告辞时，应马上站起来，主动为客人取来衣帽，帮客人穿上；当客人带有较多或较重的物品，送客时应帮客人代提重物。

资料链接

物业服务人员搀扶帮助业主的要求

搀扶指的是在行进之中，用自己的一只手或双手，去轻轻架着不方便的服务对象。在工作时，服务人员往往需要对一些老、弱、病、残、孕等服务对象主动搀扶，以示体贴与特殊照顾。

1. 选择对象

应选择有实际需要的业主，若是不分对象，对任何人都主动搀扶，则难免会令人觉得滑稽，甚至引起别人的反感。

2. 两厢情愿

即使发现确有需要搀扶、帮助的业主，在搀扶之前，也要首先征得其同意，照顾对方的自尊心。

3. 方法得当

搀扶时应以一只手臂穿过对方的腋下，架着其胳膊，再以另一只手扶在其小臂上，主要由穿过对方腋下的那只手臂用力。步速不宜过快，应主动与对方保持一致。

4. 略事休息

考虑到被搀扶者的身体状况，在搀扶对方行进的过程中应适当地“暂停几次”，以便对方缓口气稍作休息。

（三）等候离开

主人在送客时可送至大门外、电梯口甚至送上车并帮客人关车门。与客人在门口、电梯口或汽车旁告别时，要与客人握手，目送客人上车或离开。与客人握手告别时，应选择最合适的言词送别，如“希望下次再来”等礼貌用语。要以恭敬真诚的态度，笑容可掬地送客，不要急于返回，应鞠躬挥手致意。身份地位愈高的贵宾通常也愈有礼貌，往往于上车后将车窗摇下挥手道别，因此接待人员不可于客人上车后就离去，应等待客人座车离开视线后再离去。否则，当客人再回头致意时，发现主人已经不在，心里会很不是滋味。

如果是送别远道客人，要根据接待方案，准备好交通工具。如果准备有纪念品，要及时赠予客人。

送客返身进屋后，应将房门轻轻关上，不要使其发出声响；那种在客人刚出门的时候就“砰”地关门的做法是极不礼貌的，并且很有可能因此而“砰”掉客人在来访期间培养起来的所有情感。

六 前台接待礼仪

物业公司的前台是公司的门面，是接待客人的第一站，留给客人的印象最为深刻，接待服务的好坏直接影响着公司在客人心目中的形象。

（一）前台员工形象要求

前台接待员应该做到举止优雅、得体，坐、立、行要保持良好的仪态，要给人以优雅、稳重、轻快洒脱的感觉。要始终保持良好的精神面貌，服饰要大方得体，面对来访者或接听电话时都应该保持微笑服务，把热情传递给对方。

迎送客人及同事上下班，是前台接待员较为重要的工作之一。因此，前台接待的上下班时间就要相应的提前和往后延迟，一般提前及延后的时间以 10 分钟为宜。在前台接待的过程中，以礼貌规范的站姿对经过的客人及同事主动问候有助于营造和谐的企业文化，也能使工作在和谐的氛围中高效地进行。

（二）热情接待来访

在有来访者时，不管来访者是出于何种目的，前台接待都应该表现出友好的态度，热情接待。有客人来访时应立即起身站立，朝客人点头微笑并主动使用恰当的称呼打招呼。

1. 询问客人需求

在初步的接待之后应该询问客人的来意或询问客人所需要咨询的问题。根据客人的需求给予积极适当的帮助。在听清楚来访者意图后应尽力为客人解答，如遇到不能准确快速回答的问题应首先表示歉意，然后帮其询问相关部门或人员，尽快为客人解决问题，不可一味搪塞、推脱。

2. 有预约的来访接待

在客人有预约的情况下，应尽快与预约对象联系。当确认无误后，应用得体规范的手势，为客人指引去的方向或告知门牌号。对于重要的客人，要带领客人前往，敲门后进入，并倒好茶水后方可离开。

当预约对象有事正忙时，应及时告知客人原因并说明大致的等候时间，并引导客人进入休息室稍候，提供茶水等服务。若客人预约的对象长时间没有出现，则应再次联络告知有客人在等待并及时将信息向客人反馈。

3. 无预约的来访接待

客人没有提前预约联系，并且其要找的办事人员外出时，应详细告诉客人办事人员何时回来，并询问来访者是否愿意等待或预约，也可以请客人留下电话或其他联系方式方便办事人员回来后与之联系。

案例评析

小张在接电话之前，应先给业主让座，而不是用手指一下椅子示意而已，这样显得对业主不够尊重。同在一个办公室的小石，在小张的服务做得不到位时，要及时补位，主动上前寒暄，也可为业主送上一杯水，或拿些报纸杂志供业主消磨时间。

任务三 拜访礼仪

案例导入

张林是物业公司的员工，有一次，公司经理让他负责与来本市调研的某国代表团进行联络。为了表示对对方的敬意，张林决定专程前去对方下榻的饭店拜访。为了避免出现得仓促，他先用电话与对方约好了见面的时间，并且告知自己将停留的时间。随后，他对自己的仪容、仪表进行了修饰，并准备了一些本市的风光明信片作为礼物。

张林按照约好的时间到达，进门后，他主动向对方问好并与对方握手，随后做了简要的自我介绍，并双手递上自己的名片与礼品。简单寒暄后，他便直奔主题，表明自己的来意，详谈完后便握手告辞。代表团回国后，专门给物业公司发来邮件，表示与张林接洽非常愉快，期待进一步合作及回访。

问题与思考

张林的拜访活动为什么会得到对方的较高评价？

知识探究

拜访又称为拜会、拜见，是指前往他人的工作地点、私人住所或者其他商定的地点，会晤、探望对方，或是与之进行工作方面的接触。无论在因公交往还是在因私交往中，拜访都是人们习以为常的一种社交方式。拜访在物业服务中是物业服务人员与业主联络感情、获取信息、增进友谊、发展自身的重要交际活动。

作为交往方式之一，拜访实际上是一种典型的双向应酬活动。在拜访中，访问、做客的一方为客，称为来客；做东、待客的一方为主，则称作主人。任何一次正式拜访的顺利和成功，都难以离开宾主双方的密切配合与共同努力。对于宾主双方而言，在拜访的整个进程中都必须恪守本分、善待对方，依照相应的礼仪规范行事。

从总体上讲，充当客人拜访他人时，一定要讲究客随主便，充当主人款待他人时，则一定要讲究主随客便。

一　拜访前的准备

（一）提前预约

拜访之前必须提前预约，不提倡随意进行顺访，尤其是对一般关系的交往对象不宜不邀而至，这是最基本的礼仪。一般情况下，应提前三天给拜访者打电话，简单说明拜访的原因和目的，确定拜访时间，经对方同意后才能前往。较为重要的正式拜访，在其进行的前一天，或者当天出发之前，拜访者应与拜访对象进行联络，以便与对方再做确认。这一做法，同时还暗含提醒拜访对象之意。

1. 约定时间

在约定拜访时，一定要在互相协商的前提下，协商议定到访的具体时间与停留的时间长短。对主人所提出的时间，应予以优先考虑。由客人自己提出方案时，则最好给对方提供几种可选择的方案。

一般情况下，主人认为不方便的时间、工作极为忙碌的时间、难得一遇的节假日、不宜打扰的凌晨与深夜、用餐时间和午休时间，都不宜进行拜访。

2. 约定人数

一般情况下，应事先向主人通报届时到场的人员及其身份，并征得对方的首肯。在拜访中，宾主双方都要竭力避免使自己一方中出现对方所不欢迎的人物。

拜访的人员一经约定，便不宜进行变动。做客的一方切勿任意变更、扩大自己的队伍，尤其不要捎带不相干的人前去赴约。来宾队伍过于庞大，会令主人应接不暇，甚至会干扰其事先所做的安排和计划。

（二）明确目的

出发前，对此次拜访要解决的问题应做到心中有数。例如，需要对方为你解决什么问题，你将对对方提出什么要求，最终要得到什么样的结果等。

（三）准备礼物

无论是初次拜访还是再次拜访，礼物都不能少。礼物可以起到联络双方感情，缓和紧张气氛的作用。在进门之初，应向主人奉上自己所准备的礼物，并且对其加以适当的说明，不要等到告辞时再说。在礼物的选择上要下一番工夫，要了解对方的兴趣、爱好及品位，有针对性地选择礼物，尽量让对方感到满意。

（四）修饰自身仪表

肮脏、邋遢、不得体的仪表，是对被拜访者的不尊重。被拜访者会认为你不把他放在眼里，会直接影响拜访效果。做客之前，拜访者一定要对本人的着装进行认真的选择。拜访时的着装应当以干净、整洁、高雅、时尚为基本风格，过分轻佻、随便的服装是绝对不宜的。对衣着的细节，要仔细检查。例如，衣服上的纽扣、拉链要牢靠，袜子要无洞、无味。

一般情况下，登门拜访时，女士应着深色套裙、中跟浅口深色皮鞋配肉色丝袜；男士最好选择深色西装配素雅的领带，外加黑色皮鞋、深色袜子。

二 拜访开始时的礼仪

登门拜访时，拜访者必须时时处处以礼仪规范进行自我约束。

（一）按时到达

一旦约定好拜访时间后，拜访者必须认真遵守，轻易不得更改。有特殊原因需要推迟或取消拜访，则应尽快通知对方，并说明爽约的具体原因，不要让对方空等。此外，当拜访者下次与对方见面时，最好再次表示歉意。

拜访者按约定进行拜访时，应准时到达。既不要早到，让对方措手不及；也不要迟到，让对方久候。如果早到可以用富余的时间整理拜访时所需的资料，并正点出现在约定地点。而迟到则是失礼的表现，不但是对被拜访者的不敬，也是对工作不负责任的表现，被拜访者会对你产生看法。

（二）达到后先行通报

到达约会地点后，如果没有直接见到被拜访者，拜访者不得擅自闯入，必须先通报后进入。一般情况下，前往大型企业拜访，要先向负责接待的人员介绍自己的基本情况，待对方安排好以后再与被拜访者见面。到被拜访者所在地时，一定要用手轻轻敲门，力度适中，间隔有序敲三下，等待回音。如无应答声，可稍加力度再敲三下。如有应答声，侧身隐立于右门框一侧，待门开时再向前迈半步，与主人相对。进屋后应按被拜访者的安排入座。

如果被拜访者因故不能马上接待，应安静地等候，不要通过谈话来消磨时间。有吸烟习惯的人，要注意观察现场是否有禁止吸烟的标示。如果等待时间过长，可向接待人员说明并另约时间，不要表现出不耐烦。

即使与主人关系再好，也绝对不要不打任何招呼，便推门而入，否则既有可能显得自己失礼，又有可能遭遇让人尴尬的场面，令自己进退两难。

（三）见面行礼

登门拜访时，拜访者与拜访对象见面之初，前者应当主动向对方进行问候，并且与对方握手为礼。一般来讲，宾主双方握手时，主人应首先伸手，客人予以回应。

倘若宾主双方初次谋面，拜访者还须略作自我介绍。若拜访者的同行人员中有与主人不相识者，拜访者有义务替双方进行介绍。在拜访中，如遇到主人的朋友、家人时，不论此前是否认识对方，均应主动向对方打招呼、问好，而不宜旁若无人地对其不理睬。

进入他人室内做客时，按照礼仪规范，拜访者应将身上的一些物品或者随身携带的一些物品去除、放下。此种做法，被视为向主人致敬的主要方式之一。

一是帽子。俗话说："脱帽为礼。"在上门拜访时，客人们必须自觉地这么做。二是手套。除女士所戴的用以装饰的薄纱手套之外，其他人所戴的一切种类的手套，均应在进门后摘下，这样也便于宾主双方握手。三是墨镜，主要适用于室外佩戴，进门之后，如果仍佩戴，则既有拒绝交流之嫌，又显得煞有介事。四是外套。大衣、风衣之类的外套，多用于遮风挡尘，不适合在室内穿着。五是手袋。当自己就座后，手袋应被置于右手下方的地板上，切勿将其放到桌、椅、床、柜之上。

（四）应邀就座

被主人邀请进入室内时，应主动随行于主人身后，而切勿抢先。如果主人开门之后，并未主动邀请拜访者进入其室内，通常表明拜访者的到来不合时宜。此时此刻，知难而退才是拜访者的最佳选择。遇到此种情况时，拜访者切勿不邀而入，或者向主人的室内进行窥视。

在一般情况下，主人会邀请来宾在其指定之处就座，届时恭敬不如从命。与此同时，拜访者在就座时还需要注意以下三点：一是不要自行找座；二是与他人同至时，应相互进行谦让；三是最好与其他人，尤其是主人、主宾一同落座。有时落座于其后亦可，但不宜抢先就座。

三　拜访中的礼仪

在他人的办公室做客期间，拜访者对于自己的所作所为应当多加注意。

（一）谈话围绕主题

任何一次登门拜访，对拜访者而言，都必然有其目的性。既然如此，那么在拜访做客时，就应当使自己的所作所为紧密地围绕着主旨进行，简单的寒暄是必要的，但时间不宜过长。因为被拜访者可能有很多重要的工作等待处理，没有很多时间接见拜访者。拜访者一方应尽快直奔主题，接触实质性的问题，并力争达成共识，令双方彼此之间均有所获。不要临阵怯场、言不及义，或是随意变更主题，令双方无所适从，从而令拜访变得徒劳无益。

对于正式拜访所事先议定的主题，拜访者则更要恪守。否则，就会引起拜访对象的不满，并打乱双方原定的计划。

（二）拜访限定范围

拜访者在拜访时，应自觉限定个人的交际范围与活动范围，这也是拜访者自身应具有的基本教养。

一是限定拜访时的交际范围。即不要对主人的亲属、友人表现出过多的兴趣。例如，询问对方与主人的私人关系等，是对主人的不尊重。

二是限定拜访时的活动范围。即一定要自觉尊重主人的个人隐私，未经主人允许或邀请，拜访者通常不宜在主人的办公室或者私人居所之内到处乱走乱看。在拜访时，随手乱动、乱拿、乱翻主人的个人物品，都是对主人的不尊重。

（三）行为举止合乎礼仪

做客时，要时刻注意自己的行为举止符合礼仪的要求。坐姿要端正，切忌东倒西歪；动作手势不宜幅度过大，保持稳重平和的态度。主人递上烟、茶，要双手接过并表示谢意。主人摆上的果品，要等年长者或上级动手后自己再取用。在做客时吸烟者应尽量避免吸烟，如实在有需要则需先征得主人或在场女士的同意，并注意吸烟的礼仪要求。

当对方发表意见时，打断对方讲话是不礼貌的行为，应该仔细倾听，将不清楚的问题记录下来，待对方讲完以后再请教。如果双方意见产生分歧，一定不能急躁，要时刻保持沉着冷静，避免破坏谈话气氛，影响拜访效果。

四 拜访结束的礼仪

（一）把握拜访时间

在拜访过程中，时间为第一要素，拜访时间不宜拖得太长，否则会影响对方其他工作的安排。如果双方在拜访前已经设定了拜访时间，则必须把握好已设定的时间；如果没有对时间做具体的要求，那么就要在最短的时间里讲清所有问题，通常一般性的拜访应控制在一个小时之内。初次拜访，则不宜超过半个小时。

要注意观察被拜访者的举止和表情，当被拜访者有不耐烦或为难的表现时，应转换话题；当被拜访者有结束会见的表示时，应立即起身告辞。

（二）礼貌告辞

起身告辞时，要向被拜访者表达“打扰”的歉意。出门后，回身主动伸手与被拜访者握别，并请被拜访者留步。待被拜访者留步后，走几步再回首挥手致意。

拜访者一旦提出告辞，任凭主人百般挽留，都要坚持而去。拜访者需要明白的是，主人的挽留有时是出自诚意，有时则可能出于礼貌的“例行公事”。无论如何，都不要一而再、再而三地拖延时间。

出门以后，拜访者应与主人握手作别。一般握手作别应由拜访者首先伸出手去与拜访对象相握，以示请对方就此留步，并同时对其给予自己的款待表示感谢。

资料链接

宾馆拜访礼仪

在物业管理工作中，经常有与本企业或个人有联系的外地客商到本地来参观、学习、考察或进行其他活动。在得知此消息后，应该前往客人下榻的宾馆，进行礼节性的拜访。

1. 约定时间

到宾馆拜访客人时，拜访前应先同对方约定好时间。时间的确定多由对方决定，在约定时间的同时，要问清楚对方下榻宾馆的位置、楼层、房间及联系电话等。

2. 服饰整洁

宾馆是较正规的场所，进出时服饰一定要整洁。若是穿着不当，有可能被拒之门外，即使不被阻挡，也会招来别人异样的目光。

3. 敲门入内

进入客人房间以前，要先核对房间号，证实无误后，可轻轻叩门。客人开门后，进行自我介绍，双方身份得到核实，待客人允许进人后，方可入内。

4. 及时告辞

到宾馆拜访客人大都是礼节性的。到宾馆拜访客人的时间不宜太长，一切安排妥当后，要及时告辞，一般在 15 分钟左右。

5. 遵守宾馆的各项规定

到宾馆拜访客人，应遵守宾馆的各项规定。如不在禁止吸烟处吸烟，不在宾馆的前厅及走廊上跑动，等等。走路时脚步要轻，与服务员或客人讲话时声音要小，态度要友好。

案例评析

古人有"出门如见大宾"的说法，张林充分做好了拜访前的准备，在拜访的过程中，遵循拜访的常规礼仪，既展示了他训练有素的交际风采，也达到了拜访的预期目的。

项目小结

拜访客户能够不断加强联络，沟通感情，开拓业务。工作人员必须遵守一定的礼仪惯例和规范，拜访工作才能达到预期效果。

职业实训练习

一、选择题

1. 布置办公室内座位时，应尽量使自然光来自办公桌的（　　）。

A. 左上方　　B. 斜前方　　C. 右上方　　D. 正上方

2. 工作人员下班后的桌面上只能摆放（　　），而其他物品应该收放在抽屉或文件柜中。

A. 个人物品　　B. 计算机　　C. 非保密文件　　D. 书籍

3. 服务人员引导客人行走时，如果双方单行行进时，服务人员应居于服务对象

(　　)的位置。

A. 左前方约 0.5 米　　B. 右前方约 0.5 米

C. 左前方约 1 米　　D. 右前方约 1 米

二、综合案例分析题

案例名称	如何拜访业主
工作任务	小刘是某物业公司的一名办事人员，明天他将要前往一位几天前来反映家中墙壁漏水的业主家进行拍照和调查。
完成时间	15 分钟。
任务目标	熟悉拜访中应注意的礼仪规范。
任务要求	根据上述情景，帮助小刘做一个预约拜访方案，为明天的上门拜访奠定良好的基础。
研讨内容	
研讨成果	
讨论过程	
自我角色	
自我评价	
小组评价	
教师评价	

三、思考题

1. 物业办公室布置的基本原则是什么?

2. 办公室内适宜摆放何种绿色植物?

3. 送客时为什么要等客人离开视线范围内方可离开?

4. 如何接待未预约的客人?

5. 一商务写字楼的物业服务人员前往业主公司拜访，就该公司即将进驻本物业进行接洽，拜访前应准备什么?

6. 一般拜访多长时间内告辞为宜?

项目六

物业公关活动礼仪

职业要求

物业服务人员应具备组织物业公关活动的能力，物业管理员要了解各类物业公关活动的礼仪要求，能够提前计划，做出详细的、具有执行力的活动方案（或预案）；熟悉活动的流程，在活动进行中，要严守该项活动的礼仪要求，严格按照预先计划进行，礼貌对待来宾，灵活应对突发事件。

任务导读

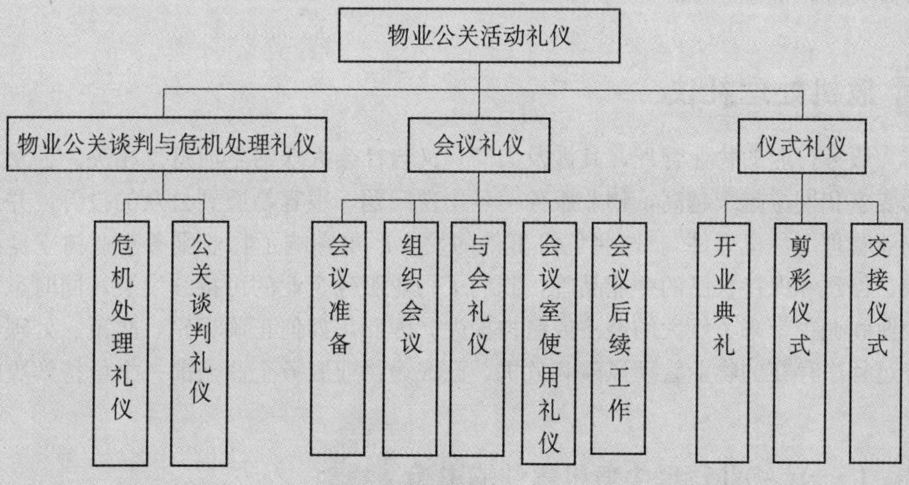

学习目标

知识目标：了解危机处理与公关谈判中的礼仪要求，了解会议组织工作的要求及流程，了解开业典礼、剪彩仪式及交接仪式的流程和礼仪要求。

能力目标：能够独立处理危机事件，能够协助他人组织会议。

任务一 物业公关谈判与危机处理礼仪

案例导入

家住某小区的陈先生入住7年多一直拒付物业费，欠下物业费、房屋公共维修金、滞纳金等共计2.9万元，物业公司因此将陈先生起诉至法院。

陈先生介绍说，由于自家房屋出现卫生间管道漏水、贯通性裂缝等情况，他曾多次向物业公司反映，但物业公司均未予以理睬。同时，由于物业公司的管理不到位，一直存在车位乱收费等现象，因此自己才不愿交纳物业管理费。陈先生还向法官提供相关照片及保修单予以证明。

问题与思考

1. 陈先生为什么会拖欠7年的物业管理费?
2. 物业公司如果不及时解决陈先生的问题，可能会引发什么后果?
3. 物业公司应如何改善服务，才能避免以后再次出现此类情况?

知识探究

一 危机处理礼仪

作为服务行业的物业管理，其涉及面广，又与社会大众的生活息息相关。公众对物业服务的要求和期待越来越高，物业服务一旦出现问题，很容易遭到公众的投诉，并迅速转化为物业管理“危机事件”。这些危机事件的发生严重影响了物业服务企业树立良好的企业形象、创建和保持自己的企业品牌，制约了物业服务企业的可持续发展，同时也给物业服务企业和业主带来了巨大的经济或精神损失。因此，如何正确识别、防范、处理物业管理服务过程中存在的物业管理风险和危机，已成为物业服务企业当前一个亟待解决的热点问题。

（一）物业管理中危机事件的影响

突发事件是指突然发生造成或者可能造成严重社会危害并且需要采取应急处置措施予以应对的自然灾害、事故灾难、公共卫生事件和社会安全事件。

在纠纷不断的物业管理行业中，盗窃，打架斗殴，抢劫，凶杀，中毒事件（如住户煤气、食物中毒等），交通意外事故，台风、水浸、火灾等自然灾害事故，突然遇到新闻媒体曝光，客人在洗手间跌倒或晕倒，公共小区突发疫情等突发事件不胜枚举。如果这些突发事件处理不当，很容易遭到客户的投诉，一经披露便引来口诛笔伐，各媒体争相报道，进一步恶化为企业的形象危机和品牌诚信危机。

物业管理危机事件的发生都是随机的、不确定的，包括时间、地点不确定，性质、危害不确定，而这些不确定性又源于人们对风险认识的有限性和风险管理、控制的难度等。物业服务人员对一些自然和非自然的因素由于客观上的认识不足，所以无法事先做出准确判断和充分准备。危机事件的发生，不仅可能给物业服务企业和业主带来巨大的经济或精神损失，严重危害公司形象，而且还可能对社会造成较大危害。

（二）危机处理流程

根据危机事件发生的前后过程，可分为潜伏期、突发期、蔓延期和恢复期几个阶段。在危机事件发生的不同阶段，危机处理的任务也有所不同。

1. 监测防范危机

在潜伏期，即危机发生前，企业应做好监测预报，针对本企业可能面临的危机进行事前评估，尽可能做到有备无患；制定突发事件应急预案，做好危机预警，这是提高危机处理效率、减少损失的最有效途径和拟订企业风险回避的基本策略；突发事件应急预案拟定后，进行预案演练，熟练掌握危机应急管理工作流程及危机处理办法，做到各类风险发生时按预案进行，有条不紊；在员工中强化危机教育，牢固树立危机意识，把危机意识落实在日常的管理工作中，形成一种警觉意识。

资料链接

2008 年 11 月 14 日 6 点 10 分左右，位于上海中山西路的上海商学院内某学生公寓发生火灾，四名女生从位于 6 楼的宿舍跳楼逃生，不幸全部身亡。据警方调查，火灾的原因是由于学生违规使用“热得快”烧水而引起的。

据学校同学介绍、记者证实，一个从 5 楼拿出来的“手提式二氧化碳灭火器”的生产日期为 1999 年 11 月 24 日，维修日期为 2006 年 7 月 14 日，而此类灭火器最多只能保质 2 年；另一个 6 楼的“二氧化碳灭火器”，生产日期同样是 1999 年，最近的一次维修日期是 2006 年 7 月 17 日，瓶上一张合格证标明“检验日期：2002 年，保质期：一年”。校方解释称消防器材年检过期属误解，灭火器有些是（保留外壳）只换药水的，药水与外壳不是同时报废的，药水是两年一换，外壳最低五年。

记者在调查中了解到，学校热水供应无法完全满足学生需求，这也是学生违规使用电器的原因之一。记者还发现，多数学生不会使用灭火器，自救互救知识匮乏。

2. 控制处理危机

危机一旦发生，物业公司就应当在第一时间内迅速做出反应，按照应急预案成立处理危机的专门机构，如危机处理小组。小组应该辨识危机影响的范围和危机影响的人群，以及事件可能对公众舆论和企业造成的后果；隔离危机，防止蔓延，危机处理人员一旦认清某种危机后，必须先遏止危机的扩散，同时隔离危机，使其不影响别的事物；迅速及时地联络相关专家、公务人员、记者、群众等组成调研机构，详尽、全面、细致地收集与危机相关的各种信息，以便有针对性地制定应对措施；在调研事实真相后，将收集到的各种相关材料汇总，研究制定相应的对策，积极组织力量，实施既定方案，采取有效行动切实处理危机。

3. 危机善后总结

危机事件平息后，企业应当从社会效应、经济效应、心理效应和形象效应等方面评估处理危机相关举措的合理性、有效性，对危机处理情况作全面总结评估，并对外公布。同时，从危机中吸取教训，及时查找整改工作中的薄弱环节，纠正失误，弥补过失，防患于未然，从而消除危机带来的负面影响，使企业逐步恢复发展活力。

（三）物业危机处理的原则

1. 第一时间迅速处理

危机事件发生后，企业应该在第一时间成立应急小组，这既为有效处理危机事件赢得时间，又为企业准备回应公众和媒体对事件的关切赢得了时间。如果企业能够让公众及时了解危机的真相和公司所采取的各项措施，则能争取到公众的理解、同情和支持，减少危机的损失。在处理危机事件的过程中，速度是至关重要的，要想把危机事件的影响控制在最小范围内，物业服务企业就必须在最短的时间内做出反应，为企业赢得更多的时间和机会。

2. 态度坦诚

面对危机的态度是不要回避，要及时坦诚地面对公众和媒体。综观各种典型的危机事件，无论是“苏丹红”事件，还是SK-Ⅱ事件，在危机事件发生的最初阶段，这些企业都无一例外地选择了回避媒体的态度，最终导致危机事件愈演愈烈，影响越来越大。物业服务企业在遇到危机事件时，选择坦诚地面对媒体和公众，才是最佳的选择。

3. 不推卸责任

由于我国物业管理行业起步较晚，行业发展过程中还存在着很多不规范的地方，物业服务企业目前还承担着一些本不应该由自己来承担的责任。因此，在处理物业管理危机事件时，物业服务企业还要把握好尺度，既不能大包大揽，把本不属于自己的责任揽到自己的身上，代人受过，也不能推卸责任，回避问题。任何一场危机公关，实际上都是一场没有硝烟的战斗。在危机来临之时，真的很难预料会出现怎样的结果，但是作为物业服务企业，不管遭受多大的委屈和指责，都必须做到冷静、理智、不冲动，避免激化矛盾，尽量降低危机事件的不良影响。

资料链接

广州“暴雨淹车库”索赔案

2010年，广州“5·7”暴雨，将中海康城三期车库中373辆车浸没，其中36名车主因没买保险而未得到保险赔付，遂起诉中海康城物业公司和开发商，要求赔偿损失。6月29日上午，备受关注的水浸车索赔案在天河区法院开庭审理。

庭审中，车主认为，由于物业管理公司管理不善，以及存在违反城市建设规划管理规定的改建等原因，致使业主停放在地下停车场的车辆遭到严重水浸，物业管理公司及开发商应承担赔偿责任。

车主称，“5.7”暴雨前气象台发布了暴雨警报，但物业管理公司没有及时做好相应的防水防涝措施，致使雨水毫无阻碍地流进地下停车库，物业管理公司值班人员未能及时启动抽水、排水设施，致使车库被水浸。随后，在车库被水位不断上涨过程中，物业管理公司值班人员也未及时通知车主将车辆开出车库，导致车辆受到严重损失。车主们还说，物业公司擅自改建地下车库设施，浇注水泥墩挡住了地下车库的“三防”门，造成该门不能关闭防水，地下车库也没有阻水设施。车库出入口前的花园围墙栏杆设计存在漏洞，该处地势比周边的地势低1.5米，且车库前的围墙是宽度约为50米的铁栏杆（非砖墙）围墙，雨水从该低洼处进入地下车库。

车主们称，按照相关的物业管理规定，物业公司应从收取的物业管理费中购买公众责任险，如发生水浸时可由保险公司承担相应的赔偿责任，但物业公司没有履行该责任和义务。物业公司则认为，目前经营费用太高，希望法庭考虑物业公司的特殊性。

在庭审中，被告律师表示，中海康城开发商及其物业公司在地下车库内设了51条排水沟、60多台排水泵，设施是完备的。大雨时，物业公司已开广播提醒，有两名业主将车开走。但由于车陂涌水倒灌厉害，很快就淹没了车库，这时将车开出车库不现实。暴雨中，物业公司投入30多台抽水泵，400多人次抢险，共花费了300多万元已经尽了该尽的义务。同时，“三防门”是人防门，根据有关规定，人防门是不可以关闭的。此外，大雨百年一遇，远远超过物业管理的防洪标准，属不可抗拒力，物业公司无责任。

4. 有计划发布信息

根据事件发展的不同阶段、事件对公众的影响程度、公众对事件的信息需求程度和心理承受程度，有计划、分步骤地发布信息。梯度信息发布策略对于企业公共信息发布而言是一种节奏调控器，能够将企业与公众之间的交流置于一个有序的轨道上。

5. 灵活应对媒体

在物业管理服务危机处理中，如果突然遇到新闻媒体曝光有损公司形象的不实新闻时，更妥善处理。

（1）当班员工或主管经理应第一时间向公司上级汇报，并听取公司上级的指示。

（2）主管经理要立即进行调查分析，与当事人联系，如公司确实存在过错则代表公司致以诚挚歉意，并保证对业主提出的意见及建议做出最积极的解决办法。

（3）主管经理要告知员工适当澄清事实和原委，引导舆情，防止谣言扩散引起公众恐慌。

（4）物业公司应主动联系媒体，加以澄清解释，必要时发布正式声明，并恳请媒体支持本公司的发展、请媒体能站在公司的角度看待问题，为公司避免负面影响。

平常，物业公司也应与媒体保持良好的关系，对公司的情况和业务多做宣传，介绍公司文化和经营、服务理念，对于存在的问题要敢于承认并及时改正。

二 公关谈判礼仪

谈判是社会生活的重要组成部分。人与人之间的互相交往、关系改善、协商问题、谋求利益、解决冲突等都要通过面对面或第三方介入进行谈判才能解决。由于种种原因，物业管理过程中容易产生各种各样的纠纷，如物业管理费、业主财产损失赔偿、小区公用设施伤人的赔偿、无因管理、小区公用区域的侵权、小区公用区域的收益、小区内停车收费等方面的纠纷。这时，就需要进行物业公关谈判。

（一）谈判准备

谈判之前首先要确定谈判人员，参加谈判的代表应与对方谈判代表的身份、职务相当。谈判代表要有良好的综合素质，首先从外表上得以体现，要选择端庄、典雅的发型，男士还应当理发、剃须。女士则应当适当地化妆，以清新淡雅、自然大方为标准，切忌浓妆艳抹。着装的选择也是十分重要的，参加正式谈判的着装一定要庄重、典雅，切不可摩登前卫，标新立异。在一般情况下，最为正规的着装是选择深色正装，白衬衫，并配以黑皮鞋。得体的衣着不仅能体现自己的个人礼仪素养，也能够表现出对谈判对手的尊敬和对谈判活动的重视。

布置好谈判会场，采用长方形或椭圆形的谈判桌，门右手座位或对面座位为尊，应让给客方。

谈判前要对谈判主题、内容、议程作好充分准备，制订好计划、目标及谈判策略。

（二）谈判开始阶段

谈判双方代表接触时的第一印象非常重要。谈判之始，言谈举止要尽可能创造出友好、轻松的谈判气氛。

谈判人员做自我介绍时仪态要自然大方，不可露傲慢之意。被介绍到的人应起立一下微笑致意，可以礼貌地回应“幸会、请多关照”等词。询问对方要客气，如“请教尊姓大名”等，如有名片，应双手接递。介绍完毕，可选择双方共同感兴趣的话题进行交谈。适当做一些寒暄，以沟通感情，为谈判创造一种轻松氛围。

开始时的姿态对把握谈判气氛起着重大作用，应目光注视对方双眼至前额的三角区域正方，使对方感到被关注，觉得你诚恳严肃。手心朝上比朝下好，手势自然，不宜乱打手势，以免造成轻浮之感。不要双臂交叉在胸前，显得你十分傲慢无礼。

这一阶段是谈判的试探与准备，主要是让谈判各方通过介绍相互认识，彼此熟悉，这时应着力创造一个积极、热烈、友好、宽松和融洽的氛围，以利于谈判的进行。

接着谈判各方先后简要亮出自己的基本想法、意图和目的，彼此增进了解。一般来说，谈判各方此时都较为谨慎，不会出示关键的资料或意见，只是利用这段时间摸底，不妨采用“投石问路”或虚张声势的策略。

（三）谈判之中

1. 明示

谈判各方此时会根据前一阶段谈判各方表述的意见，尤其是双方意见存在分歧的地方，进一步明确各自的利益、立场和观点。为了化解分歧、达成协议，必须以坦诚的态度对待彼此的需求，从中寻找共同利益所在。

要事先准备好有关问题，选择在气氛和谐时提出，态度要开诚布公。切忌气氛比较冷淡或紧张时查询，言词不可过激或追问不休，以免引起对方反感甚至恼怒，但对原则性问题应当力争不让。对方回答询问时不宜随意打断，回答完毕应向对方表示感谢。

2. 交锋

谈判各方都希望尽可能地获得自己所需的利益，这一阶段各方的矛盾、对立、竞争状态逐渐明朗。这时，谈判双方相互磋商，彼此争论，紧张交涉，讨价还价，各方列举事实和数据，争取对方了解并接受自己的条件，同时运用适当的手段反驳对方提出的要求，说服对方放弃自己的主张。

由于这关系双方利益，容易因情急而失礼，因此要特别注意保持风度。坦诚相见是最好的礼仪，磋商应心平气和，求大同，存小异。发言措辞应文明礼貌，在坚持原则的情况下可以做些必要的让步。

3. 妥协

一般情况下，交锋、僵持不可能永无休止，否则谈判就永远无法取得成功。善于打破僵局是谈判成功的一个不可忽视的环节。正因为如此，交锋结束后，各方便会适当地调整目标，做些妥协和让步，寻求一致，找到合理解决争议的方案。应当注意的是，妥协是有一定范围和限度的，妥协的原则就是既不放弃自己的基本立场和利益，又兼顾对方的利益。

4. 保持风度

在谈判进行期间，应当自觉地保持风度。

(1) 认真倾听。在谈判过程中，认真倾听对方的发言不仅是具有得体礼仪的体现，同时也是尊重他人的体现。认真倾听有助于获得谈判中所需要的各种信息，了解对方的需求并洞察对方的策略，进而调整自己的谈判方案。

(2) 心平气和。谈判人员应当做到在任何情况下都心平气和，冷静行事。在谈判的过程中要处变不惊，既不以言语激怒对方使对方生气，也不因为对方的语言和要求而生气。在谈判过程中始终保持心平气和，以良好的心态面对谈判，才能展现出自己的风度，使谈判能够顺利地进行。

(3) 举止大方。在公关谈判交往中，举止要端庄稳重，落落大方，表情诚恳自然，平易可亲。要站有站相，坐有坐姿，不要放声大笑或高声谈论等。

此外，守时守约、尊重妇女和老人，以及尊重对方的风俗习惯在谈判中也是必须注意的礼仪要求。

（四）谈后签约

谈判各方经过交锋和妥协，求同存异，基本或一定程度上达到各自的目的，于是双方在协议书上签名盖章，相互握手，宣告谈判结束。

重要谈判会在达成协议后举行签约仪式，一般选在宽敞的会议室，设一张长桌，盖深色台布，桌后并排放两张椅子。面对门主方在左，客方在右，将事先打印好的文本摆放桌上，分别放好签字用具，正中放一束鲜花。签字桌后墙上可贴上会标，写明“××合同签约仪式，×年×月×日”之类的标题。

举行签约仪式时，双方参加谈判的全体人员都要出席，共同进入会场，相互致意握手，一起入座。双方都应设有助签人员，分立在各自一方代表签约人外侧，其余人排列站立在各自一方代表身后。

仪式开始后，助签人员协助签字人员打开文本，并用手指明签字位置。双方代表各自在己方的文本上签字，然后由助签人员互相交换，代表再在对方文本上签字。签字完毕，文本就产生法律效力，这时双方应同时起立，交换文本，并相互握手，祝贺合作成功。其他随行人员则应该以热烈的掌声，表示对签约祝贺。

签约后通常都安排礼节性的干杯礼仪，或者合影留念，以示双方长期合作的愿望。

（五）谈判的基本原则

1. 诚信原则

在谈判中要以诚相见，以信取人。诚实讲信用，并非原原本本地把己方的谈判意图和方案告诉对方，而是一方面要站在对方立场上，将其希望了解到的信息坦诚相告；另一方面，也要把握时机、以适当的方式向对方传达己方的想法和意图。诚信原则最重要的是要让对方感受到己方的诚意，营造和谐友好的谈判氛围，增强彼此的信任感，消除疑虑，为谈判打下信任基础。

2. 言之有据原则

要求谈判者在谈判的过程中，无论是维护本方的立场，还是对对方说法提出异议，都要摆事实，讲道理，以理服人。因此，谈判者在做谈判准备时，要了解掌握丰富翔实的资料，不仅对己方的情况要了然于胸，对谈判对手的各种情况更要有所掌握，做到“知己知彼”。这样，不但能够有理有据地提出己方的立场和要求；也可以及时准确地洞察对方意图，找出其漏洞，令其信服，尽快掌握谈判的主动权。

3. 平等自愿原则

谈判双方应在地位平等、自愿合作的前提下建立谈判关系，并通过平等协商、公平交易来实现双方的权利和义务的对等。在谈判中，双方在观点、利益或行为上的分歧是难免的，解决分歧的办法只能是平等自愿的协商，而不应该以势压人，将自己的意愿强加给对方。

4. 互利互惠原则

成功的谈判能够满足谈判各方的需求，体现各方都是谈判的受益者。这就要求谈判各方不仅考虑己方利益，也要为对方着想，在平等自愿的基础上争取更有利于己方的谈判格局，最终实现互利互惠。

5. 求同存异原则

谈判各方在谈判过程中要善于发现各方的共同利益及对方利益要求中的合理部分，将能暂时放下的分歧放在一边，而从双方的共同利益和目标出发，进行建设性的磋商，寻求一致，达到谈判的成功。谈判的分歧是客观存在的，如何解决，关键不是紧抓分歧不放，而是应从使谈判获得成功的这一共同目标出发，围绕双方的共同利益开展有建设性的交流，在求同的过程中，既竞争又合作，既进取又让步，最终消除分歧，实现谈判的成功。俗话说：“将欲取之，必先予之”，求同的过程也可以看作双方不断妥协的过程，在妥协中，消除分歧，最终实现谈判的成功。

6. 契约化原则

谈判各方必须依法进行谈判活动，做到从内容到程序都要合法；谈判的最终结果应形成符合法律规定的经济合同，以法的形式将双方权利义务关系确定下来；当出现不依约履行合同的情况时，违约方应依法承担相应的责任，双方协商未果时，可进行仲裁。所以从本质上看，谈判的契约化，既使企业行为受法律约束，也使其行为受到法律的保护。

案例评析

物业公司依据合同对该小区进行物业管理，陈先生作为小区业主即物业管理服务的受益人，应当支付物业管理费及房屋公共维修金。但由于物业公司履行该小区的物业管理服务义务时存在一定瑕疵，所以陈先生以此为由拒交物业费。物业公司如果不及时解决陈先生的问题，很可能会成为一个导火索，蔓延成为其他业主的“榜样”，拒交物业费的人会越来越多，影响也会越来越坏。

物业公司要加强与业主的沟通与交流，对业主提出的问题及时调查、尽快解决，为业主提供高水平的服务。

任务二　会议礼仪

案例导入

某物业公司定于12月30日晚上召开业主联谊会，发了通知邀请业主光临，在通知上把联谊会的时间、地点写得一清二楚。由于该物业公司管理了几家物业，计划租用一个大的会场，一起开展这项活动。很多业主很积极，计划带着孩子一起参加。当日，部分业主提前来到开会地点，一看会场布置不像是开联谊会的样子，经询问才知道，今天下午这个会场开报告会，联谊会改换地点了。

提前赶到的业主感到莫名其妙，个个都很生气，改地点了为什么不重新通知？一气之下，都回家去了，并且在业主群里说了这件事，号召大家都不要去参加。结果最后真的没来几个人，联谊会不欢而散。事后，物业公司才解释说，因工作人员工作粗心，在发通知之前还没有与会场负责人取得联系，一厢情愿地认为不会有问题，便把会议地点写在通知上，等开会的前一天下午去联系，才知得礼堂早已租给别的单位用了，只好临时改换会议地点。但由于时间紧张、涉及的物业有几家，来不及一一通知，结果造成了上述失误。尽管物业公司道歉，但造成的不良影响难以消除。

问题与思考

这个案例告诉工作人员在会议准备时应注意什么问题？

知识探究

无论什么目的、什么形式的会议，在会议召集、组织、参加、为会议提供服务，都有一些基本的守则、规矩需要遵守，要想达到预期的目的，会议的礼仪都是不可或缺的。

一 会议准备

一次会议能否圆满成功，很大程度上取决于会议的准备工作做得如何。只有认真细致地进行会议的组织准备，才能达到预期的会议目的。

（一）确定会议类型

在工作中，由于会议发挥着不同的作用，因此便有着多种类型的划分。依照会议的具体性质来进行分类，大致可以分为如下四种类型：

业务型会议。它是商界的有关单位所召开的专业性、技术性会议，例如，展览会、供货会等。

行政型会议。它是商界的各个单位所召开的工作性、执行性的会议。例如，行政会、董事会等。

社交型会议。它是商界各单位以扩大本单位的交际面为目的而举行的会议，例如，茶话会、联欢会等。

群体型会议。它是商界各单位内部的群众团体或群众组织所召开的非行政性、非业务性的会议。例如，职代会、团代会等，旨在争取群体权利，反映群体意愿。

具体可根据会议的主题和内容的不同选择合适的会议类型。

（二）做好会议计划

举行任何会议，在会议前都必须首先确定会议主题后才进行会议的筹备工作。会议的主题一般在开会之前由有关上级集体确定，而负责筹备工作的工作人员则需要围绕会议主题，将上级议定的会议规模、时间、议程等落实。通常要组织专门的会务组，负责会务的组织安排，会务组人员要有明确的分工，保证责任到人。

（三）制发会议通知

按照常规，举行正式会议均应提前向与会者发出会议通知，以便他们做好参加会议的准备工作。所谓的会议通知，是指由主办单位发给所有与会单位或与会人员通知会议的时间、地点及主题的书面文件，同时还应包括向有关单位或嘉宾发的邀请函件。通知的拟发具体要做好以下几个方面的工作。

1. 拟定通知

会议通知一般由标题、主题、会期、出席对象、报到时间、报到地点及与会要求七项组成。必要时，还应写明会务费和差旅费报销等事宜。拟写通知时，应保证其完整性与规范性，会议通知印好后，应盖上举办单位公章后再发出。

2. 及时送达

下发会议通知时要设法保证其及时送达，不得耽搁延误。有时会议准备工作量比较大，而距离开会的时间还长，可以先发一个关于准备参加会议的通知。在开会前，再发出开会通知。会议通知发出后，一定要确认参会人员有没有接到通知、参不参加会议。对那些兼任多个职务的特殊人员，一定要核实到人，是不是本人参加，以便正确摆放名签。

（四）常规性准备

负责会务工作时，往往有必要对一些会议所涉及的具体细节问题做好充分的准备工作。

1. 起草文件

会议中所要用到的文件材料，一般都要在会议开始前准备妥当。需要认真准备的会议资料主要包括会议议程、主题报告、各项提案、大会决议、典型材料、背景介绍等。部分文件应该在与会者报到时发放。

2. 布置会场

会场的大小，要根据会议内容和参会人员的数量来定。主要按照大小适中、条件具备、距离较近、经济实惠的原则来选定会场。如果会场不易寻找，应在会场附近安设路标以作指示。

会场的桌椅要根据需要做好安排。开会时所需的音响、照明、投影、摄像、录音、空调、通风设备和多媒体设备等，也应提前进行调试检查。会议开始前 10 分钟还要最后检查一次话筒，确保使用良好。

3. 做好协调

做好与相关机构或部门的协调。会议的成功与相关机构或部门的互助是分不开的，应协调好各个部门，如有关的新闻媒体、安全保卫和后勤保障部门等。

4. 采购会议用品

在开会以前要采购一些会议用品，如纸张、本册、笔、文件夹、姓名卡、饮料等。要有一定的储备，必要时可以进行一定的补充。

5. 迎送

一些大中型会议，要对参会人员做好迎送工作。一般应在会前组成一个会务组，专门处理有关问题。

（五）安排会议座次

1. 座次安排的基本原则

几个机关的领导人同时上主席台时，通常按机关排列次序排列。具体情况可灵活掌握，不必生搬硬套。如对一些德高望重的老同志，可适当往前排，而对一些较年轻的领导，可适当往后排。

另外，对邀请的上级单位或兄弟单位的客人，也不一定非得按职务高低来排，基本原则是：上级单位或同级单位的客人，其实际职务略低于主人一方领导的，可安排在主席台适当位置就座。这样既体现出对客人的尊重，又使主客都感到较为得体。

2. 安排主位

方桌：如果只有一位上级时，上级一般应该居中坐在面门的位置，而且坐在方形会议桌的短边部分；如果由主客双方参加的会议，一般让客人坐在面门的一侧，而主人与客人相向而坐，以体现对客人的尊敬。

圆桌：在圆桌会议中，一般不用过分拘泥于礼节，但是还是需要以门作为基准，以面门为最尊贵的位置。

排座次后放名签，以便对号入座，避免互相谦让。

3. 准备发言席

会议议程中有发言的，要准备“发言席”席卡，会前摆放到位。发言前5分钟，要请发言人员到达发言席的一侧，准备发言。发言结束后，发言人回到自己的座位上。

4. 确认出席人员

对主席台上的领导同志能否按时出席会议，在会议开始前务必逐一落实。领导到达会场后，要安排在休息室稍候，再逐一核实，并告知上台后所坐方位。如果主席台上人数较多，还应准备座位图。如有临时变化，应及时调整座次、名签，防止主席台上出现名签差错或领导空缺。

5. 听众席的安排

排列听众席的座次，目前主要有两种方法：一种是按指定区域统一就座；另一种是自由就座。按指定区域统一就座一般强调左高右低，可按照部门的约定排列顺序，也可按照拉丁字母排列顺序，还可按照汉字笔画排列顺序。从进门方向的左侧向右侧排是竖排，从前排向后排排是横排，这两种排法一般交替使用。

二 组织会议

会议的组织工作是各类会议的重要环节，会议组织需要各个部门的协同配合，这样才能提高工作的效率，保证会议顺利进行。

（一）会议签到

为掌握到会人数、严肃会议纪律，大型会议或重要会议通常要求与会者在入场时签到。会议签到的通行方式有三种：一是签名报到；二是交券报到；三是刷卡报到。负责会议签到工作的人员，应及时把会议签到情况向会议的负责人进行通报。

会议举行期间，一般应安排专人在会场内外负责迎送、引导、陪同。对与会的贵宾以及老、弱、病、残、孕者，少数民族人士、宗教界人士、港澳台同胞、海外华人和外国人，往往还应进行重点照顾。对于与会者的正当要求，应做到有求必应。

（二）会议开始

（1）在会议开始之前，若双方的与会人员彼此不认识，主持会议方要先进行介绍，以避免宾主双方在会议开始时陷入尴尬。此外，介绍双方认识也可以使会议在较为融洽的气氛中进行。

（2）在会议开始前应告知会议中的注意事项，如将手机关机或置于静音状态，不要随便走动，不要早退等，在发言人结束发言后要给予热烈的掌声。

（3）介绍会议的议程。会议的组织者或主持人应随时掌握会议的进程。在会议进行过程中，组织者或主持人应该随时控制、掌握会议的进程。事先准备好会议的议程表，并按照会议的具体议程进行。开会时应该首先告知与会者召开会议的目的，以及要取得的会议成果，要围绕这一主题进行讨论并取得一致意见。规定会议的起始时间及结束时间，要做到准时开始，按时结束。

（三）会议过程

1. 会议主持

会议的主持人一般由具有一定职位的人来担任，其礼仪表现对会议能否圆满成功有着重要的影响。

会议的气氛是影响会议进程的关键因素，气氛的融洽、顺利与否将直接影响到会议的成功与否，会议的气氛与主持人角色扮演的好坏有很大的关系。会议的主持人是宣布开会、散会、休息及主持会议进行者，主持人应该做到公平、公正、客观地行使其职权。

主持人应衣着整洁、大方庄重、精神饱满，切忌不修边幅、邋里邋遢。走上主席台时应步伐稳健有力，行走的速度因会议的性质而定。

入席后，如果是站立主持，应双腿并拢，腰背挺直。单手持稿时，应右手持稿纸的中部，左手五指并拢后自然下垂。双手持稿时，稿纸应与胸齐高。坐着主持时，应身体挺直，双臂前伸，双手轻按于桌沿。在主持过程中，切忌出现搔头、揉眼、抖腿等不雅动作。

主持人应口齿清楚、思维敏捷，能根据会议性质调节会场气氛。在主持会议的过程中，主持人不得和会场上的熟人打招呼，更不能寒暄闲谈。

2. 做好会议记录

会议记录是对发言内容所做的客观文字记录，以便日后进行分析研究和综合整理，它是会议的简报、纪实、决策的主要依据，因此一般会议记录都应由专人负责。会议的记录要用专门的记录本，以备日后查验的方便，切忌随处乱记。会议的记录一般包括以下几个方面：会议的名称、主题、会议时间、地点、出席者名单、主持人、记录人。在进行会议记录时务必要做到真实、准确、完整、简洁。

3. 编写简报

有些重要会议，往往在会议期间要编写会议简报。编写会议简报的基本要求是快、准、简。快，是要求其讲究时效；准，是要求其准确无误；简，是要求其文字精练。

4. 餐饮安排

举行较长时间的会议，一般会为与会者安排会间的工作餐。与此同时，还应为与会者提供卫生、可口的饮料。会上所提供的饮料，最好便于与会者自助饮用，不提倡为其频频斟茶续水，这样做既不卫生，又有可能妨碍与会者。如有必要，还应为外来的与会者在住宿、交通方面提供力所能及、符合规定的便利。

三　与会礼仪

参加会议一定要严格遵守会议礼仪，以自己的实际行动表现出对会议应有的重视。

（一）规范着装

在出席会议时，不论其具体内容如何，都要把它看作一种重要的场合。在个人着装方面，应有意识地选择具有礼服性质的服装，如制服、西装、中山装、西服套裙等式样庄重、文雅的服装；服装的色彩也应力求素雅、简洁。

职位较高的人员，尤其是会议的主持人、报告人以及在主席台上就座者，需更加注重着装的规范化。

（二）严守时间

每一位会议出席者都应当自觉遵守会议的时间安排，准时到会。所谓准时到会，并非指整点抵达，而是应有一定的提前量。在本地参加会议，应至少提前5分钟到达会场，以便能有充裕的时间签名、领取材料、找座位。去外地参加会议，最好提前一天报到，争取有一定的时间熟悉有关情况。

此外，会议组织方也应使全部议程尽量在规定时间内完成，不轻易延长会议时间。

（三）做好与会准备

在出席会议前应该做好预备工作，会议中不宜随便向邻位的与会者借东西，以免对别人造成干扰。以下是一般与会者需要准备的物品：笔记本电脑、笔、辞典、名片夹、名片、公文包等。如果在会议中有发言任务，则应事先进行演练，同时提前通知会议组织人员准备相关的多媒体器材或其他可能需要的视听设备。

（四）维护秩序

参会人员要按照主办单位或会务工作人员的安排，在指定之处就座。在会议进行中，不得到处走动，更不能私自中途退场。

发言人讲话时，可在适当时鼓掌予以鼓励。但鼓掌要适时、适当，合乎礼节，不可有意起哄。如果对会议或有些人的发言有意见，可通过正当的途径反映，不要在会场借题发挥、无事生非，更不要在他人发言时站出来与之唱对台戏，也不能因为意见相左而与其他人在会上争执不休。

会议参加者在会议进行过程中应该注意认真听取发言人所做的发言，并做好会议记录，切忌私下小声讲话或交头接耳。中途提前退场时应该轻手轻脚，以免影响他人。

此外，不可做出有碍视听的不良举动或制造噪音。在会上不准使用手机，不准吸烟。

（五）礼貌发言

会议发言有正式发言和自由发言两种，前者一般是领导报告，后者一般是讨论发言。正式发言者应衣冠整齐，走上主席台应步态自然、刚劲有力，体现一种自信的风度。发言时应口齿清晰，讲究逻辑，简明扼要。如果是书面发言，要时常抬头扫视一下会场，不能低头读稿、旁若无人。发言完毕，应对听众的倾听表达谢意。

自由发言要注意讲究顺序和秩序，不能争抢发言或打断别人的讲话，发言应简短，观点应明确。与他人意见有分歧时应以理服人，保持平和的心态，听从主持人的安排，切忌以自我为中心。在会议的自由发言期间最好不要保持沉默，这会让人感到你对此事漠不关心。在需要反驳对方时，应等待对方阐述完观点后再说出自己的见解，在会议进行过程中如果参会者对发言人提出问题，会议发言人应礼貌作答，虚心听取别人的意见，切不可急于争辩；对于无法正面回答的问题，应礼貌地说明理由；对提问人的批评意见应该认真听取，即使与提问者的意见不同，也切忌恶语相向。如果有会议参加者对发言人提问，应礼貌作答；对不能回答的问题，应机智而礼貌地说明理由；对提问者的批评和意见应认真听取，即使提问者的批评是错误的，也不应失态。

提倡限时发言。为了有效地控制会议时间，会议通常会要求每一名发言人都限时发言。因此，在准备发言时，应切记少讲、精讲，要有明确的时间观念。

四 会议室使用礼仪

在使用会议室的过程中，遵守一定的礼仪有助于在别人心目中留下良好的印象，也为会议室管理人员创造了方便。专用的会议室一般不用预约，使用公用会议室或其他地方的会议室时要提前向管理人员预约。

（一）保持会议室的环境卫生

使用会议室后，若地上有污损或脏乱，离开时应及时用拖布或吸尘器清理干净，以保持会议室的清洁；使用会议室中的各种物品后应立即放回原位；一次性水杯等用后要随时扔进垃圾桶，个人的衣物或包等切忌放在桌上，应统一放在身边或椅背处，雨具应统一放在门口。

（二）正确使用相关设备

在需要用到多媒体或计算机设备时，应注意以下几点：一是要正确使用，如果不懂如何使用应及时向别人请教，切忌自己乱弄；二是在有需要使用存储设备时，应该首先对存储设备杀毒，使大家都能够在安全的环境中使用计算机；三是在使用过程中，切忌翻看别人的文件，也不要占用他人的存储空间或存储设备。

五 会议后续工作

会议结束后应做好必要的后续性工作，后续性工作大致包括下述三项。

（一）形成文件

根据会议的实际需要，在会议的结束阶段可以形成会议决议、会议纪要等专门性的会议文件，以贯彻、落实会议精神。会议文件一般要求尽快形成，会议一结束就要下发或公布。

（二）处理材料

根据工作需要与有关保密制度的规定，在会议结束后应对相关的图文、声像材料进行收集、整理。在收集、整理会议材料时，应遵守规定与惯例，应该汇总的材料一定要认真汇总，应该存档的材料要一律存档，应该回收的材料一定要如数收回，应该销毁的材料则一定要仔细销毁。

（三）协助返程

大型会议结束后，主办单位一般应为外来的与会者提供一切返程的便利。若有必要，应主动为对方联络、提供交通工具，或是替对方订购返程的机票、船票、车票。当团队与会者或与会的特殊人士离开本地时，还可安排专人为其送行，并帮助其托运行李。

案例评析

组织会议要做好计划，一切都要提前安排，并做好预案。如有计划的变动，应及时通知到与会者。一旦出现差错，即使事后进行道歉，影响已经发生，难以挽回。

任务三 仪式礼仪

案例导入

8月8日是北方某市新建社区庆祝物业公司入驻的日子。这一天，社区上空彩球高悬，四周彩旗飘扬，身着鲜艳旗袍的礼仪小姐站立在办公楼大门两侧，她们的身后是摆放整齐的鲜花、花篮，所有员工服饰一新，面目清洁，精神焕发，整个社区沉浸在喜庆的气氛中。

上午11时许，应邀前来参加庆典的有关领导、业主、新闻记者陆续到齐。正在举行剪彩之际，突然下起了倾盆大雨，典礼只好移至办公楼大厅内，一时间，大厅内聚满了参加庆典人员和避雨的行人。典礼仪式在音乐和雨声中隆重举行，整个厅内灯光齐亮，使得庆典别具一番特色。

典礼完毕，雨仍在下着，厅内避雨的行人短时间内无法离去，许多人焦急地盯着厅外。于是，经理当众宣布："今天能聚集到我们物业公司的都是我们的嘉宾，这是天意，希望大家能共享今天的喜庆，我真诚邀请诸位到餐厅共进午餐，当然全部免费。"霎时间，大厅内响起热烈的掌声。

虽然这次活动多花了一笔午餐费，但物业公司的名字在新闻媒体及众多顾客的渲染下却迅速传播开来。

（资料来源：杨眉：《现代商务礼仪》，大连，东北财经大学出版社，2000。）

问题与思考

物业公司的名字为什么会迅速传播开来？

知识探究

仪式是企业为了庆祝或纪念某个重要日子、重大事件而举行的气氛热烈而隆重的活动，如开业典礼、剪彩仪式、签字仪式、交接仪式等。举行仪式既可表明企业对此项活动庄重、严肃的态度，又可借此扩大企业的社会影响，提高企业的知名度和美誉度。如果企业能抓住这个有利时机，借助仪式的特定内容、主题和场景气氛来树立企业形象，往往会收到意想不到的效果。

一　开业典礼

开业典礼是商务活动中各类企业、商场、酒店等在成立或开张时，举行的一种庆祝仪式。而开业礼仪，一般指的是在开业仪式筹备与运作的具体过程中所应当遵从的礼仪规范。通常，开业礼仪包括两项基本内容：一是开业仪式的筹备，二是开业典礼的礼仪要求。

（一）开业仪式的种类

1. 开幕仪式

开幕仪式通常是指物业公司正式启用前所举行的正式仪式。开幕仪式举行之后，物业公司等将正式营业，正式接待客户。一般情况下，在举行开幕式要在比较宽敞的活动场地内进行，较为合适的场所有门前广场、展厅门前、室内大厅等。

2. 奠基仪式

奠基仪式，通常是一些重要的建筑物在动工修建之初所举行的庆贺活动。奠基仪式举行的地点，一般应选择在动工修筑建筑物的施工现场；而奠基的具体地点，则按常规均应选择在建筑物正门的右侧。在一般情况下，用来奠基的奠基石应为一块完整无损、外观精美的长方形石料。奠基石上的文字通常应当竖写。奠基石上的字体，大都以楷体字刻写，并且最好是白底金字或黑字。在其右上方，应刻有建筑物的正式名称。在其正中央，应刻有“奠基”两个大字。在其左下款，则应刻有奠基单位的全称，以及举行奠基仪式的具体年月日。在奠基石的下方或一侧，还应安放一只密闭完好的铁盒，内装该建筑物的各项资料，以及奠基人的姓名。届时，它将同奠基石一道被奠基人等培土掩埋于地下。

通常，在奠基仪式的举行现场应设立彩棚，放置该建筑物的模型或设计图、效果图，并使各种建筑机械就位待命。

3. 落成仪式

落成仪式是指公司所属的某一建筑物或某项设施建设、安装工作完成之后，所举行的庆贺活动。落成仪式一般应该在现场举行，参加落成仪式要注意表现出欢乐和喜悦的情绪。

（二）开业仪式的筹备

筹备开业仪式，一般遵循“热烈”“节俭”与“缜密”三原则。所谓“热烈”，是指要想方设法在开业仪式的进行过程中营造出一种欢乐、喜庆、隆重的气氛，而不应令整个典礼过程过于沉闷、乏味。所谓“节俭”，是要求主办单位勤俭持家，在举办开业仪式以及为其进行筹备的整个过程中，在经费的支出方面量力而行，节制、俭省。所谓“缜密”，则是指主办单位在筹备开业仪式时，既要尊重礼仪规范，也要具体情况具体分析，认真策划，注重细节，分工负责，一丝不苟，力求周密、细致，确保临场不出差错。

具体而言，筹备开业仪式时，舆论宣传、来宾邀请、场地布置、接待服务、礼品馈赠、程序拟定等六个方面的工作，尤其需要做好认真安排。

1. 要做好舆论宣传工作

首先，利用有限的大众传播媒介，进行集中性的广告宣传。其内容多为：开业仪式举行的日期、开业仪式的举行地点、开业之际对顾客的优惠、开业单位的经营特色等。

其次，邀请有关的大众传播界人士在开业仪式举行之时到场进行采访，以便对本单位进行进一步的宣传报道。

2. 要做好来宾邀请工作

开业仪式影响的大小，往往取决于来宾身份的高低与其数量的多少。在力所能及的条件下，要多邀请一些来宾参加开业仪式。地方领导、上级主管部门与地方职能管理部门的领导、合作单位与同行单位的领导、社会团体的负责人、媒体人员，都是邀请来宾时应予以优先考虑的。为慎重起见，用以邀请来宾的请柬应认真书写，并应装进精美的信封，由专人提前送到对方手中，以便对方早作安排。

3. 要做好场地布置工作

开业仪式多在开业现场举行，其场地可以是正门之外的广场，也可以是正门之内的大厅。按照惯例，举行开业仪式时宾主一律站立，一般不布置主席台或座椅。

为显示隆重与敬客，可在来宾尤其是贵宾站立之处铺设红色地毯，并在现场四周悬挂横幅、标语、气球、彩带、宫灯。此外，还应当在醒目之处摆放来宾赠送的花篮、牌匾、来宾的签到簿、本单位的宣传材料、待客的饮料等。对于音响、照明设备，以及开业仪式举行之时所需使用的用具、设备，必须事先认真进行检查、调试，以防其在使用时出现差错。

4. 要做好接待服务工作

接待服务工作一定要指派专人负责，重要来宾的接待应由物业公司负责人亲自安排，以免怠慢。接待贵宾时要安排专门的接待室，接待室中要放置烟灰缸、茶杯等，如果接待室中不允许吸烟，则应该用标语牌提示来宾，用语要规范得体。在接待室中设立来宾签到处，并准备贵宾留言本，最好是红色封面或金色锦缎面的留言册，同时还应准备好留言所用的各种文具。

5. 要做好礼品馈赠工作

根据常规，向来宾赠送的礼品，应具有以下三大特征：

（1）宣传性：可选用本单位的产品，也可在礼品以及外包装上印上本单位的企业标志用语、产品图案、开业日期等。

（2）荣誉性：要使之具有一定的纪念意义，并且使拥有者对其珍惜、重视，并为之感到光荣和自豪。

（3）独特性：它应当与众不同，具有本单位的鲜明特色，使人一目了然，过目不忘。

6. 要做好程序拟定工作

从总体上来看，开业仪式大多由开场、过程、结局三大程序构成。开场，即奏乐，邀请来宾就位，宣布仪式正式开始，介绍主要来宾。过程是开业仪式的核心内容，它通常包括本单位负责人讲话，来宾代表致辞，启动某项开业标志等。结局则包括开业仪式结束后，宾主到现场进行参观、联欢、座谈等，它是开业仪式必不可少的尾声。为使开业仪式顺利进行，在筹备之时，必须要认真草拟具体的程序，并选定好称职的仪式主持人。

（三）开业仪式的程序

（1）迎宾。请来宾就座，出席者安静，主持人介绍嘉宾。

（2）典礼开始。宣布庆典正式开始，全体起立，奏唱国歌或代表公司的歌曲。

（3）致词。单位主要负责人致词。其内容主要包括对来宾表示感谢，介绍庆典举办的原因，其重点应该是报捷，以及庆祝的缘由。

（4）致答谢词。邀请嘉宾讲话，一般而言，出席典礼的上级领导、协作单位及社区关系单位，均应有代表讲话或致答谢词。致词者应在典礼开始前确定，以免当场推来让去。对外来的贺电、贺信等，可不必一一宣读，但对其署名单位或个人应当公布。在进行公布时，可依照“先来后到”为序，或是按照其具体名称的汉字笔画的多少进行排列。

（5）揭幕。正式开工，届时应由物业公司职工代表或来宾代表到机器开关或电闸旁，动手启动机器或合上电闸。此时全体出席人员应鼓掌祝贺，并奏乐。

（6）酌情安排文艺表演。这项程序机动性较大，可有可无。如确实需要安排，则要慎重选择内容，注意不要有悖于庆典的主旨。

（7）邀请来宾参观。安排来宾参观本单位的有关展览，展示自身的企业文化。

（四）参加开业典礼的礼仪要求

1. 企业方礼仪

对于开业典礼的组织者来说，整个仪式过程都是礼待宾客的过程，每个人的仪容、仪表都要重视。首先要注意整洁。其他要特殊注意的有下面几项：

（1）准备要周到。首先，请柬的发放应及时，不得有遗漏。席位的安排要讲究，一般来说，按照身份与职务的高低确定主席台座次和贵宾席位，为来宾准备好迎送车辆等。

（2）要遵守时间。应遵守仪式的起始时间，不要拖延，以免让人觉得言而无信。

（3）态度要友好。开业庆典的特点是喜庆气氛的营造。所以，要让来宾高兴才能铺垫良好气氛的基础，要为发言的来宾鼓掌。

（4）服饰要规范。有条件的单位最好穿统一式样的服装，没有条件的，应要求每个人穿着礼仪性服装。

2. 宾客礼仪

（1）要守时。要准时参加开业典礼，为主办方捧场。如有特殊情况不能到场，应尽早通知方，以让对方另作安排。

（2）宾客应在开业典礼前或开业典礼时送些贺礼，如花篮、楹联等，并在贺礼上写明庆贺对象、庆贺缘由、贺词及祝贺单位。

（3）见到主人应向其表示祝贺，入座后应礼貌地与邻座打招呼，可通过自我介绍、互换名片等方式结识更多的朋友。

（4）在典礼上祝贺词时，应简短精练，不能随意发挥，拖延时间。而且要表现得冷静沉着、心平气和，注意文明用语。

（5）在典礼的进行过程中，宾客要做一些礼节性的附和，如鼓掌、跟随参观、写留言等。

（6）宾客离开时要与主办单位领导、主持人、服务人员等握手告别，并致谢意。

二 剪彩仪式

剪彩仪式，严格地讲，是指有关单位，为了庆贺公司的设立、企业的开工、宾馆的落成、商店的开张、银行的开业、大型建筑物的启用、道路或航线的开通、展销会或展览会的开幕等而隆重举行的一项礼仪性活动。

一般情况下，在各式各样的开业仪式上，剪彩都是一项极其重要的、不可或缺的程序。剪彩仪式上有众多的惯例、规则必须遵守，其具体的程序亦有一定的要求。

（一）剪彩的准备

首先，准备剪彩仪式用品。与开业仪式一样，剪彩仪式也涉及场地的布置、环境的卫生、灯光与音响的准备、媒体的邀请、人员的培训等。除此之外，剪彩仪式上还需准备某些特殊用具，诸如红色缎带、新剪刀、白色薄纱手套、托盘及红色地毯。

其次，审慎选定剪彩人员。在剪彩仪式上，最为活跃的当然是人而不是物。因此，对剪彩人员必须认真进行选择，并于事先进行必要的培训。除主持人之外，剪彩的人员主要由剪彩者与助剪者构成。根据惯例，剪彩者可以是一个人，也可以是几个人，但是一般不应多于五人。通常，剪彩者多由上级领导、合作伙伴、社会名流、员工代表或客户代表所担任。助剪者多由东道主一方的女职员担任。

（二）剪彩的程序

按照惯例，剪彩既可以是开业仪式中的一项具体程序，也可以独立出来，由其自身的一系列程序所组成。独立而行的剪彩仪式，通常应包含以下五项基本的程序：

第一，请来宾就位。在剪彩仪式上，通常只为剪彩者、来宾和本公司的负责人安排座席。一般情况下，剪彩者应就座于前排。若剪彩者不止一人时，则应按照剪彩时的具体顺序就座。

第二，宣布仪式正式开始。在主持人宣布仪式开始后，乐队奏乐，全体到场者热烈鼓掌。此后，主持人应向全体到场者介绍到场的重要来宾。

第三，奏国歌。此刻须全场起立。必要时，随之演奏本单位标志性歌曲。

第四，发言。发言者依次应为东道主公司的代表、上级主管部门的代表、地方政府的代表、合作单位的代表等。其内容应言简意赅，每人不超过三分钟，重点分别应为介绍、道谢与致贺。

第五，剪彩。此刻，全体应热烈鼓掌，必要时还可奏乐。在剪彩前，应向全体到场者介绍剪彩者。

（三）对剪彩者的礼仪要求

剪彩者是剪彩仪式的主角，由于他们的特殊身份，更易于为人们和媒体关注。他们在仪式上的举止行为，要特别注意做到符合礼仪规范。

第一，修饰自己的仪表着装。剪彩者的仪表要庄重、整齐，着装要正规、严肃。着中山装、西装或职业制服均可，以剪彩内容的需要而选定。头发要梳理，颜面要洁净，给人以容光焕发、干净利落的好印象。

第二，注意剪彩中的举止。剪彩者在仪式全程中，应始终保持稳重的姿态、洒脱的风度和优雅的举止。起身剪彩时，应面带微笑地稳步走向待剪的彩带，从礼仪小姐的托盘中自取剪刀，并向礼仪小姐及两边的拉彩带者微笑示意，然后严肃认真地将彩带一刀剪断。如果剪彩者不止一人，还应当兼顾各位，彼此尽量同时开剪。剪完后，将剪刀放回托盘，并举手向人们致意或鼓掌庆祝。

第三，尊重主办单位，尽力配合仪式进程。剪彩者一定要按照约定的时间提前来到仪式现场，应当理解此时主办单位盼望嘉宾到位的心情。到现场后，可与主办单位或其他先到一步的嘉宾交流谈心，不宜独坐一隅。仪式开始后，则应专心听取别人发言，关注仪式进展程序，不宜喋喋不休地与人谈笑。剪彩归来回位之前，应先和主办单位的代表握手致贺，礼节性地谈几句，或与他们在一起长时间地鼓掌。在后续活动中，也应善始善终，听从主办单位的安排。

（四）对礼仪小姐的礼仪要求

仪式上虽说是配角，但却体现着举办单位的形象和员工的素质，礼仪在她们身上显得尤其重要。

首先是仪容要高雅。剪彩仪式上的礼仪小姐，多数情况下统一身着旗袍（也有穿西式套装的），脚穿黑色高跟皮鞋，化上淡妆，盘起头发，面带微笑，步履轻盈。要争取一举一动、一颦一笑，都能给人以美的感受，做到典雅大方、光彩照人。

其次是举止行为要规范。在仪式进行中，礼仪小姐应训练有素，走有走姿，站有站相，整齐有序，动作一致。尤其应注意做到的是，始终保持应有的微笑，这一点最重要，又最不容易做好，主办单位必须加以强调。如果在仪式进行中有小意外（比如剪了几次，仍未能剪断彩带）发生，礼仪小姐应平静地处理，不可手忙脚乱、大呼小叫，以确保仪式顺利进行。

最后是工作责任心要强。礼仪小姐在剪彩仪式中，应以规范的举止在服务中展示本单位的形象和风采，她们应当意识到，自己在仪式上的一点点粗心大意都会给来宾留下深刻的印象，给本单位带来损失。所以礼仪小姐的工作需要有坚强的自控力和高度的责任心。如果在仪式进行中，礼仪小姐却不知去向或丢三落四或毫无表情等，势必破坏剪彩仪式的热烈气氛，影响仪式的最终效果。

三　交接仪式

交接仪式，一般是指施工单位依照合同将已经建设、安装完成的工程项目或大型设备，例如厂房、商厦、宾馆、办公楼、机场、码头、车站，或飞机、轮船、火车、机械、物资等，经验收合格后正式移交给使用单位时，所专门举行的庆祝典礼。

举行交接仪式的重要意义在于，它既是商务伙伴们对于所进行过的成功合作的庆贺，是对给予过自己关怀、支持、帮助和理解的社会各界的答谢，又是接收单位与施工、安装单位巧妙地利用时机，为双方各自提高知名度和美誉度而进行的一种公共宣传活动。

在参加交接仪式时，不论是东道主一方还是来宾一方，都存在一个表现是否得体的问题。假如有人在仪式上表现失当，往往就会使之黯然失色。有时，甚至还会因此而影响到有关各方的相互关系。

（一）东道主方的礼仪要求

对东道主一方而言，需要注意的相关礼仪有：

一是要注意仪表整洁。东道主一方参加交接仪式的人员，不仅应当是“精兵强将”“有功之臣”，而且应当使之能够代表本单位的形象。为此，必须要求他们妆容规范、服饰得体、举止有方。

二是要注意待人热情。不管自己是否专门负责接待、陪同或解说工作，东道主一方的全体人员都应当自觉地树立起主人翁意识。一旦来宾提出问题或需要帮助时，都要鼎力相助。即使自己力不能及，也要向对方说明原因，并且及时向有关方面进行反映。

三是要注意保持风度。在交接仪式举行期间，不允许东道主一方的人员东游西逛、交头接耳、打打闹闹。在为发言者鼓掌时，不允许厚此薄彼。当来宾为自己道喜时，喜形于色无可厚非，但切勿嚣张放肆、得意忘形。

（二）来宾方的礼仪要求

对于来宾一方而言，在应邀出席交接仪式时，也应当对自己的礼仪行为严格要求：

其一，应当致以祝贺。接到正式邀请后，被邀请者即应尽早以单位或个人的名义发出贺电或贺信，向东道主表示热烈祝贺。有时，被邀请者在出席交接仪式时，将贺电或贺信面交东道主，也是可行的。不仅如此，被邀请者在参加仪式时，还须郑重其事地与东道主一方的主要负责人一一握手，再次口头道贺。

其二，应当略备贺礼。为表示祝贺之意，可向东道主一方赠送一些贺礼，如花篮、牌匾、贺幛等。它可由花店代为先其送达，亦可由来宾在抵达现场时面交主人。

其三，应当预备贺词。假若与东道主关系密切，则还须提前预备一份书面贺词，供被邀请代表来宾发言时之用。其内容应当简明扼要，主要是为了向东道主一方道喜祝贺。

其四，应当准点到场。若无特殊原因，接到邀请后，务必牢记在心，届时正点抵达，为主人捧场。若不能出席，则应尽早通知东道主。

案例评析

物业公司庆祝入驻新建社区的仪式，气氛热烈而又隆重，既表明物业公司对此项活动庄重的态度，又可借此扩大物业公司的社会影响，提高物业公司的知名度和美誉度。该物业公司的经理请避雨的行人共进午餐，共享喜庆，借此树立企业形象，收到了意想不到的效果。这一举动很好地体现了该物业公司经理的组织能力、社交水平及文化素养。

项目小结

物业公关是物业公司有目的地运用传播手段，实现与公众的双向沟通，建立良好信誉与形象的一种传播沟通活动。物业工作人员要善于处理危机公关及谈判活动。为了提高企业在公众心目中的知名度、信任度和美誉度，物业公司还应该经常利用特定时机举办一些公关专题活动。

职业实训练习

一、选择题

1. 签约仪式一般使用（　　）桌子为宜。

A. 圆形　　B. 三角形　　C. 长方形　　D. 正方形

2. 参加会议至少要提前（　　）到达会场就座。

A. 5 分钟　　B. 10 分钟　　C. 20 分钟　　D. 30 分钟

二、综合案例分析题

案例名称	不满物业服务，拒不缴费成被告
工作任务	一直以来，王明对本小区的物业管理很不满意。王明认为物业公司的管理很不到位，小区的消防通道被改为其他小区居民车辆的出入通道，绿化带增设围墙铁栅栏、大小铁门等，导致绿化带被严重破坏。因此他一直拒绝交物业管理费。 物业公司多次找王明催缴费用，但一直没有效果。
完成时间	15 分钟。
任务目标	掌握物业纠纷的解决方法。
任务要求	物业公司应如何处理案例中出现的问题，提出解决方案？
研讨内容	
研讨成果	
讨论过程	
自我角色	
自我评价	
小组评价	
教师评价	

三、思考题

1. 物业危机处理的原则是什么？

2. 谈判过程中应把握的原则是什么？

3. 参加会议主持人要求自由发言时，与会者应注意哪些问题？

4. 计划召开一次会议，组织人员应做哪些会前准备工作？

5. 角色扮演：有单位举行剪彩仪式，选派几位同学作为礼仪小姐（先生），如果你作为参加者，在活动中应注意哪些事项？

6. 开业仪式的程序是什么？

参考文献

[1] 金正昆．商务礼仪教程．北京：中国人民大学出版社，2005.

[2] 杨茳，赵梓汝．礼仪师培训教程．北京：人民交通出版社，2007.

[3] 龙丁玲．物业服务沟通与礼仪．北京：清华大学出版社，北京交通大学出版社，2012.

[4] 杨蕾颖．物业公关关系与礼仪．北京：中国劳动社会保障出版社，2012.

[5] 李祝舜．旅游服务礼仪实训教程．福州：福建人民出版社，2004.

[6] 金正昆．服务礼仪教程．北京：中国人民大学出版社，1999.

[7] 吴忠军．中外民俗．大连：东北财经大学出版社，2002.

[8] 吴彤．现代社交礼仪．北京：中国社会出版社，2004.

[9] 金正昆．公司礼仪．北京：首都经济贸易大学出版社，2003.

[10] 周芙蓉．礼仪教程．北京：中国长安出版社，2003.

[11] 金正昆．政务礼仪教程．北京：中国人民大学出版社，2005.

[12] 王水华．公关与商务礼仪．南京：东南大学出版社，2001.

[13] 张怡．涉外礼仪与技巧．北京：中国纺织大学出版社，1999.

[14] 杨秀英等．公关与礼仪．上海：复旦大学出版社，2006.

[15] 金正昆．社交礼仪教程．北京：中国人民大学出版社，2009.

[16] 中华礼仪培训网，http：//www.liyipeixun.org/.

图书在版编目（CIP）数据

物业服务礼仪 / 赵影，钟小东主编．—北京：中国人民大学出版社，2016.3
ISBN 978-7-300-22312-4

Ⅰ.①物… Ⅱ.①赵… ②钟… Ⅲ.①物业管理-商业服务-礼仪-中等专业学校-教材 Ⅳ.①F293.33

中国版本图书馆 CIP 数据核字（2016）第 023188 号

"十二五"职业教育国家规划教材
经全国职业教育教材审定委员会审定
职业院校"双证书"课题实验教材
人力资源和社会保障部职业技能鉴定中心指导编写
物业服务礼仪
主　编　赵　影　钟小东
副主编　陈　颖　鲁小蕴
Wuye Fuwu Liyi

出版发行	中国人民大学出版社		
社　　址	北京中关村大街 31 号	**邮政编码**	100080
电　　话	010－62511242（总编室）		010－62511770（质管部）
	010－82501766（邮购部）		010－62514148（门市部）
	010－62515195（发行公司）		010－62515275（盗版举报）
网　　址	http://www.crup.com.cn		
	http://www.ttrnet.com(人大教研网)		
经　　销	新华书店		
印　　刷	北京溢漾印刷有限公司		
规　　格	185 mm×260 mm　16 开本	**版　　次**	2016 年 3 月第 1 版
印　　张	11.75	**印　　次**	2022 年 7 月第 2 次印刷
字　　数	275 000	**定　　价**	26.00 元
